应用型学前教育专业教材

融媒体版

幼儿园
教育活动设计与指导
（第2版）

YOU'ERYUAN
JIAOYU HUODONG SHEJI YU ZHIDAO

甄丽娜　等◎编著

北京师范大学出版集团
BEIJING NORMAL UNIVERSITY PUBLISHING GROUP
北京师范大学出版社

图书在版编目(CIP)数据

幼儿园教育活动设计与指导 / 甄丽娜等编著 . —2 版 . —北京：北京师范大学出版社，2021.1(2026.1 重印)
应用型学前教育专业教材
ISBN 978-7-303-26259-5

Ⅰ. ①幼…　Ⅱ. ①甄…　Ⅲ. ①幼儿园—教学活动—教学设计—高等学校—教材　Ⅳ. ①G612

中国版本图书馆 CIP 数据核字(2020)第 159430 号

出版发行：北京师范大学出版社 https://www.bnupg.com
北京市西城区新街口外大街 12-3 号
邮政编码：100088
印　　刷：北京溢漾印刷有限公司
经　　销：全国新华书店
开　　本：787 mm×1092 mm　1/16
印　　张：15
字　　数：290 千字
版　　次：2021 年 1 月第 2 版
印　　次：2026 年 1 月第 13 次印刷
定　　价：42.00 元

策划编辑：罗佩珍　　责任编辑：赵鑫钰
美术编辑：焦　丽　　装帧设计：国美嘉誉
责任校对：陈　民　　责任印制：赵　龙

前　言
FOREWORD

20世纪50—70年代，受苏联学前教育理论和经验的影响，我国将幼儿园课程分为体育、语言、常识、计算、音乐、美术六科，这些科目及其进程安排构成了幼儿园课程的总体。因此，当时师范院校学前教育专业的课程以“三学六法”为专业核心课程。其中，“三学”是指幼儿心理学、幼儿教育学和幼儿卫生学；“六法”是指幼儿园语言教学法、幼儿园计算教学法、幼儿园常识教学法、幼儿园体育教学法、幼儿园音乐教学法和幼儿园美术教学法。

20世纪80年代初，我国幼儿园课程开始进行改革。学前教育工作者不断总结我国学前教育的理论和经验，并借鉴国外先进的幼儿教育理念和课程思想，从转变教育观念入手，对我国幼儿园课程进行了整体的改革，其专业核心课程也从过去的“三学”扩展为“多学”，从“六法”扩展为“幼儿园教育活动设计与指导”，形成了新的格局。20世纪80年代末，各高等师范院校学前教育专业在原有“六法”的基础上进行了学科建设的尝试，打破了原有学科体系，设置了综合课程——“幼儿园教育活动设计与指导”。“幼儿园教育活动设计与指导”是在“六法”的基础上建立的一门新兴的学科，它既有机地容纳了“六法”，又增设了新的内容，舍弃了陈旧的分学科的教育思想和内容，增加了新的幼儿园教育改革信息，增加了大量创新的教育活动设计和活动的组织指导内容。从“六法”到“幼儿园教育活动设计与指导”的课程发展过程并非只是文字表述上的变化，而是从“上课”到“活动”、从“学科”到“综合”、从“备课”到“设计”、从“教授”到“建构”等一系列教育观念、教育价值观和课程整体观的转变。

近年来，我国学前教育改革如火如荼，发挥好课程教材育人育才的功能，培养有理想信念、有道德情操、有扎实学识、有仁爱之心的“四有”好老师，是广大师范院校和学前教育专业教师追求的目标。“幼儿园教育活动设计与指导”作为学前教育专业的一门重要的必修课程，起着上承专业理论、下启专业实践的重要作用，兼有理论和实践的双重性，是一门融合学前教育理论与学前教育实践、注重学生实践能力提升的应用型课程，它与学生的技能训练、见习观察、实习实践等共同构成了实践课程体系，在学前教育课程体系中居于核心地位。它对实现学前教育专业学生的培养目标，促进学生向合格的幼儿教师发展具有不可替代的重要作用。

由于幼儿园教育活动形式多样、内容丰富，教育方法灵活多元，教育影响因素也复杂多变。因此，幼儿园教育活动的有效实施依靠的并不仅仅是教师的经验积累，它需要教师依据明确而合理的教育目标，对教育活动进行系统规划，即进行幼儿园教育活动设计。有效地设计幼儿园教育活动，能够全面提高幼儿园教育质量。首先，教师进行教育活动设计有利于幼儿园教育工作的科学化，学习有关幼儿园教育活动设计的理论能使教师的教学摆脱纯经验主义而步入科学的轨道，广大教育工作者学习起来比较容易，也乐于接受，并会在教学中进行实践。其次，运用幼儿园教育活动设计与指导的理论有利于提高幼儿园保教工作的效率和效果。再次，学习本门课程还有利于将教学理论与教学实践相结合。幼儿园教育活动设计不是一种直觉的冲动，而是一种理论与实践的统一。它既有一定的理论色彩，又是明确指向教学实践的。一方面，通过教育活动设计，教师可以把已有的教学理论和研究成果运用于实际教学活动中，指导教学工作的进行。另一方面，也可以把教学经验升华为教育科学，充实和完善教学理论，这样就把教学理论与教学实践紧密地结合了起来。最后，学习本门课程有利于幼儿教师的成长和发展。幼儿园教育活动不仅是一种信息传播的过程，更是一种艺术表现的过程。它为教师的成长和发展提供了一条有效途径，教师通过教育活动设计不但可以迅速掌握教育教学的基本原理和方法，而且可以在实践中不断提高，最终成为一名专家型教师。

本书的章节构成

本书以幼儿园课程整合的思想为导向，考虑到要便于学前教育专业学生将理论学习和实践操作有机结合，除第一章“幼儿园教育活动设计与指导概述”之外，后文以幼儿园教育活动组织形式为基本框架将内容分为四章，分别是“幼儿园集体教学活动设计与指导”“幼儿园区域活动设计与指导”“幼儿园一日生活常规活动设计与指导”“幼儿园整合课程实践模式”。本书未涉及幼儿园户外活动设计与指导，以避免与幼儿园健康教育课程的内容重复。

第一章“幼儿园教育活动设计与指导概述”。本章向读者介绍了“幼儿园教育活动设计与指导”这门课程的由来和历史发展过程，使读者能够了解本门课程在学前教育专业课程学习中的地位和作用；了解幼儿园教育活动具有哪些特点，幼儿教师为什么要对幼儿园教育活动进行科学的设计。本章内容揭示了幼儿园教育的特色及其与中小学教育的区别，帮助学生和幼儿园教师充分理解幼儿园教育活动设计的必要性和设计的基本要素。

第二章“幼儿园集体教学活动设计与指导”。根据教育活动设计的基本要素，本章分节阐述了集体教学活动设计过程中各个环节的设计要素、原理和教育教学基本策略。主要包括幼儿特征分析、教学活动目标的表述与制订、教学活动内容的选择与编排、教学思维模式的选择与设计、教学方法的设计与运用、教学活动资源和传播媒介的设计与运用，以及教学活动实施(导入、中间环节和结课)。通过对集体教学活动各个环节设计原理的学习，帮助学生和幼儿教师建立科学的教育教学观，提高集体教学的实效性。

第三章“幼儿园区域活动设计与指导”。为了便于学生实践操作，本章以一位幼儿教师初次进入班级，开始布局并逐步设计幼儿园班级区域环境为前提假设，以幼儿教师区域环境和区域活动设计与指导的基本步骤为框架进行了详细阐述。本章通过浅显易懂的语言，阐明了幼儿园区域活动的价值和意义，并逐步引导学生设计区域环境，指导学生对区域活动进行有效设计和指导。本章主要介绍了幼儿园室内区域环境的基本类型和布局的基本步骤，幼儿园区域活动目标及内容的设计、区域活动材料的投放和使用，幼儿园区域活动指导的时机策略、指导的具体原则和方法，并根据当前幼儿园区域活动存在的普遍问题进行了反思和总结，提出了高质量的区域学习环境创设的八条原则，帮助学生厘清思路，理解幼儿园区域活动设计和指导的终极目标和价值。

第四章“幼儿园一日生活常规活动设计与指导”。本章针对当前幼儿园一日生活常规活动环节存在的教育真空问题进行了阐述，明确了幼儿园一日生活流程设计、活动环节设计与组织的新理念，详细阐述了幼儿园一日生活常规活动的各个环节，包括过渡环节的教育组织方法和策略，尽可能地弥补学生无法长期有效地深入幼儿园进行生活活动实习的局限，帮助学生了解幼儿园一日生活常规活动的细节及教师的工作职责，力求缩短学生的职业适应期。

第五章“幼儿园整合课程实践模式”。本章内容是整本书的落脚点，也对前文进行了升华。整合课程是当前幼儿园课程发展的必然选择。针对当前幼儿园整合课程发展存在的问题，我们提出幼儿园应创设整合式的教育组合课程模式，主张将集体教学活动、区域活动、一日生活常规活动、户外活动、家园互动活动、环境创设等幼儿园各类活动以整合课程的形式呈现，促进幼儿在时间上连续、空间上一致的学习环境中进行整合性的学习和发展。本章清晰地阐述了幼儿园整合课程的特点，通过丰富的案例向读者展示了我国当前整合课程的主要模式，并对其进行了深入比较和分析，使学生能清晰地了解不同整合课程建构模式的优点及局限性，从而为整合课程建构模式和方法的学习奠定坚实的基础。同时，本章聚焦当前幼儿园关注的主题课程和项目课程，明确了这两类课程的区别，通过大量案例的分析，详细论述了这两类课程的实践操作步骤、设计思路和方法等，为读者展现了当前我国最为关注，也是有最大研究空间的课程实践模式。

本书的内容特点

前沿性：本书以最前沿的整合课程实践模式为导向，各章节中均能体现整合课程的思想、内涵及整合式的教育组合实践操作策略；本书通过拓展资源、教学案例等模块，力图将学术前沿的成果展示给读者；本书为读者提供了多种幼儿园课程实践模式的相关理论及教育教学案例，尝试让读者与幼儿园教育一线教师“对话”；本书以2012年颁布的《3—6岁儿童学习与发展指南》为依据，注重体现新的教育观念，反映当前学前教育发展的趋势。

整合性：在章节设计上，避免了过去分科教学中的内容重复、相互割裂、脱离幼儿园实际等问题，以幼儿园集体教学活动、区域活动、一日生活常规活动、整合活动为基本框架，以幼儿园整合式的教育组合课程模式为线索，更新了幼儿园课程理念，分析和反思了当前幼儿园集体教学活动、区域活动、一日生活常规活动等相互脱离的现状，澄清了各类活动的价值，提出了将各类活动整合的课程实施模式指导性策略。

实践性：本书突出了幼儿园教育活动设计的实践性价值。各章节论述均以幼儿教师实践操作的具体流程、步骤和各个环节的要点为基本思路，便于读者感受和思考。同时，本书引用了大量的幼儿园教师观察日记和教学案例、幼儿园教师基本职责和职业规范等内容，为即将走上工作岗位的准教师及在岗教师提供了非常具体和可操作性强的策略与方法，力求缩短新教师的职业适应期。

本书的体例特点

本书的每一章都包括学习目标、本章导图、本章导言、正文、本章小结、本章关键词、思考题、建议的活动和拓展阅读九个部分。其中，为方便读者了解幼儿园教育活动设计的前沿理论，突出实践操作性，正文中设计了大量的延伸阅读内容，包括拓展资源、他山之石、教学案例、互动环节、经典回放等，以扫描二维码的形式呈现，力求让读者在获取更多信息的同时能对本课程产生浓厚的兴趣，与书中内容开展“对话”。每一章内容结束后，读者可以通过阅读本章小结和本章关键词，概览整章内容，回顾和整理关键信息，进而对相关内容进行总结、理解和迁移。每章最后部分，为增强学前教育专业学生理论联系实际的能力，设计了思考题和建议的活动，读者可以根据提供的内容完成任务。建议的活动都具有很强的实践性和包容性，基本涵盖了整章内容的理念和方法。

为了让读者更直观、生动地了解幼儿园教育教学的现场，推荐大家关注北京师范大学出版社“京师爱幼”公众号，其中有较多的一线教育教学活动视频。

京师爱幼

本书的文字特点

本书文字简练，概念精准，举例精当，引文翔实。有大量图片、表格等可帮助读者深入地理解内容，加深印象。在保证学术水平和符合学术规范的基础上，本书具有易读性、实践性和操作性。

本书的作者构成

本书作者团队由陕西学前师范学院教授甄丽娜、陕西师范大学副教授李创斌、安徽新华学院讲师张鹏、陕西学前师范学院附属幼儿园园长李媛组成。具体分工如下。

甄丽娜，负责设计全书的结构和内容及附件材料，并撰写第一至第五章内容。

李创斌，负责收集、整理并撰写各章节延伸阅读内容。

张鹏，负责整理和撰写本教材的附件材料及内容。

李媛，负责收集和整理本教材的全部教学案例。

本书在编著过程中，参考了大量的国内外相关研究成果，引用了大量幼儿园一线教师的观察笔记和教学案例。在此，谨向有关专家、学者和幼儿园教师们表示诚挚的谢意！

同时，还要感谢陕西学前师范学院重大攻关课题“陕西省学前教育过程性质量评价指标研究”的项目支持，更加感谢课题组成员陈晓艳、姜娟芳、田方、刘嫄嫄和王涪蓉对幼儿园各类活动质量评价指标所做的深入调查和研究，以及所提供的大量数据和评价指标。本教材及配套资源还得到了由甄丽娜主持的2018年教育部产学研校企合作协同育人项目“‘幼儿园教育活动设计与指导’课程的智慧课堂研究与创建”的支持。除此之外，还要感谢长期支持和鼓励我的研究团队，感谢王怡、陈晓艳和姜娟芳。本书的基本框架、阐述的颇多内容之灵感来自研究团队平日的研讨和实践，真心感谢我的团队，他们使我在学前教育研究的道路上勇往直前。

甄丽娜

目　录
CONTENTS

第一章　幼儿园教育活动设计与指导概述

学习目标

1. 纵向了解“幼儿园教育活动设计与指导”这门课程的产生过程，以便明确学习该门课程的价值。

2. 通过分析学前教育专业相关课程体系，了解这门课程与相关课程的关系，进而明确学习任务和学习方法。

3. 理解幼儿园教育活动的特点，认同幼儿园教育活动设计的价值和意义。

4. 了解幼儿园教育活动设计的基本要素。

本章导图

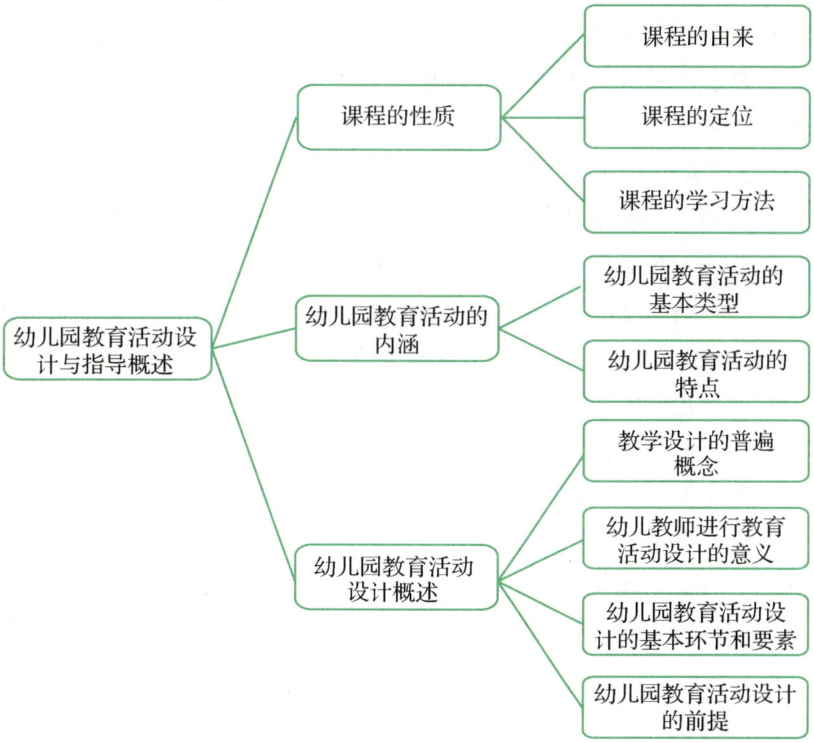

本章导言

幼儿园教育活动设计与指导是学前教育学生的必修课程。幼儿园教育活动不同于其他年龄段的教育活动，其包含集体教学活动、生活常规活动、区域游戏活动等各类组织形式的活动。这些活动需要幼儿园管理者及教师精心设计，使其各自发挥优势，从而形成体系化的课程，支持幼儿全面发展。幼儿园教育活动设计这门课程结合了幼儿园各类不同组织形式的活动，对其特点、流程、评价标准等进行了分析，并在此基础上就各类组织形式的活动的设计要点、组织方法和策略进行了说明，能有效帮助学生熟悉未来职业需求，缩短学生的职业适应期。

第一节 “幼儿园教育活动设计与指导”课程的性质

“幼儿园教育活动设计与指导”是一门年轻的课程，是学前教育专业学生学习的必修课程，在学前教育专业课程中起到了上承专业理论、下启专业实践的重要作用，该课程的学习突出实践性。

一、课程的由来

20 世纪 50—70 年代，我国幼儿园课程主要受苏联学前教育理论和经验的影响。当时对幼儿园课程的经典性定义是：“幼儿园课程即幼儿园所设科目，包括体育、语言、常识、计算、音乐、美术六科，这些科目及其进程安排构成了幼儿园课程的总体，多采用上课形式。”①因此，作为幼儿师资培养摇篮的幼儿师范学校，以“三学六法”为专业核心课程。其中，“三学”是指幼儿心理学、幼儿教育学和幼儿卫生学；“六法”是指幼儿园语言教学法、幼儿园计算教学法、幼儿园常识教学法、幼儿园体育教学法、幼儿园音乐教学法和幼儿园美术教学法。

20 世纪 80 年代初，我国幼儿园课程也开始进行改革。在改革初期，“课程即幼儿园所设科目”的观念仍占主导地位。随着教育改革的深入，学前教育工作者不断总结我国学前教育的理论和经验，并借鉴国外先进的幼儿教育理念和课程思想，从转变教育观念入手，对我国幼儿园课程进行了整体的改革，因此，在我国幼儿教育理论界对幼儿园课程也有了多样化的理解。例如，王月媛等人认为，课程是“幼儿园中幼儿的全部活动或经验”；虞永平认为，“学前教育课程是以促进幼儿全面和谐发展为宗旨的有目的、有计划地引导幼儿获得学习经验的多种活动的总和”。② 随着这种课程整体观的逐步确立，培养学前师资的中等和高等师范院校的学前专业的课程设置

① 石筠弢：《学前教育课程论》，172 页，北京，北京师范大学出版社，1999。

② 倪敏：《幼儿园课程与教育活动设计》，36 页，北京，中国劳动社会保障出版社，2000。

也发生着变革，其专业核心课程也从过去的“三学”扩展为“多学”，从“六法”扩展为“幼儿园教育活动设计与指导”，形成了新的格局。20 世纪 80 年代末，各高等师范院校学前教育专业在原有“六法”的基础上进行了学科建设的尝试，打破了学科体系，设置了综合课程——“幼儿园教育活动设计与指导”。“幼儿园教育活动设计与指导”是在“六法”的基础上建立的一门新兴的学科。它既有机地容纳了“六法”，又增设了新的内容；它既对过去重复的内容进行了调整，舍弃了陈旧的分学科的教育思想和内容，又重新确立了科学的教育观和幼儿观，增加了新的幼儿园教育改革信息，增加了大量创新的教育活动设计和活动的组织指导内容。

1996 年，国家教育委员会颁布的《幼儿园工作规程》集中体现了我国幼儿教育面向现代化、面向世界、面向未来的精神。从“六法”到“幼儿园教育活动设计与指导”的课程发展过程并非只是文字表述上的变化，而是从“上课”到“活动”、从“学科”到“综合”、从“备课”到“设计”、从“教授”到“建构”等一系列教育观念、教育价值观和课程整体观的转变，反映了我国幼儿教育理论界在幼儿教育本质认识上的发展。

二、课程的定位

当前，各高等师范院校学前教育专业的课程设置总体分为三大部分：公共必修课、专业理论课和专业实践课。“幼儿园教育活动设计与指导”这门新兴的综合课程，是这三类中的哪一类？它在整个课程体系中居于怎样的地位？对此问题的认识将直接影响到该课程在学前教育人才培养方案中的地位，以及学前教育准教师的学习态度和重视程度等一系列问题。

有学者认为，“幼儿园教育活动设计与指导”是高等师范院校学前教育专业学生必修的专业理论基础课程，它对实现学前教育专业学生的培养目标，促进学生向合格的幼儿教师转变具有不可替代的重要作用。该课程是介于专业理论课和专业实践课之间的中介课程，是研究理论与实践相结合的课程，是兼有理论和实践双重性的课程，是一门融合学前教育理论与学前教育实践、注重学生实际训练的应用型课程。它与学生的技能训练、实习实践等共同构成了实践课程体系，在学前教育课程体系中居于核心地位，具体体现在以下两个方面。

（一）上承专业理论

高等师范院校学前教育专业的专业理论课程主要包括学前心理学、学前教育学、学前卫生学、学前教育心理学、幼儿园课程、学前儿童游戏理论等，分别研究学前儿童各个年龄阶段的身心发展特点与相应的卫生保健、教育教学心理及策略，以及儿童游戏特点、课程类型与特点等。幼儿园教育活动的设计与实施正是教师综合运用上述学前教育理论，对活动主题、目标、内容以及活动过程进行科学的设计和有效的指导。如果说学前心理学、学前教育学和学前教育心理学解决的是“为什么这么教”的问题，学前课程论解决的是“教什么”的问题，那么幼儿园活动设计与指导解决的就是“怎么教”的问题。如果脱离了这些基本理论依据，那么幼儿园教育活动设计就会成为无源之水、无本之木，就会迷失根基和方向。因此，任何一个科学的、优秀的幼儿园教育活动设计都是对学前教育专业理论的综合运用过程。

(二)下启专业实践

高等师范院校学前教育专业的实践类课程一般分为两类：一类是五大领域教学实践、实验、实习、儿童行为观察与记录等；一类是对幼儿园教师所具备的技能技巧的学习，包括乐理与声乐、钢琴与弹唱、美术、舞蹈训练与创编、玩教具制作等。“幼儿园教育活动设计与指导”是对五大领域教学方法综合的、概括性的、更加高位的指导，学习者需要在学习“幼儿园教育活动设计与指导”的基础上分领域开展更加具体和有针对性的教学方法的学习。同时，教师也需要运用说课、弹、唱、跳、画等专业技能，围绕某一活动主题进行相应的活动设计并加以实施。尤其是音乐、舞蹈、美术等领域内容的设计，更离不开这些技能的运用。教育见习和实习是学前教育专业重要的实践环节，这一实践活动的内容既包括对所学理论的理解和验证，又包括对所学技能的综合表现，也包括对幼儿在园内的生活、游戏、学习、劳动等活动的观察与指导。学习活动的设计和指导是见习和实习的核心内容。

综上可见，“幼儿园教育活动设计与指导”在学前教育专业课程中起着承上启下的作用，是学前教育理论与学前教育实践相结合的中介与桥梁。从理论的综合和指导作用看，它具有鲜明的理论综合性特点；从理论与实践相结合的角度看，它又具有很强的实际操作性要求。

三、课程的学习方法

当前，我国高等师范院校学前教育专业学生的专业准备不足，主要表现在三个方面：第一，不了解幼儿的年龄特征；第二，缺乏幼儿园实际工作的经验；第三，难以把握理论与实践的结合点。根据上述问题，笔者在教学过程中总结出以下几种有效方法。

(一)高校与幼儿园双向合作育人

“幼儿园教育活动设计与指导”是一门实践性很强的课程，学习期间的实习、见习等实践环节尤为重要。高等师范院校学前教育专业应与当地的幼儿园管理机构、幼儿园建立密切联系的合作关系，发挥高校课堂教学、校内实践教学和一线幼儿园实践教学各自的优势，形成“功能互补、良性互动、互利双赢”的合作机制。以幼儿园为平台，以课堂专业知识传授为基础，以一线幼儿教师实践指导为桥梁，整合校内外学前教育专业的实践资源，形成系统的学前教育人才培养计划和科学的人才培养模式，不断提升学前教育专业学生的实践能力和职业胜任能力。

学生在课程学习期间，高校理论学习和幼儿园观摩、交流同时进行。学生可以结合理论在幼儿园进行环境创设的观摩与实践、一日生活常规活动流程的观摩与评析、集体教学活动的观摩与评析、游戏活动的观摩与评析、师幼互动行为的观察与记录等活动，与一线教师研讨幼儿园课程建构方法，充分发挥高校与幼儿园合作育人的优势，提高学前教育专业学生的实践能力。

(二)结合《幼儿园教育指导纲要(试行)》和《3—6岁儿童学习与发展指南》进行学习

2001年7月2日，教育部颁发了《幼儿园教育指导纲要(试行)》，这标志着我国幼儿教育改革迈进了一个新阶段。《幼儿园教育指导纲要(试行)》是遵循我国宪法和教育基本法的精神，根据党的教育方针和《幼儿园工作规程》而制定的对全国幼儿园教育进行宏观管理和指导的单行法规文件。它遵循《幼儿园工作规程》的精神，将我国幼儿教育长期以来，特别是贯彻《幼儿园工作规程》以来行之有效的教育观念、方法、措施和经验等，以法规的形式固定下来，通过国家的强制力来保证实施，从而为我国幼儿教育在新世纪的发展打下坚实的基础。《幼儿园教育指导纲要(试行)》的“教育内容与要求”部分，将幼儿学习的范畴按学习领域相对划分为健康、语言、社会、科学和艺术五个领域，并同时强调了“各领域的内容相互渗透，从不同的角度促进幼儿情感、态度、能力、知识、技能等方面的发展”。《幼儿园教育指导纲要(试行)》在对每一领域进行阐述时，均包括目标、内容与要求和指导要点三部分。目标部分主要表明该领域重点追求的目标是什么，它主要的价值取向是什么；内容与要求部分在于说明为了实现教育目标，教师应该做什么、怎样做，以及怎样将该领域的内容自然地嵌入教学中；指导要点部分阐明了该领域教和学的特点，以及该领域特别应当注意的有普遍性的问题。2012年颁布的《3—6岁儿童学习与发展指南》再次强调了幼儿园五大领域的目标及其内容。“幼儿园教育活动设计与指导”作为理论与实践结合的课程，与《幼儿园教育指导纲要(试行)》和《3—6岁儿童学习与发展指南》之间有着最为密切的联系。以《幼儿园教育指导纲要(试行)》和《3—6岁儿童学习与发展指南》为出发点和落脚点，结合具体教学内容对《幼儿园教育指导纲要(试行)》和《3—6岁儿童学习与发展指南》进行解读和分析，是本课程的特殊要求。

(三)综合运用相关学科的基础知识和多方面的技能进行教学

鉴于本课程的综合性特点，学生在设计和实施教育活动中应综合运用多学科的知识，如幼儿卫生学、幼儿教育心理学，以及自然科学基础知识(物理、化学、天文、生物)，社会科学基础知识(地理、历史等)，儿童文学等，同时还应考虑到幼儿教育发展的新观点、新理论、新情况。幼儿教师应具备多方面的能力，包括组织能力、表达能力、沟通能力和随机应变能力等；同时还应具备音乐、舞蹈、美术等多项实际技能，如自弹自唱、幼儿舞蹈创编、儿童画、手工与玩教具制作等，不仅要熟练还要能通过教育活动的设计和指导，将这些知识与能力进行有机整合和集中展现。因此，学生需要具备较为广博的知识和综合运用知识的能力。

(四)采用案例教学

案例教学是指在教师的精心策划和指导下，基于新的理念，根据教学目的和教学内容的需要以及学生身心发展的特点，运用典型案例，将学生带入特定事件的“现场”，深入角色，分析案例，引导学生进行自主的探究性学习，是提高学生分析和解决实际问题的能力的一种教学方法。其目的是通过精选过的实例，培养学生掌握基础知识、解决新问题(可持续发展)的能力。案例教学的实质就是贯彻“课堂教学不只是传授知识，更重要的是帮助学生自己学会学习某一门学科，同时向学生传授学科学习方法”的教育理念。案例教学尤其适合于重能力、操作性强的学科。幼儿园教育活动设计就完全适合且必须大量采用案例教学。例如，根据不同领域的目标与内容精选一些典型的幼儿行为观察视频与记录、优秀的幼儿园教育和教学案例来进行分析与整理，能有针对性地提高学生对理论的理解，发展其实践能力。

(五)开展充分的实操训练

实操训练可由以下四个方面构成。

第一，设计活动方案。在本课程的学习中，结合相应的内容或领域，适量布置有关的活动设计作业，让学生根据相关的设计原理和不同年龄段的身心发展特点进行幼儿园各类活动设计，并将设计的方案通过教师点评、互评、小组评议或讨论的形式进行检验。活动设计的主题或范围一般由教师有选择性地进行规范，如果从当前幼儿园采用的课程内容中有选择性地进行规范，那么效果会更好。

第二，说课。说课是学生必须掌握的重要技能之一，也是就业面试的重要形式之一。著名比较教育专家钟启泉教授评价说：“说课是应用研究、中国模式。”中央教科所滕纯研究员认为，“说课是教师工作永恒主题的新乐章”。说课是指执教者面对同行或专家，简要介绍教学设计，说明设计的依据，阐释教学的创意，描绘教学的蓝图。通俗地讲，就是要说清教什么、怎么教、为什么如此教。说课通常分为课前说课和课后反思性说课。学生学习说课一般以前者为主。随着高等师范教育改革的不断深入，将课堂理论与教育实践有机结合，适应基础教育改革的要求，培养合格师资是师范教育教学改革的一项迫切任务。而说课作为提高学生综合素质和综合能力的新的有效途径，已成为师范教育教学改革的一项十分重要的内容。

第三，模拟教学。在教学中，结合幼儿园教育活动设计课程，创设真实的幼儿园教学情境，以班或小组为单位，由某一设计者扮演教师，其他人扮演幼儿，并通过预先设计的活动方案真实模拟幼儿园教学活动过程，同时采取利用微格教室或教学行为观察室的设备将活动过程全程记录的方式对学生进行训练，这对锻炼学生设计和实施活动方案、组织活动过程，观察和记录儿童行为、师幼互动行为，以及观察和反思执教者的教态、语言、教育机智等都有非常好的效果。

第四，幼儿园环境创设。利用师范院校建设好的幼儿园模拟实训室，如蒙台梭利幼儿园模拟实训室、华德福幼儿园模拟实训室等条件，让学生在实训室根据各种学前教育理念创设相应的幼儿园环境，包括室内主题墙创设、区域布局、区域环境创设及材料投放等，培养学生的实践能力。

第二节　幼儿园教育活动的内涵

教育活动是指教育者依据教育目标，对受教育者实施有目的、有计划、有组织的影响，使其发生预期变化的活动。幼儿园的一切活动都具有教育性，都应该成为促进幼儿身心发展的教育活动。因此，幼儿园教师要增强教育意识，充分挖掘幼儿园教育资源，使幼儿在园一日生活的各个环节都成为教育活动、教育手段，成为促进幼儿身心发展的过程。

一、幼儿园教育活动的基本类型

幼儿园教育活动的主体是幼儿，但活动的对象多种多样，构成因素也各不相同，这也就形成了不同类型的教育活动。一般可以将幼儿园教育活动分为以下几种基本类型。

（一）按照幼儿园教育活动的结构

根据幼儿园教育活动的不同结构，可以分为学科领域结构的教育活动（通常包括语言活动、数学活动、科学活动、音乐活动、美术活动和体育活动六种类型）和主题单元结构的教育活动两大类。前者比较强调各学科领域的内在逻辑结构，注重幼儿的关键经验、学业知识和技能，具有较强的可操作性；而后者更强调多种教育因素和幼儿发展领域的全面整合，它有机地将不同学科领域的教育内容，在不同程度上、以不同方式整合于一个（或若干个）教育活动中，体现了教育活动的综合性、整体性。主题单元结构的教育活动已逐渐成了幼儿园教育活动的主要类型。

（二）按照幼儿园教育活动的特征

根据幼儿园教育活动的不同特征，可以分为学习活动、游戏活动和生活活动。幼儿园教育活动具有三方面的特征：第一，计划性、目的性；第二，幼儿的主体性，教师的主导性；第三，形式的丰富性、多样性。因此，从广义的角度来说，在幼儿园的一日活动中，凡是符合以上三方面的特征的活动，我们都可以理解为它是幼儿园教育活动，而不是狭窄地仅将作业（或学习、学科）类的教育活动界定为幼儿园教育活动。

学习活动是教师依据教育目标、教育大纲，有目的、有计划、有组织地引导幼儿主动学习的活动，常常以班级集体上课或小组活动为形式，是促进幼儿全面发展的重要手段。游戏活动的开展是幼儿最喜爱、最主动的活动，也是幼儿的基本活动。在游戏中，幼儿主动认识客观世界，获得知识经验。生活活动是幼儿园区别于中小学的主要特征。幼儿年龄小，生活知识匮乏，独立生活能力差。因此，在一日生活各环节中，细心照顾好幼儿的起居饮食，引导幼儿学习和掌握生活的基本知识和简单技能，培养幼儿独立生活的能力，也是促进幼儿全面发展的有效途径，同样具有丰富的教育价值。因此，学习活动、游戏活动、生活活动构成了幼儿园教育活动的有机整体，它们相互联系，相互渗透，有机结合，共同促进幼儿身心和谐发展。本书以集体教学活动、区域活动、一日生活常规活动和整合活动为基本框架，没有谈及幼儿园基本活动形式之一的户外活动，目的是避免与幼儿园健康教育课程中的户外活动组织部分重复，但在整合活动设计部分的阐述中，会将户外活动作为课程的一部分讨论。

(三)按照幼儿园教育活动的内容领域

根据幼儿园教育活动的不同内容，可以分为健康领域教育活动、语言领域教育活动、科学领域教育活动、社会领域教育活动和艺术领域教育活动五类。当然，幼儿园的教育内容应当是全面的、启蒙性的和相互渗透的，这种划分只是相对的，也主要是便于学前教育专业的学习者和研究者开展系统化的学习和研究，同时便于幼儿园在职教师厘清幼儿教育的具体目标和设计思路。在幼儿园的实践教育中，五大领域的分界应该是相对模糊且自然的，内容的处理应更加注重相互融合。

(四)按照幼儿园教育活动的性质

根据幼儿园教育活动的不同性质，可以分为由幼儿自主生成的教育活动和由教师预先设置的教育活动两类。前者更关注幼儿的兴趣、幼儿的学习需要，是在幼儿偶发性的探究和兴趣的支配下，引导和帮助幼儿生成某个主题的活动；而后者更强调教师的计划组织和直接指导，是教师根据设定的教育活动目标，提供活动环境和材料，并有计划地实施的活动。

(五)按照幼儿园教育活动的组织形式

根据幼儿园教育活动的不同组织形式，可以分为三种。

第一，集体活动，是由教师有目的、有计划地组织全班幼儿在同一时间、同一空间下所进行的统一的教育活动。此类活动一般计划性较强，组织比较严密，时间比较固定。

第二，区域(小组)活动，是由教师创设一定的环境，提供相应的材料并给予一定的指导的教育活动。例如，在多功能活动室、活动区、活动角等，幼儿可以在同一时间单元里选择不同的活动内容。一般组织比较宽松、自由，时间相对自由，幼儿可以相互合作也可以个别操作。

第三，个别活动，是根据个别幼儿的特殊需要安排和进行的教育活动，一般包括为具有特殊才能或发展有障碍幼儿提供的个别教育活动，以及部分供幼儿自由选择的区域活动。

二、幼儿园教育活动的特点

(一)课程具有整合性

幼儿园教育活动，是充分协调多种教育资源，利用多种教育手段，采取多种活动形式，体现多个领域内容，发挥多种影响因素，将学习活动或游戏活动、教师预设的教育活动或幼儿自主生成的教育活动、集体的或个别的活动等，整合和统一之后构成的教育活动系统。因此，整合性是其最明显的特点之一。

(二)活动以促进幼儿自主建构为核心目标

幼儿的自主建构应当成为幼儿园教育的一个核心目标。幼儿是一个发展的、能动的主体，任何外在教育环境都必须通过幼儿主体的努力，才能实现教育环境功能的转化，最终落实到促进幼儿发展上。因此，教师需要给幼儿机会使他们变得独立，让他们在适当时候做出选择，使他们依靠自己而非成人来选择材料和方法。教师应尽力影响幼儿自主性的各个方面，包括幼儿对自我的意识、自信和成熟感，以及幼儿把自己看作是积极的知识建构者的意识。

自主性是幼儿心理发展的重要前提，主动性强的幼儿往往表现出强烈的好奇心、求知欲，能对环境做出积极的反应，主动参加各种感知活动。教师要树立正确的儿童观、教育观，在教育活动过程中以幼儿为主体，积极引导幼儿进行主动活动，使幼儿在主动活动的过程中将教育环境内化为自己的心理需要，促进幼儿心理发展。教师要充分认识到在教育活动过程中，长期地包办与代替违背了促进幼儿自主性发展的教育理念。由于人们期望幼儿对规则的遵从，他们将权威视为真理的来源，认为知识是从成人向幼儿的传递，因此，教育环境容易产生“非自主性”。相反，如果教师给予幼儿机会解决问题，让他们在自我主导的情境中尝试，就能够促进他们自主性的发展。当教师在设计课程，确定成人应该如何与幼儿互动时，必须要考虑幼儿智力发展和心理自主的双重需要。教师的目标之一就是促进幼儿自主性的发展。

(三)教育活动过程具有动态性

教育活动过程是教师和幼儿共同活动的过程，是促进幼儿身心发展的过程。在教育活动过程中，教师和幼儿以教育内容和教育方式为中介相互作用。教师、幼儿、教育内容、教育方式是构成教育活动的基本要素，它们相互联系、相互作用、相互制约，组成了一个完整的教育活动系统。在这个活动系统中，社会的政治、经济、文化、科学技术的发展无时无刻不在直接或间接地影响教师、幼儿、教育内容和教育方式。因此，教育活动过程总是处在不断发展变化的动态之中。组织教育活动，要紧紧围绕教育目标，选择幼儿熟悉的、感兴趣的、富有时代气息和特征的、有益于幼儿身心发展的教育内容，以不断拓宽幼儿的知识面，培养幼儿广泛的兴趣。教育方式是为了完成教育目标，教师和幼儿在共同活动中采用的方法或手段，包括教的方法和学的方法。当前，教育理论的发展和教育课程的改革促进了教育方式的发展，社会的进步和发展也为教育方式的发展提供了良好的条件。在教育活动过程中，各种教育方式是相互支持和配合，共同服从和服务于教育目标，促进幼儿发展的。因此，教师只有以教育目标为导向，合理地、恰当地、科学地选择和运用多种教育方式，使之有机结合、互相补充，才能使教育活动取得最佳效果。

幼儿是教育活动的对象，是教育活动过程中最活跃的因素。幼儿期是幼儿身心发展最迅速的时期，幼儿处在不断运动变化的过程中。同时，在教育活动过程中，幼儿对各种教育信息的接收不是被动地、机械地再现，而是通过教育信息的刺激在大脑皮层建立暂时的神经联系，并做出与之相适应的反应，把教育信息内化为心理需要。因此，教师要遵循幼儿认知发展的规律，为幼儿提供更多的教育信息刺激，促进幼儿心理的发展。教师是教育活动的设计者和组织者，不仅要为幼儿的发展提供和创设良好的教育环境，还要积极参与幼儿的活动过程，观察、引导、启发和鼓励幼儿积极主动活动，从幼儿在活动过程的行为表现中捕捉幼儿的心理动态，获得教育的反馈信息，及时调整教育活动，使之更加符合教育目标，符合幼儿的实际发展情况。

通过对教育活动各要素的分析，不难看出教育活动是一个动态的、开放的过程。组织实施教育活动，要充分发挥教育目标的导向作用，合理科学地协调教育活动各要素，使之在同一教育活动过程中合作、协调、互补，形成整体，减少内耗，使教育活动过程从无序走向有序，实现教育活动的整体优化，全面提高教育质量。

(四)教育环境具有支撑性

心理学研究表明，各种心理现象如感觉、知觉、思维、想象、需要、情感等都是外部环境的反映。社会生活环境制约着幼儿心理发展的方向和水平。幼儿呱呱坠地后就生活在一定的社会环境中，各种环境因素直接或间接地影响幼儿、作用于幼儿，也正是在与环境的交互作用中，幼儿认识了世界，获得了发展。

如果说社会环境的某些因素对幼儿的发展是一种自发的、偶然的、无计划的影响，那么教育则是一种有目的、有计划、有系统地对幼儿心理发展施加影响的过程，它是幼儿身心发展的外部动力。因此，必须充分发挥环境的教育功能，创设与教育相适应的良好环境，促进幼儿身心发展。

创设符合幼儿发展水平的环境。教育促进幼儿的身心发展，幼儿的身心发展又制约着教育。教育内容只有符合幼儿身心发展水平时，教育的作用才得以充分发挥。因此，创设教育活动环境，教师首先要善于观察幼儿、了解幼儿，认真分析评估幼儿的发展状况，了解幼儿的现有水平，依据最近发展区理论，使教育走在发展的前面，精心设计高于幼儿原有水平，但是经过教师指导和幼儿主观努力后能够完成的教育内容，并设置相应的教育环境，引导幼儿在最近发展区内开展学习和活动，进而使幼儿的身心发展水平不断提高。也只有这种符合幼儿身心发展水平的环境，才能激发幼儿的兴趣，使幼儿产生活动的愿望，主动参与活动，从而获得身心发展。

创设有利于幼儿自主探索的环境。教师要以教育目标为导向，增强教育信息刺激，不仅要为幼儿提供色彩鲜明、形象生动、可塑能变、无毒无害的各种丰富的活动材料，还要创设有利于幼儿尝试自主探索的问题情境，鼓励幼儿发展自我导向学习，体验解决问题的过程。教育情境必须是支持性的、激励性的、促进性的，以帮助幼儿自主建构。教育情境必须在空间、时间和课程领域上具有灵活性。

创设有利于幼儿形成良好个性的环境。要根据幼儿不同的兴趣、爱好，以及不同的心理需要，提供和创设有利于幼儿个性发展的环境。例如，开展活动区教育和兴趣小组活动，为幼儿个性发展创设环境。在各种活动区里，幼儿完全根据自己的兴趣、爱好和能力水平，自由地选择活动内容和活动材料，自主进行操作活动，这样便充分体现了幼儿的个体意愿。在组织教育活动方式上，把集体教育和分组教育、个别教育有机地结合起来，根据幼儿的兴趣特点、能力水平，加强分组教育和个别教育，使教育环境更好地适应幼儿不同个性发展的需要，使幼儿的个性得到健康发展。

（五）教育活动内容体现了生活性及趣味性

首先，教育活动内容体现了生活性。我国著名的教育家陶行知先生提出的“生活即教育”理论认为，教育的根本意义是生活化，尤其对幼儿来说，生活有着特殊而普遍的意义。生活性还体现在幼儿园的环境和资源方面。幼儿园教育活动的实施是贯穿和渗透于幼儿一天的生活之中的，存在于幼儿生活的环境里面，所以幼儿园生活的各个环节都是贯彻和实施教育活动的有效的、重要的途径。

> **拓展资源**
>
> 请扫描二维码来获取“丰富的学习环境促进幼儿的学习与发展”的具体内容。

其次，教育活动内容体现了趣味性。幼儿园教育活动的对象是幼儿，新奇的、有趣味的东西是吸引幼儿探究和加入活动的最直接而朴素的因素，因此，幼儿园教育活动的生动有趣和丰富多彩就成为其与其他教育活动不同的显著的特点。它的趣味性表现在活动内容、活动形式以及活动环境、使用材料等各个方面。

第三节　幼儿园教育活动设计概述

假如你要盖一座美丽的房子，与一个建筑公司签订了合同。试想，建筑商会马上开始设计和动工吗？当然不会。他将如何知道你想要什么样的房子呢？也许你会向他展示你喜欢的房子的图片，向他提供一份修改过的能够满足你的需要的图纸，或者找到一个建筑师特意为你设计一座梦想中的房子。但无论你怎样进行盖房子这个过程，你都会从商谈和计划开始。你会考虑个人的需要和喜好，并与设计师和建筑师一道探索如何把那些需要和梦想变成现实。

教育教学设计也涉及一个与盖房子相似的过程。教师在即将开展一个有意义的活动之初，要针对主题分析幼儿的水平，据此整合课程资源，进而确定活动目标，设计活动的具体内容及呈现方式、活动的形式和方法，进行资源的开发与运用、教育教学活动的实施、活动评价等。

一、教学设计的普遍概念

(一)教学设计的内涵

教学设计是运用现代学习与教学心理学、传播学、信息技术、系统分析理论、教学媒体论等相关的理论与技术，来分析教学中的问题和需要，设计解决方法，试行解决方法，评价试行结果，并在评价基础上改进设计的一个系统过程。它不是力求发现客观存在的尚不为人知的教学规律，而是运用已知的教学规律去创造性地解决教学中的问题。教学设计的具体产物是经过验证的教学系统实施方案，包括教学目标和为实现一定教学目标所需的整套资源，包括教材、学习指导、活动操作材料等，以及对所有教与学的活动和教学过程中所需的辅助工作做出具体说明的教学实施计划。

目前，围绕教学设计这一领域的研究成果已初步建立起了一个独立的知识体系，即教学设计学。教学设计学是研究教学系统设计的一门应用科学，其任务是揭示教学设计工作的规律，并运用这些规律来指导教学实践。这意味着教学设计学有两个主要的作用：一是发展教学设计的基本原理，揭示教学设计过程中所依赖的基本规律以及设计过程本身应该遵循的规律；二是系统提出关于教学设计的实际建议，包括工作步骤和具体做法，以便教师使用。

(二)教学设计的意义

杜威(J. Dewey)早在20世纪早期就发现，有必要寻求一种科学的方法，这种科学的方法可以将所学的知识通过研究转化为切实可行的教学应用。这种科学的方法可以确保教育教学活动基于理性的科学，而不是直觉。因此，教育活动设计是一个理性的过程。

教学设计主张教学要关注学习者本身，而不是像传统教学那样关注教学内容。传统教学只是简单关注“我的这次活动应该包括哪些信息”；与此相反，采用教学设计的教学活动，更多聚焦的是影响教学结果的因素，主要如下。

①为实现教学目标，学习者个体应有哪些已有的准备？

②根据不同的教学活动目标和学习者特征，应采用何种最为恰当的教学策略？

③哪种媒体或其他资源最为适合？

④成功的学习需要什么支持？

⑤如何保证既定教学目标的实现？

⑥当已制订的方案试用结果不理想时，如何进行修正？

当一位教师阅读和思考这些问题，并形成自己的答案时，有个显而易见的结论就是，每个教学活动的设计都要求教师从多个方面精心设计和规划教学活动。

(三)教学设计的特点

教学设计在教学中发挥着重要的作用，这使得它在教育技术领域占有重要地位。就教学设计工作本身来说，它具有系统性、灵活性和具体性等特点。

1. 教学设计的系统性

教学设计过程是一个科学的逻辑过程，体现了教学设计工作的系统性。在进行教学设计时，需要在分析论证所存在的教学问题的基础上设定目标，然后密切围绕既定目标设计教学的各个环节，从而保证目标、策略、评价三者的一致性。教学设计从教学系统的整体功能出发，综合考虑教师、学习者、教材、媒体、评价等各个方面在教学中的地位与作用，使之相辅相成，互相促进，产生整体效应。

教学设计过程的系统性决定了教学设计的各个环节相互联系、相互制约。例如，教学目标的确定与教学结果的评价就体现了相互联系、相互制约的关系：教师需要根据确定的教学目标选择评价的手段，离开了教学目标，评价的结果也就失去了有效性；同样，教学结果的评价又会影响教师下一步教学目标的确定。在教学设计过程中，一方面的决策依赖于其他多方面的分析；反过来，一方面的决策又影响其他方面的决策。在工作程序上，往往不是先完成一步再开始下一步的，而是循环往复、相互补充，综合考虑、不断修改的，以保证教学设计整体上的系统性。

2. 教学设计的灵活性

虽然教学设计过程具有一定的模式，需要按照既定的流程进行，但教学设计的实际工作往往不一定按照流程图所表现的线性程序开展。有时候，没有必要或不可能完成所有的工作步骤。因此，在进行教学设计时，应根据不同的情况和要求，决定从何处着手工作，重点解决哪些环节的问题，略去一些不必要开展或无法开展的工作步骤，因地制宜地进行教学设计。

3. 教学设计的具体性

由于教学设计是针对解决教学中的具体问题而发展起来的理论与技术，因此，教学设计过程中每一环节的工作都是相当具体的。例如，在分析学习任务时，教学设计者或教师必须仔细剖析教学目标中所包含的核心概念、基本元素以及其中所涉及的下位概念或规则等，使之构成一个教学目标系统，并在此基础上提出具体的教学步骤和方法。

此外，许多教学设计项目的成功有赖于各方面的人员共同合作，包括教学设计者、教师、学科专家和评价专家等。

二、幼儿教师进行教育活动设计的意义

所谓幼儿园教育活动设计，简单地说，就是指幼儿教师为达成一定的教育教学目标，对教育教学活动进行的系统规划。

幼儿园主要的教育形式包括学习活动、游戏活动和生活活动。在一段时期内，幼儿园一日活动应是围绕某一主题或是某些主题活动而进行的有机的、整体性的活动。幼儿园应发挥教育组合的作用，使幼儿在一定时间段内围绕一个主题进行活动。因此，幼儿园中这种系统的、持续性的教育活动需要教师进行有效的设计，才有可

能保障幼儿活动的顺利开展。

(一)有利于幼儿园教育教学工作的科学化

传统教育中，虽然教育教学活动设计普遍存在于教师的教育教学实践当中，但他们只是把设计看作一门艺术，其设计思想的精华也只掌握在少数优秀教师的手中。而现代教学设计则是从教育教学的科学规律出发的，对教学问题的确定、分析，对解决问题方案的设计、试行乃至评价和修改等系列教育教学设计的内容和程序都建立在科学的系统方法的基础上，从而使教学活动的设计摆脱了纯经验主义而进入科学的轨道，从而易于广大教育工作者学习，也使他们乐于接受，并在教学中进行实践。幼儿园教育教学工作的普遍科学化，可以有效提高教育效率和效果，提高教育教学的投资效益，这正是教学设计的宗旨。因此，学习和运用教学设计的原理是推动幼儿园保教工作科学化的有效途径。

(二)有利于幼儿园保教工作效率的提高和效果的增强

幼儿园教育活动设计的主要目的就是设计出低耗高效的教育过程。在教育活动设计中，一方面，需要对幼儿的需要、学习与游戏的内容和幼儿经验水平进行客观分析。在分析的基础上，减少许多不必要的内容和活动，然后清晰地阐明教学目标，科学地制订教学策略，经济地选用教学媒体，合理地拟订教育进度，正确地确定教学速度，准确地测定和分析教学结果，使教育活动在人员、时间、设备使用等方面取得最佳效益。可以肯定地说，没有教育活动设计，就不可能有教育活动的最优化。另一方面，教育活动设计了富有吸引力的学习或游戏活动，在教学设计中充分考虑了幼儿的特点，运用了相应的教学策略，采取了有效的教学方法和教学形式，更好地配合了幼儿的学习心理，灵活地应用了教学媒体。

(三)有利于教学理论和教学实践的结合

为了使教育活动高效、有序，人们一直致力于探讨教学的机制，对教育过程、影响教学的因素及其相互关系进行了研究，并形成了一套独立的知识体系——教学理论。但长期以来，教学研究偏重于理论上的描述和完善，脱离教学实际，使教学理论成为纸上谈兵，对改进教学工作帮助不大。在这种情况下，被称为“桥梁”的教学设计起到了沟通教学理论与教学实践的作用。实际上，幼儿园教育活动设计不是一种直觉的冲动，而是一种理论与实践的统一。它既有一定的理论色彩，同时又是明确指向教学实践的。一方面，通过教育活动设计，可以把已有的教学理论和研究成果运用于实际教学活动中，指导教学工作的进行；另一方面，也可以把教师的教学经验升华为教育科学，充实和完善教学理论，这样就把教学理论与教学实践紧密地结合了起来。

(四)有利于幼儿教师的成长和发展

幼儿园教育活动不仅是一种信息传播的过程，更是一种艺术表现的过程。没有高超的教育技巧，把握不了教育的艺术性，就不可能提高教育质量。因此，教育技巧对于教师是十分重要的。我们知道，知识经验与实践是教师专业技能发展的重要因素。而我国师范教育的传统做法往往是注重专业知识的教学，忽视基本教学技能和能力的培养，年轻教师大多通过模仿和经验积累来计划和组织教学，这样滞缓了年轻教师的成长和发展。幼儿园教育活动设计则为教师的成长和发展提供了一条有效途径，教师通过教育活动设计不但可以迅速掌握教育的基本原理和方法，而且可以在实践中不断熟练和提高，最终成为一名专家型教师。

三、幼儿园教育活动设计的基本环节和要素

幼儿园教育活动设计具有活动主题、幼儿特征、活动目标、活动内容、活动方法、资源设计、活动评价七个最关键的要素，如图 1.1，它包含分析学习者的需要及特性、明确教育活动设计的目的及顺序、确定活动的主题及内容、安排适合的教学方法及活动、选择配合活动的其他各种资源、设计学习结果的评估指标等。它们是教育活动设计与组织的密不可分的过程整体。幼儿园教育活动的一系列系统方法都是围绕着这些过程整体而展开的，如何从影响幼儿活动过程的诸多因素出发，努力使幼儿园教育活动成为一个优化的、合理的活动过程，是教育工作者首先考虑的问题。只有在了解了幼儿是如何学习的基本前提下，在掌握了幼儿学习理论、幼儿发展理论及其他相关科学理论的基础上，才能运用好的系统方法，设计组织出最优化的活动过程，并达到卓有成效且吸引人的好的活动效果。

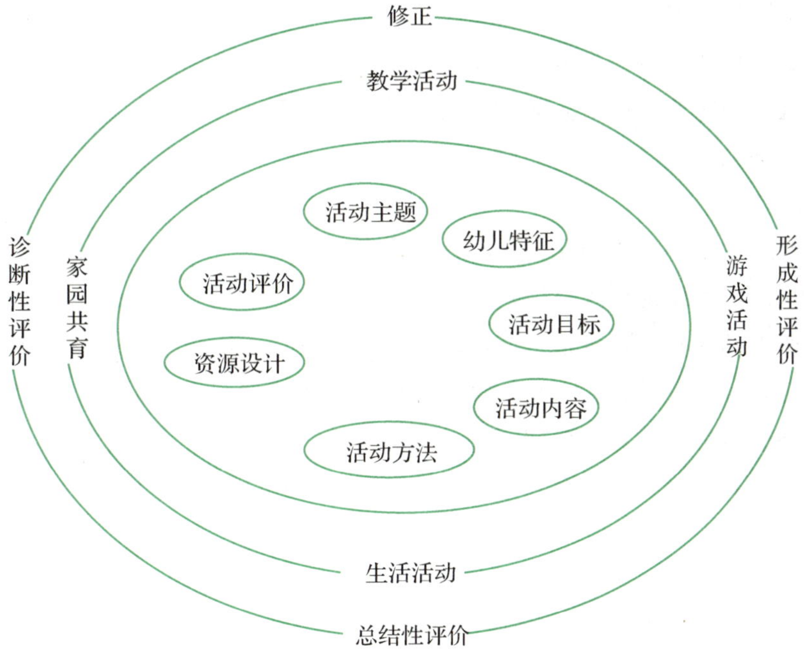

图 1.1 幼儿园教育活动设计的基本环节和要素

在图 1.1 中，各项要素之间没有直线和箭头的连接。直线和箭头的连接表明线性的顺序关系，无连接表明七项要素之间可以按顺序灵活变动，而且，在许多具体

的活动设计中，不一定用到所有的要素。比如，有些活动是不需要设计评价的。另外，使用椭圆图形的原因是这七个设计要素之间存在内在的有机联系，一个决定会影响下一个决定。例如，分析幼儿特征，幼儿起点的能力水平直接决定了活动目标的定位；教师对七个要素的设计最终都是通过幼儿园的生活活动、集体教学活动、游戏活动、家园共育等方式实现的。教师在设计教育行为时需要将其考虑在内，并促进各种活动有机地融为一体。

当教师开始设计教学时，最初确定的教学目标会变得越来越清晰和合理，这时也需要教师做出适当的修正。因此，设计过程使得教师可以灵活选择各个设计要素、设计的顺序，也使得教师在教学设计方案的形成过程中可以对其进行不断增减。

图1.1的另一部分就是修正。椭圆形的最外层表示反馈。设计开发和实施过程中的任何时候都应该允许对设计内容进行调整。在设计阶段或在教学确定的最后阶段，新的信息也需要依据设计方案进行修正。如果想让学习者获得学习的成功，即让学习者达到高水平的预期学习目的，那么，在设计中，任何不足之处都需要被不断地修正。

各个设计环节要回答的问题是什么？

1. 活动主题

选择什么主题可以促进幼儿发展？

主题的内涵和外延是什么？

主题如何构建？由谁来参与构建？

选择的主题能够发展幼儿哪些方面的能力？

主题与幼儿的生活相关性如何？

2. 活动目标

目标的制订是否符合幼儿的年龄特征？

目标是否能够体现三维目标？

目标所涉及的发展领域是否合理？

目标是否符合《3—6岁儿童学习与发展指南》的要求？

目标的表达是否清晰、合理？

目标是否有层次性，既有封闭式目标又有开放式目标？

3. 活动内容

活动内容是否符合幼儿心理特点？

活动内容是否是幼儿生活实践的体现？

如何呈现活动内容？

活动内容是否有层次性和包容性？

4. 活动方法

活动方法是否灵活多样？

能否体现幼儿的主体参与性？

教师的指导是否能够体现出促进幼儿自主建构的目标？

如何使集体教学活动、生活活动、游戏活动有机融为一体？

5. 资源开发和传播媒介设计

哪些资源能够辅助教学？

开发资源的途径有哪些？

如何激发幼儿、家长参与开发资源的热情？

资源如何整理并合理呈现？

6. 活动评价

是否要对活动进行评价？

评价哪些方面？

如何进行合理评价？

如何整理评价材料？

四、幼儿园教育活动设计的前提

(一)教育活动设计过程既要关注系统过程，也要关注规划中具体细节的处理

"系统"一词体现了为实现某一特定教学目标，界定、开发和评估一套教学策略的有一定顺序的、符合逻辑的方法。教学设计规划中七个要素之间的内在联系可以帮助实现这一目标。处理每个要素都需要认真斟酌，规划中的每个要素都必须和具体问题相联系。也就是说要细化。比如，一个教学具体目标就是一种包含特定动词的陈述，指导着教学策略的开发，并指明了如何对结果做出评价。关注细节是教学设计工作成功的关键。只有在采用系统方法的同时关注细节，才能设计出有效的教学。

(二)教育活动设计过程应关注幼儿，而不只是关注内容

教学设计应关注幼儿，并思考如何改进幼儿教育活动的实效性，而不是只关注容纳多少内容。在进行学习者分析时，设计者应注重幼儿群体的特征。在进行教学设计时，应根据幼儿群体中的个体特征选择教学策略和教学方法。在整个设计过程中，设计者的注意力应集中在如何帮助幼儿群体中的学习者来解决问题上，而非教学内容本身，即教学设计者强调的是幼儿自主建构，而非教授。

(三)教育活动设计首先服务于教师自身及其团队

许多教学设计模式使用了与图 1.2 相似的模式，这些模式通常以带箭头的图描述一系列的步骤和固定的顺序，目的是确立先后顺序关系。在实际的应用中，设计过程并非是线性的，更多采用的是开放的、圆形的图形。由图 1.2 中可知，教学设计最初受益的是教师及其开发团队，通过完成教育活动目标、教育实施过程及结果评价的设计工作，教师及其团队在此过程中不断修正和完善课程实施过程，进而保证教育过程的科学性和有效性。

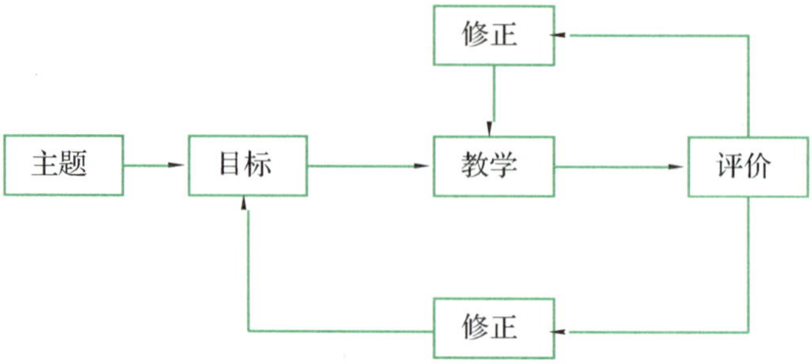

图 1.2　教学设计模式

(四)没有最好的教育活动设计

进行教育活动设计可以避免依靠直觉进行教育活动和不断的错误尝试。然而，正如幼儿是独特的学习个体一样，教师也是独特的个体。每个设计者都用自己的方法构建教育活动，使用教学设计中的各个要素。判断教学设计是否成功，就是看在有限时间内是否达到了令人满意的学习效果。

本章小结

20世纪50—70年代，我国幼儿园课程即幼儿园所设科目，包括体育、语言、常识、计算、音乐、美术六科，学前教育专业学生主要以“三学六法”为主干课程。自20世纪80年代起，学前教育专业核心课程从过去的“三学”扩展为“多学”，从“六法”扩展为“幼儿园教育活动设计与指导”，形成了新的格局。“幼儿园教育活动设计与指导”是在“六法”的基础上建立的一门新兴的学科，从“六法”到“幼儿园教育活动设计与指导”的课程发展过程并非只是文字表述上的变化，而是从“上课”到“活动”、从“学科”到“综合”、从“备课”到“设计”、从“教授”到“建构”等一系列教育观念、教育价值观和课程整体观的转变，反映了我国幼儿教育理论界在幼儿教育本质认识上的发展。

当前，“幼儿园教育活动设计与指导”是学前教育专业学生学习的必修课程，在学前教育专业课程中起到了上承专业理论、下启专业实践的重要作用，该课程的学习突出了实践性。因此，该课程的教学在传统讲授的同时，采用高校与幼儿园双向合作育人的方式，结合《幼儿园教育指导纲要(试行)》和《3—6岁儿童学习与发展指南》进行学习，同时采用丰富的案例和大量的实操训练，注重学生实践能力的发展。

幼儿园教育活动类型多种多样，可以按照幼儿园教育活动的结构、活动的特征、活动的内容领域、活动的性质和活动的组织形式等进行划分。

幼儿园教育活动与中小学教育活动的区别主要体现在：课程具有整合性，活动以促进幼儿自主建构为核心目标，教育活动过程具有动态性，教育环境具有支撑性，教育活动内容体现了生活性及趣味性。

设计幼儿园教育活动无论是对于教师自身、幼儿发展而言，还是对于幼儿园课程发展而言，都具有十分重要的意义。第一，有利于幼儿园教育教学工作的科学化。第二，有利于幼儿园保教工作效率的提高和效果的增强。第三，有利于教学理论和教学实践的结合。第四，有利于幼儿教师的成长和发展。

在设计幼儿园教育活动时，必须注意：幼儿园教育活动设计过程既要关注系统过程，也要关注规划中具体细节的处理；教育活动设计过程应关注幼儿，而不只是关注内容；教育活动设计首先服务于教师自身及其团队。最后，必须相信，没有最好的教育活动设计，这也正是幼儿园教育活动灵活性的体现。

本章关键词

幼儿园教育活动；教学活动设计；幼儿园教育活动设计。

思考题

1.“幼儿园教育活动设计与指导”课程的性质是什么？(课程由来及发展现状、专业定位及作用、学习方法)

2. 幼儿园教育活动有哪些类型及其特点？

3. 为什么幼儿园教育活动需要精心设计？

4. 幼儿园教育活动设计的基本环节和要素有哪些？

5. 如何看待和使用幼儿园教育活动设计之技术？

建议的活动

目　标：通过收集幼儿园各类活动案例(文本、视频等)，初步了解幼儿园各类活动组织与实施的基本特点，体会幼儿园教育活动设计的必要性，做好学习该课程的准备。

任　务：收集幼儿园各类活动案例，包括集体教学活动、一日生活常规活动、区域游戏活动、环境创设、家园互动等活动的实施方案(教案)或视频，写出自己的感想，在学习组内交流和分享。

拓展阅读

黄瑾:《幼儿园教育活动设计与指导(第2版)》,上海,华东师范大学出版社,2014。

该书为高等院校学前教育专业教材,结合幼儿园教育实践,全面阐述了教育活动设计的理论基础、一般原理,以及教育活动中的目标、内容、环境、资源等的设计和教育活动的组织、指导、评价等。全书以案例式的分析为特点,强调系统性、针对性、应用性,旨在提高学生设计和组织教育活动的基本技能,促进学生专业能力的养成。

第二章　幼儿园集体教学活动设计与指导

学习目标

1. 了解幼儿园集体教学活动设计的基本内容和流程，认同集体教学活动设计的价值。

2. 理解幼儿个体差异的主要维度及内涵，愿意在实践中尝试观察和分析幼儿个体差异，并能将相关结果运用于教育活动设计中。

3. 理解并能灵活设计幼儿园集体教学活动的目标、内容，能选择适当的教学思维模式和具体教学方法，设计有效的集体教学活动实施过程。

4. 学会撰写集体教学活动设计方案。

5. 能针对集体教学活动设计方案进行说课、议课和评课。

本章导图

本章导图见下页。

本章导言

幼儿园集体教学活动是幼儿园教育活动的一种重要形式，是教师计划、设计和组织的专门活动，或称正式指导的活动。专门教学活动的存在是幼儿园教育区别于家庭教育和社区教育的重要特征。

幼儿园的集体教学活动目前是我国学前教育课程形式的重要组成部分。它和区域活动、户外活动、生活活动等一起组成了幼儿园“高结构化—中结构化—低结构化”的多种活动形式，使幼儿的学习呈现出多样性、生态化的格局。所以，教师应该正面地、科学地看待幼儿园集体教学活动。

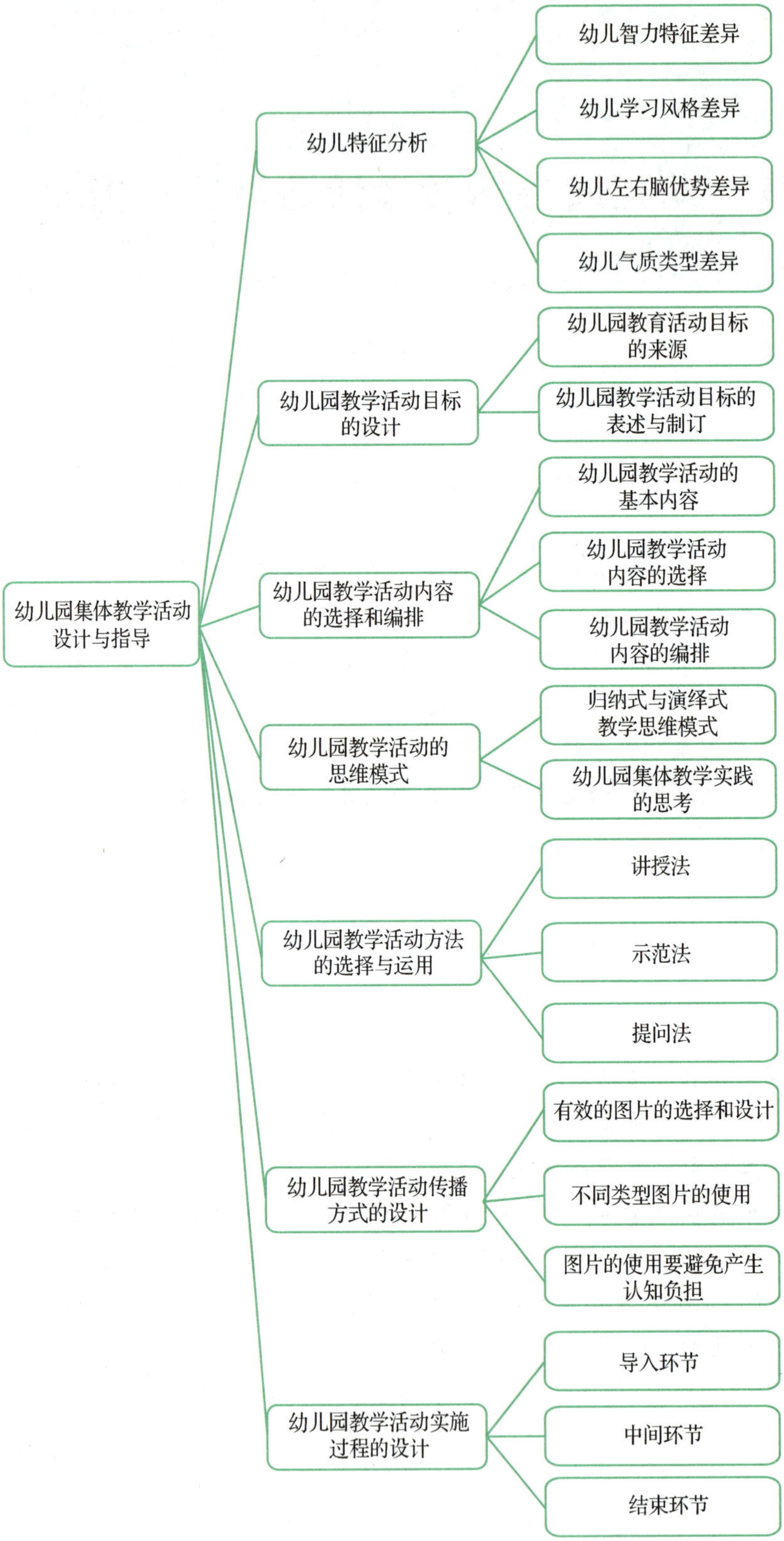
幼儿园集体教学活动设计与指导
幼儿特征分析
幼儿智力特征差异
幼儿学习风格差异
幼儿左右脑优势差异
幼儿气质类型差异
幼儿园教学活动目标的设计
幼儿园教育活动目标的来源
幼儿园教学活动目标的表述与制订
幼儿园教学活动内容的选择和编排
幼儿园教学活动的基本内容
幼儿园教学活动内容的选择
幼儿园教学活动内容的编排
幼儿园教学活动的思维模式
归纳式与演绎式教学思维模式
幼儿园集体教学实践的思考
幼儿园教学活动方法的选择与运用
讲授法
示范法
提问法
幼儿园教学活动传播方式的设计
有效的图片的选择和设计
不同类型图片的使用
图片的使用要避免产生认知负担
幼儿园教学活动实施过程的设计
导入环节
中间环节
结束环节

传统的集体教学活动由于“重教师，轻幼儿”“重教材，轻活动”而被大家诟病，而且当前幼儿园课程改革的指导思想之一就是改变过去那种“重上课，轻游戏”的教育形式，但是，不可否认，集体教学活动在今天的幼儿园课程中仍然有其独特的价值。有学者指出，尽管组织化、结构化的集体教学活动在为幼儿提供自我发展空间等方面存在不足，但其特有的学习气氛和经验共享模式是其他教学形式无法替代的，它的教学效益是其他教学形式无法达到的。集体教学活动具有其他教育形式不能替代的价值。集体教学活动有助于提高教学效率，在我国目前师幼比例较低的情况下，教师难以通过对每位幼儿的个别指导来完成预设课程中许多内容的学习，将幼儿整体作为指导对象，可以最大限度地实现教学目标。① 集体教学活动可以较快地实现教学，完成教育任务，节省教师的力量；集体教学活动有助于幼儿的社会建构，因为当许多幼儿同时面对相同的学习内容和同样的问题时，他们可以在相互启发下产生各自的认识；集体教学活动能够培养幼儿的集体性和自制力，使幼儿体验到相互学习、交谈的愉快情绪；集体教学活动有助于教师对幼儿的发展做出评价，教师能够通过幼儿之间的横向比较，迅速了解幼儿在某些方面的发展状态；集体教学活动能集中体现教师的多种专业技能，教师在教学时习得的教学技能完全可能转化为平时各种活动中的专业行为，从而有助于教师专业技能的发展。学者徐明认为，全班幼儿在同一时间内探讨同一个话题时，幼儿有机会获得大量来自同伴的相关信息。同时，教师会用多种策略提示和引领幼儿，所以教师有机会帮助幼儿梳理、归纳、提升已有的感知经验，促使幼儿发展相应的能力。② 总之，即使在强调幼儿园以游戏为基本活动的今天，集体教学活动仍然具有其他教育形式所不可比拟的教育价值，以至于有的学者称“集体教学活动就是中国幼儿教育的特色”。

有目的、有计划的幼儿园集体教学活动必须要经过精心的选择和设计。如果集体教学活动是低效或是无效的，那么就是在浪费幼儿的时间。所以，集体教学活动应该是精致的，是有目的、有计划、有准备的，而教师作为集体教学活动的主要发起者、组织者和引导者，肩负着重要责任。本章将根据幼儿园集体教学活动设计的基本要素和流程进行详尽阐述。

第一节　幼儿特征分析

分析幼儿的起点水平是集体教学活动设计的首要任务。对幼儿起点水平的把握程度直接决定了教育的水平。分析幼儿的起点水平主要包括分析幼儿的起点能力，如原有经验、年龄特征等相对共性的特点，还有就是要全面关注并分析幼儿的个体

① 朱家雄：《幼儿园课程》，107页，上海，华东师范大学出版社，2003。

② 徐明：《幼儿的感知经验与集体教学活动的有效性》，载《幼儿教育》，2008(19)。

差异。随着经验的积累，幼儿教师能够较为全面和准确地把握幼儿的一些共性特点，但对于幼儿的个性差异还认识得不够深刻。在进行教学活动前，认真分析幼儿的个体差异，有助于幼儿教师开发和设计各种学习途径和方法，实现教育教学活动的目标。本节重点探讨幼儿的个性差异。目前国内外研究发现，幼儿的个性差异主要体现在智力特征、学习风格、认知风格、左右脑优势、气质类型等方面。

一、幼儿智力特征差异

智力是使人能够顺利从事某种活动所必须具备的各种认知能力的有机结合，主要由注意力、观察力、记忆力、思维力、想象力等构成。幼儿存在个体差异，其中智力特征差异就是最明显的特征之一。幼儿的智力特征差异主要体现在两个方面：一是纵向维度上智力水平的差异，即智商的差异；二是横向结构上的差异，即多元智力。

(一)智力在纵向维度上的差异

当提及“没有教不好的儿童，只有不会教的老师”这一观点时，很多教师表示不赞同。一些教师不解，为什么有的幼儿一点就通，有的幼儿怎么教都不会？当然，这种现象产生的原因有可能是教师的教学效率不高，但绝不能排除幼儿的问题。我们必须承认，幼儿的智商存在差异，但差异有多大呢？幼儿的智商差异能否成为教师评判其智力的有力支持呢？如果你认为是可以的，那么，你就错了。

自从智力测验问世后，要区别智力的差异就变得容易起来。1905 年，法国心理学家就制订了第一个测量智力的量表——比奈－西蒙智力量表，1922 年传入我国，1982 年由吴天敏先生修订，共 51 题，主要适合测量小学生和初中生的智力。1916 年，美国韦克斯勒(D. Wechsler)编制了韦氏成人智力量表和韦氏儿童智力量表，以及适用于 4～6.5 岁儿童的韦氏幼儿智力量表，韦氏量表于 20 世纪 80 年代中后期引进我国，经过修订出版了中文版，经过湖南医科大学龚耀先等人修订，制订出了中国常模。

心理学研究证实，人类群体的智商有规律可循。在现代典型的智商测验中，人们设定主体人口的平均智商为 100，具体分布如表 2.1 所示。

表 2.1　智商及等级分布

智商	70 以下	70～79	80～89	90～109	110～119	120～129	130 以上
等级	较弱	边缘	亚正常	正常	较高	优秀	超常
同龄人中智商的占比/%	2.2	6.7	16.1	50	16.1	6.7	2.2

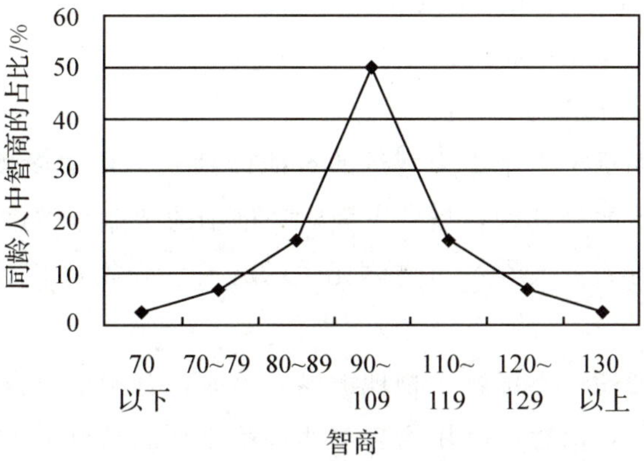

图 2.1　同龄人中智商的分布图

图 2.1 中同龄人的智商分布呈正态分布。也就是说，在我们面对的教育对象中，智商极高和智商极低的幼儿并不多见，绝大多数的幼儿智商处于中等水平，且差异并不大，智商相对比较集中。

但是，值得思考的是，既然幼儿智商差异不显著，为什么在教学活动中会出现幼儿学业成就的差异呢？幼儿学业成就的水平还与哪些因素相关呢？

(二)智力在横向结构上的差异

幼儿在学习上存在差异的主要原因并不是其智力在纵向维度上存在差异，而是智力在横向结构上存在差异。传统的智力测试量表只能测出幼儿三个方面的智力，包括语言智能、数学智能及空间思维能力，除此之外，这些量表并未涉及其他能力的测评，但是，人类的智能仅限于语言、数学和空间能力吗？答案是否定的。

> **拓展资源**
>
> 请扫描二维码来获取“几种关于智力的理论”的具体内容。

哈佛大学心理学家加德纳(H. Gardner)给我们提供了很好的理论支持。加德纳在 1983 年提出了多元智能理论。他认为过去对智力的定义过于狭窄，未能正确反映一个人的真实能力。他在《心智的架构》(*Frames of Mind*)这本书里提出，人类的智能至少可以分成七个范畴(后来增加至八个)。

* 语言(verbal/linguistic)
* 逻辑(logical/mathematical)
* 空间(visual/spatial)
* 音乐(musical/rhythmic)
* 肢体运动(bodily/kinesthetic)

* 内省(intra-personal/introspective)
* 人际(inter-personal/social)
* 自然探索(naturalist)

加德纳的研究揭示了一个更为宽泛的智能体系，加德纳谨慎地指出，人类智能不应局限于他所确认的这几种类型。下面对加德纳的智能分类进行详细阐述。

加德纳将智能分为三大类：与物体无关的智能、与物体相关的智能、与人相关的智能。

与物体无关的智能：不依赖于物理世界而形成，有赖于语言和音乐系统。

语言智能，指用言语思维、用语言表达和欣赏语言深层内涵的能力。作家、诗人、记者、演说家、新闻播音员都显示出了很强的语言智能。加德纳将语言智能列为第一种智能，是因为“语言是最广泛最公平地在人类中得到分享的一种智能”。语言智能是指读、写和言语交流的能力。

音乐智能，指人敏锐地感知音调、旋律、节奏和音色等的能力。具有这种智能的人包括作曲家、指挥家、乐师、音乐评论家、乐器制造者和善于领悟音乐的听众。

与物体相关的智能：这些能力是个体在环境中被所面临的物体控制而形成的。

逻辑智能，指人能够计算、量化、思考命题和假设，并进行复杂的数学运算的能力。科学家、数学家、会计师、工程师和电脑程序设计师都显示出了很强的逻辑智能。

空间智能，既包括对色彩、线条、形状、形式、空间及它们之间关系的敏感感知，也包括将视觉和空间的想法具体地在脑中呈现出来，以及在一个空间的矩阵中很快找出方向的能力，如航海家、飞行员、雕塑家、画家和建筑师所表现出的能力。

肢体运动智能，指人能巧妙地操纵物体和调整身体的技能。运动员、舞蹈家、外科医生和手艺人都是这方面的例证。

自然探索智能，指在环境中，对多种植物和动物进行认识和分类的能力。不像其他的一些智能，自然探索智能更关注在大自然、户外这样特定环境中的各种生命形式。学有专长的自然观察者包括农夫、植物学家、猎人、生态学家和庭园设计师。

与人相关的智能：指人在社会活动中对自我、他人及人际互动的认识能力。

人际智能，指能够有效地理解别人和与人交往的能力，核心是察觉并区分他人的情绪、意向、动机及感觉的能力。这包括对脸部表情、声音和动作的敏感性，辨别不同人际关系的暗示以及对这些暗示做出适当反应的能力。人际智能强的人通常比较喜欢参与团体性质的运动或游戏，如篮球、桥牌；而不喜欢个人性质的运动及游戏，如跑步、玩电动玩具。当他们遭遇问题时，他们比较愿意找别人帮忙；喜欢教别人如何做某件事。他们在人群中感觉很舒服自在，通常是团体中的领导者，他们适合从事的职业包括政治、心理辅导、公关、推销及行政等需要组织、联系、协调、领导的工作。这一类的幼儿靠他人的回馈来思考，对他们而言，理想的学习环境必须提供下列教学资源及活动：小组作业、朋友、群体游戏、社交聚会、社团活动、社区活动等。

内省智能，指关于建构正确自我知觉的能力，并善于用这种知识计划和引导自己的人生。心理学家和哲学家就是拥有很强的内省智能的典型人员。

多元智能给我们的启示如下。

第一，多元智能中八种智能彼此独立，一种智能很好，另一种却有可能很差，很少有人能样样突出。这一观点首先为教师提供了一个积极的幼儿观，防止教师在教育过程中产生“晕轮”效应，即认为幼儿“一好百好，一差百差”；其次，教师在教学中习惯运用语言、数学等途径刺激幼儿学习，而此方面智能不太好的幼儿的学习效率自然就不高。

第二，每个人各种智能的先天潜质不同，如有些人语文和音乐方面能力很强，但是社交能力却特别差。通过多元智能理论的评价体系，可以找出每一个人的最佳智能方面。

第三，对幼儿多元智能的评价，不是为了区分幼儿的优劣，而是为了发现每位幼儿的智能潜力和特点，识别并培养他们区别于他人的智能和兴趣，为他们提供一条建立自我价值感的有效途径，从而帮助他们去实现个性特色的发展。

第四，通过评估找出智能强项，可以帮助幼儿找出最佳学习方式。比如说，语言智能强的幼儿，可以使用背诵的方式来记忆；但肢体运动智能强而语言智能弱的幼儿，可能无法静下心来阅读和记忆，因而使用连动带唱的方式来进行教学比较有效。

第五，多元智能理论也为教师提供了一种教学设计的思路，要求教师在教学过程中应设计多种途径，使拥有不同智能优势的幼儿能够以他们擅长的方式学习，以便很好地实现教学活动目标。

为了便于学生更好地理解多元智能在教学中的运用，现提供相关的教学案例。

教学案例

请扫描二维码来获取“幼儿园主题活动‘认识彗星’”的具体内容。

二、幼儿学习风格差异

你是否发现，在班级中，有的幼儿容易冲动，而有的则较为谨慎；有的幼儿喜欢自己完成任务，有的则喜欢与同伴合作完成任务；有的幼儿通过听，能更好地学习，有的幼儿则需要动手操作才能更好地学习。幼儿在学习的过程中各有不同，我们将这种在学习过程中形成的比较稳定的行为模式称为学习风格。学习风格也称学习类型，包括认知风格、学习策略、内外控制点、焦虑、兴趣、态度等。学习风格能够影响幼儿的学习方式，当教师倡导的学习方式和幼儿的学习风格相吻合时，幼儿的学习效率最高。

目前，对学习风格的研究多数是从心理学的角度出发的，通过对个体的生理特点和心理特点进行研究，总结出不同个体在感知觉、认知、动机、意志等方面表现出的差异。具体来说，在生理方面主要表现为年龄特征、性别特征、体质特征、对学习时间的偏爱、对感知觉通道的偏爱和对环境因素的倾向等方面的不同，在心理方面主要表现为信息加工、思维方式、爱好、动机、情感意志等方面的差异。

(一)学习者的生理差异

目前对学习者生理差异的研究有很多，它们从各种不同角度揭示了与学习相关的个性生理特征。为了让读者对这方面的知识有全面的了解，下面对学习者生理差异包含的各种因素进行简单的归纳和描述。(表2.2)

表2.2 学习者生理差异各因素描述

年龄特征和性别特征	个体由于遗传和环境因素而具有不同的年龄特征和性别特征	威特金(1977)，Zenhausern(1980)，周润民(1990)，叶一舵(1985)，毕世响(1992)
体质特征	个体由于遗传和后天环境的影响而具有不同的生理机能，也称与健康有关的行为	Keefee(1979)
对学习时间的偏爱	学习个体有自己的生物节律，分为清晨型、上午型、下午型、夜晚型，在不同的时间段学习会产生不同的学习效果	Keefee(1979)，威特金(1977)，Zenhausern(1980)，周润民(1990)，叶一舵(1985)，毕世响(1992)
对感知觉通道的偏爱	个体倾向于通过某种感觉器官的刺激而接收信息和进行学习，包括视觉型、听觉型、动觉型	邓恩夫妇、威特金(1977)，Zenhausern(1980)，周润民(1990)，叶一舵(1985)，毕世响(1992)
环境因素	个体倾向于在不同的环境中进行学习。物理环境因素包括对声音、光线、温度、坐姿的偏爱；社会环境因素则包含小组竞争、小组合作、独立学习、结伴学习、成人支持、亲密关系	威特金(1977)，Zenhausern(1980)，周润民(1990)，叶一舵(1985)，毕世响(1992)
活动性	由于先天或者后天的影响，个体对活动的偏爱程度不同	邓恩夫妇、Keefee(1979)

在以上各种因素中，对学习时间的偏爱和对感知觉通道的偏爱与幼儿学习的关系较为密切。因此，我们重点围绕这两方面进行分析，并提供相应的学习建议。

1. 对学习时间的偏爱

每位学习者都有自己的生物节律，表现在学习时间上也有不同的偏爱，在不同的时间段里进行学习会产生不同的效果。有人喜欢在清晨学习，有人喜欢在上午学习，有人喜欢在下午学习，还有人喜欢在晚上学习。根据学习者对不同学习时间的偏好，可将学习者分为四种类型。

清晨型(又称百灵鸟型)：这类学习者在清晨时头脑清醒、反应敏捷，记忆效率和思维效率高。

上午型：这类学习者在四个时间段中，在上午的学习效率最高。

下午型：这类学习者偏爱在下午学习，此时学习效率最高。在四种类型中，该类型的学习者较少，但确实存在。

夜晚型(又称猫头鹰型)：这类学习者在夜间大脑高度兴奋，且特别清醒，注意力集中、精力充沛、思维活跃，学习效率特别高。

学习者偏爱在哪一时间段进行学习，受许多因素的制约，其中有些因素，如生活习惯等是可以调节的。幼儿教师和家长应了解幼儿对时间的偏爱，合理、科学地安排作息制度和最佳学习时间，提高幼儿的学习效率。

2. 对感知觉通道的偏爱

人们接收和加工信息、进行学习，要借助不同的感觉器官，如用耳朵听、用眼睛看、用手摸等。由于个人身心特点的差异，不同的人对不同的感觉器官和感知觉通道有不同的偏爱。有些人喜欢通过眼睛来接收信息，也有些人喜欢通过耳朵来了解外在世界，还有些人更习惯通过动手(或身体运动)来探索外部世界，从而掌握有关信息。不同感知觉类型的学习者在学习上有不同的表现，所应采用的学习策略也各不相同。从感知觉方面看，学习者可以分为视觉型、听觉型、动觉型三种类型。

(1)视觉型

视觉型学习者善于通过接受视觉刺激来学习，喜欢通过图片、视频、影片等各种视觉刺激手段来接收信息、表达信息。他们将所听到的事情想象成图像，将所要说的话以形象来取代。他们通过观察所获得的信息和知识，往往比从交谈、聆听或是实际习作中所获得的要多。在学习上，他们通过自己动手涂写和阅读，要比聆听语言更有效。这种类型的学习者喜欢阅读，而且能够比较容易地从阅读材料中吸收知识。他们能将所阅读的内容轻而易举地记住，并转换为口语，因而在复述或书面测试中容易取得好成绩。

视觉型学习者可通过下列方式加强学习能力。

* 用视频、图像进行学习。
* 画图表、地图。
* 做想象中的活动。
* 运用模拟游戏表演进行学习。
* 运用多媒体计算机和互联网创设的虚拟仿真情境进行学习。

(2)听觉型

听觉型学习者善于通过接受听觉刺激来学习，喜欢通过听教师讲解、讨论、听录音等方式来接收信息。这种类型的学习者在学习活动中一般都能认真听讲，能够完成教师布置的任务。

听觉型学习者可通过下列方式加强学习能力。

* 演奏乐器。
* 利用歌曲进行学习。
* 通过参与或者听音乐会来进行学习。
* 伴随音乐锻炼身体。
* 把音乐与其他学科领域结合起来。
* 用音乐调节和改变情绪。
* 通过音乐来构想画面。

(3)动觉型

动觉型学习者喜欢通过双手和整个身体运动进行学习，如通过亲自动手操作或表演等来学习。他们不擅长言语表达，往往在需要他们动手操作、实验的学习方式中表现得较为突出。

当然对这类学习者来说，周围的学习环境安静一些对他们是最有利的，因此，应该尽可能为这类学习者创造一个和谐、安静的活动环境，因为这样可以尽量排除他们学习中的各种干扰。

动觉型学习者可通过下列方式加强学习能力。

* 通过舞蹈和肢体运动来学习。
* 在自然领域和数学方面多动手。
* 通过多改变学习状态获得休息。
* 把运动与所学习的内容结合起来。
* 利用模型、机器和各种工具辅助学习。
* 利用游戏活动或通过在戏剧中扮演角色来学习。

(二)邓恩的学习类型理论(学习偏好)

邓恩(R. Dunn)认为学习者在学习的过程中会产生一定的偏好或是倾向，分别体现在五个方面的要素上：环境类要素、情绪类要素、社会性要素、生理性要素和心理性要素。

环境类要素，包括学习者对学习环境安静或热闹的偏爱，对光线强弱的偏爱，对温度高低的偏爱，对坐姿正规或是随便的偏爱。

情绪类要素，包括自我激发动机、家长激发动机、教师激发动机、学习动机强弱、学习坚持性强弱、学习责任感强弱等。

社会性要素，包括学习者是否喜欢独立学习，是否喜欢结伴学习，是否喜欢与成人一起学习，是否喜欢和各种不同的人一起学习。

生理性要素，包括喜欢听觉刺激，还是视觉刺激或是动觉刺激；学习时是否爱吃零食；学习效率高的最佳时间段。

心理性要素，主要指对大脑加工信息方式的偏好，如分析型或是综合型，沉思型或是冲动型；对大脑左右半球的偏爱等。

每位学习者在学习的过程中都会受到学习风格的影响，当影响学习的各种要素恰好与学习者学习风格相似时，学习者就能提高学习效率，进而取得好的学习效果。例如，学习者属于合作型学习风格的人，但教师倡导幼儿独自完成学习任务，那么，学习者有可能就会因为不能合作学习而无法取得好的学习效果，或是不愿意参与学习。

(三)学习者认知风格的差异

所谓认知风格，也称认知方式，指个体偏爱的信息加工方式，表现在个体对外界信息的感知、注意、思考、记忆和解决问题的方式上。目前学术界将认知风格主要分为两类模型。第一类是“整体—分析”特征的风格模型，所测评的是个体倾向于把信息组成整体还是组成不同部分。属于这类范畴的典型认知风格有场依存型—场独立型、粗放型—敏锐型、冲动型—沉思型等。第二类是“言语—表象”特征的风格模型，所测评的是个体倾向于借助言语还是借助心理学表象来分析信息。属于这类范畴的典型认知风格有抽象思维者—具体思维者和言语型—视觉型。认知风格维度的描述见表 2.3。

表 2.3　认知风格维度①

整体—分析型维度	具体描述
场依存型—场独立型	个体在分析作为场的一部分的某个结构或格式时依赖于知觉场的程度
粗放型—敏锐型	倾向于迅速同化和放弃细节，还是强调细节并把它转换成新信息
冲动型—沉思型	倾向于迅速做出反应，还是深思熟虑后再做出反应
聚合型—发散型	采用狭窄的、聚敛的、逻辑性的、归纳式的思维方式，还是宽泛的、开放的、联想性的思维方式来解决问题
整体思维—序列思维	倾向于以整体方式还是逐步递进方式来完成学习任务、解决问题、同化细节
具体的顺序性—具体的随机性	学习者有序地还是随机地、通过具体的还是抽象的经验来学习
适应者—革新者	在解决问题的过程中，适应者偏好于采取保守的、固定的程序；革新者偏好于重新组织结构，生成新的观点

① [美]R. 赖丁、S. 雷纳：《认知风格与学习策略——理解学习和行为中的风格差异》，庞维国译，19页，上海，华东师范大学出版社，2003。

续表

言语—表象型维度	具体描述
抽象思维者—具体思维者	偏好抽象性思维，还是水平性思维
言语型—视觉型	在表征知识和思维过程中应用言语或视觉策略的程度

下面的讨论将围绕认知风格的主要方面来考察几个主要的认知风格类型。

1. 场依存型—场独立型

场依存型与场独立型这两个概念来源于威特金(H. Witkin)对知觉的研究。第二次世界大战期间，威特金为了研究飞行员怎样利用来自身体内部的线索和见到的外部仪表的线索调整身体的位置，专门设计了一种可以摇摆的座舱，舱内置一座椅。当座舱倾斜时，被试可调整座椅，使身体保持垂直。研究发现，有些人主要利用来自仪表的视觉线索，但不能使自己的身体恢复垂直；另一些人则主要利用来自身体内部的线索，尽管座舱倾斜，仍能使身体保持垂直。威特金将前一种人的知觉方式称为场依存方式，后一种称为场独立方式。后来的研究发现，场独立型与场依存型是两种普遍存在的认知方式。场独立型者对客观事物做判断时，倾向于利用自己内部的参照，不易受外来因素的影响和干扰；在认知方面独立于周围的背景，倾向于在更抽象的水平上加工，独立对事物做出判断。场依存型者对物体的知觉倾向于将外部参照作为信息加工的依据，难以摆脱环境因素的影响；他们的态度和自我知觉更易受周围的人，特别是权威人士的影响和干扰；善于察言观色，注意并记忆言语信息中的社会内容。

场独立型、场依存型与幼儿的学习有着密切的关系。研究表明，场独立型幼儿一般偏爱自然科学、数学，他们的学习动机往往以内在动机为主。场依存型幼儿一般较偏爱社会科学，他们的学习更多地依赖外在反馈，他们对人比对物更感兴趣。

2. 粗放型—敏锐型

豪兹曼和科莱因(P. S. Holzman & G. S. Klein)首先使用“粗放型和敏锐型”这一术语来描述记忆加工中的个体差异。加德纳等把这种认知过程描述为“在当前的知觉和记忆登记过程中，当前知觉与相关记忆痕迹之间的相互作用或同化程度方面的特征”。

区分粗放型和敏锐型的依据是个体对视觉任务的知觉方式。豪兹曼和科莱因指出，某些个体过于简化他们的知觉(粗放加工)，而另外一些个体则倾向于以一种复杂的、分化的方式来知觉任务，很少显示出同化(敏锐加工)。

粗放型倾向于用先前贮存的事件来同化新事件，而敏锐型则倾向于凸显当前知觉的事件，把它与先前贮存的事件区别对待。知觉任务被同化的水平，引出了一个同化维度。敏锐型居于一端，他们很少显示出同化；粗放型居于另一端，显示出高度的同化水平。从粗放到敏锐这一连续体被认为是认知风格的一个维度，它在个体成熟的过程中不断发生变化，反映了从粗放到敏锐的过渡。更为具体地说，这涉及记忆结构从“流动”到“稳定”的发展，或者说是过去和现在的表象与事件从“概括”到“不断分化”的发展。表 2.4 是粗放型和敏锐型的特征。

表 2.4　粗放型和敏锐型的特征①

粗放型	敏锐型
过去—现在混淆	对时间有清楚的知觉
喜欢抽象的推理	喜欢具体的推理
记忆表象不稳定	记忆表象随时间推移比较稳定
表象或记忆模糊	主要的直觉方式是视觉
概括化的知觉	集中性的知觉
整合的观点	分离的观点

3. 冲动型—沉思型

冲动与沉思的认知方式反映了个体加工信息、形成假设和解决问题过程的速度和准确性。沉思型学习者在遇到问题时倾向于深思熟虑，用充足的时间考虑、审视问题，权衡各种问题解决的方法，然后从中选择一个满足多种条件的最佳方案，因而错误较少。而冲动型学习者倾向于很快地检验假设，根据问题的部分信息或未对问题做透彻的分析就仓促做出决定，反应速度较快，但容易发生错误。总之，冲动与沉思涉及在不确定的情境中，个人对自己解答问题的有效性的思考程度和其判别标准题的反应时间与精确性。研究表明，约 30%的学前儿童和小学儿童都属于冲动型，有的可能是因为对任务很熟悉，或者思维很敏捷。②

研究发现，与冲动型幼儿相比，沉思型幼儿具有更成熟的解决问题的策略，能提出更多不同的假设。而且，沉思型幼儿能够较好地约束自己的动作行为，忍受延迟性满足，比冲动型幼儿更能抗拒诱惑。此外，沉思型幼儿与冲动型幼儿的差别还在于，沉思型幼儿往往更容易自发地或在外界要求下对自己的解答做出解释；冲动型幼儿则很难做到，即使在外界要求下必须做出解释时，他们的回答也往往是不周全、不合逻辑的。

在学习方面，沉思与冲动这两种方式存在明显差异。一般来说，沉思型幼儿阅读成绩好，再认测验及推理测验成绩也好于冲动型幼儿，而且在创造性设计中成绩优秀。相比之下，冲动型幼儿往往阅读困难，较多表现出学习能力缺失，学习成效不佳。不过，在某些涉及多角度的任务中，冲动型幼儿则表现较好。

由于阅读、推理之类的任务需仔细分辨概念，因而粗心大意的幼儿处于不利地

---

① ［美］R. 赖丁、S. 雷纳：《认知风格与学习策略——理解学习和行为中的风格差异》，庞维国译，19 页，上海，华东师范大学出版社，2003。

② ［美］R. 赖丁、S. 雷纳：《认知风格与学习策略——理解学习和行为中的风格差异》，庞维国译，19 页，上海，华东师范大学出版社，2003。

位，尤其是当一个问题的答案不能直接得到，需要从一开始就仔细阅读材料，注意分析各种可能的条件时，更是如此。为了帮助冲动型幼儿克服他们的缺点，心理学家着手创造了一些训练方法，对他们的不良认知方式进行纠正。研究表明，单纯提醒幼儿，要他们慢一些做出反应，对他们并无帮助。但通过教他们具体分析、比较材料的构成成分，注意并分析视觉刺激，对克服他们的冲动型认知行为较为有效。也有人让冲动型幼儿大声说出自己解决问题的过程，进行自我指导，当他们获得连续成功以后，再让他们由大声自我指导变为轻声低语，而后变为默默自语。目的是训练冲动而又粗心的幼儿有条不紊、细心地进行学习和解决问题。这种训练收到了较好效果。

4. 聚合型—发散型

这一维度由吉尔福德(J. P. Guilford)提出。该维度反映了一种思维类型，以及与解决问题相关联的策略。学习者解决一个问题或任务，通常要么采用目标开放式的、探索性的思维方式，要么采用目标封闭式的、高度集中的思维方式。

该理论被哈德森(L. Hudson)进一步发展，教学和学习过程的含义也得到了更为充分的发掘。哈德森报告，那些聚合型思维的幼儿，偏好形式性的问题和结构化的、需要逻辑思维的任务。相比之下，那些发散型思维的幼儿，偏好目标更为开放的、需要创造性的任务。对常规任务或熟悉的、可预料的并且需要一个正确答案的任务，发散型思维者更可能做出消极反应。据此可以推断，聚合型思维者在认知风格上可能是分析型的，发散型思维者可能是整体型的。

哈德森发现，与发散型思维者更喜欢答案开放的问题相比，聚合型思维者更喜欢结构良好、更多地需要逻辑推理能力的正规问题和任务。与发散型思维者相比，聚合型思维者明显地具有更强的情感控制能力，好像是把不同的生活方面分置在不同的格子里。[①] 一种可能的解释是，与发散型思维者相比，聚合型思维者更喜欢在各种水平上把自己的经验组织起来，更善于利用结构化的经验。

5. 整体思维—序列思维

这一名称由帕斯克和施克特(G. Pask & B. C. E. Scott)提出，它分别反映两种能力：一种是个体倾向于对学习任务采用整体性的“假设—引导”策略做出反应，另一种是个体倾向于对学习任务采用“材料—引导”、逐步加工的集中策略做出反应。这反映了人们的一种认识：学习一个复杂的问题包含两种基本的操作活动。

帕斯克指出，整体思维者主要采用一种整体性的、主题式的方法来学习，这需要进行全面的概括描述。他们常常在同一时间内关注主题的几个方面，在几种不同的思维水平上同时进行学习。相反，序列思维者主要采用一种“操作”学习方法。他们会更加关注细节、程序，常常以线性结构理解信息。逐步学习，建立清晰、易于

① Austin M.,“Dream Recall and the Bias of Intellectual Ability,”Nature, 1971(231), p. 59.

识别的信息组块以用于联系主题中的概念和构成部分，是序列思维者的典型学习特征。（表 2.5）

表 2.5　整体思维—序列思维的特征

整体思维	序列思维
自上而下的加工者	自下而上的加工者
整体的学习方法	局部的学习方法
同时加工	线性加工
瞬间跨越各种水平	逐步学习
理论和实践相互关联	分别学习不同的方面
指向理解	指向细节
理解性的学习偏差	操作性的学习偏差
把概念与先前的经验联系在一起	在概念内部把特征联系在一起
构建概括的描述	构建狭窄的操作程序
低辨别技能	高辨别技能

6. 具体的顺序性—具体的随机性

格里乔克（A. F. Gregorc）的学习风格概念（风格描绘法）蕴含着这样的观点：个体的学习是从具体经验到抽象的过程，在这个过程中，学习要么是随机发生的，要么是按顺序发生的。他鉴别出拥有四种不同学习“风格”的学习者：一是具体的顺序学习者，他们喜欢直接、逐步、有序，以感觉为基础的学习；二是具体的随机学习者，他们依赖于尝试错误、直觉和独立的学习方法；三是抽象的顺序学习者，他们采用分析的、逻辑的学习方法，喜欢言语教学；四是抽象的随机学习者，他们采用整体的、视觉的学习方法，喜欢以一种没有结构的经验性的方式学习信息。（表 2.6）

表 2.6　具体的顺序性—具体的随机性维度

分类	抽象—具体	
顺序—随机	抽象的顺序性	具体的顺序性
	抽象的随机性	具体的随机性

7. 适应者—革新者

科顿（M. J. Kirton）指出，风格与个体应对变化时选择的认知策略有关，与那些跟创造性、问题解决和决策相关联的策略有关。科顿提出，这些策略与人格的许多侧面（特质）相关，而这些人格侧面（特质）在生命的早期就已出现，并且特别稳定，可以被认作认知风格。适应—革新（A-I）维度被认为在个体认知发展的早期就已存在，并且“随着时间和事件的变化而相对稳定”。

如此说来，适应者一般偏好于“把事情做得更好”，而革新者倾向于“把事情做得与众不同”。概言之，科顿的适应—革新理论提出的风格概念是一种两极性的，包含了适应者—革新者这一连续体。

上述研究为幼儿学习方式的差异研究提供了有力支持，教师和家长应该认识到幼儿的学习风格存在各种差异，并能根据这种差异设计教育教学活动采取的方法和途径，设计教学活动的结构和材料的组织与呈现方式等。教师要尽可能创设多种途径引导幼儿学习，满足不同学习风格的幼儿用自己擅长的学习方式进行学习的需要。

三、幼儿左右脑优势差异

人的大脑两半球在进行思维活动时，在功能上表现为一侧优势，这种现象叫偏侧化或不对称性。19世纪60年代，法国神经生物学家布洛卡(P. P. Broca)发现人的语言中枢位于脑左半球之后，许多研究相继证明了大脑两半球功能的不对称性。20世纪60年代，美国神经生物学家斯佩里(R. W. Sperry)在对裂脑患者的研究中发现，大脑左右两半球在认识功能方面有严格分工。20世纪70年代初，大脑两半球功能偏侧化和不对称性已被大量的神经心理学研究所证实。最近20年的脑科学研究结果表明，虽然大脑左右两半球在结构上几乎完全一样，但是在功能上却有所不同。主要表现为：左半球是处理言语，进行抽象逻辑思维、集中思维、分析思维的中枢，它主管人的说话、阅读、书写、计算、分类、言语回忆和时间感觉，具有有序性、分析性等机能；右半球是处理表象，进行具体形象思维、发散思维、直觉思维的中枢，它主管人的视觉、复杂知觉模型再认、形象记忆、认识空间关系、识别几何图形、想象、理解隐喻、模仿、态度、情感等，具有不连续性、弥漫性、整体性等机能。当然，大脑两半球偏侧化和功能优势都是在相对意义上说的。比如，利维(J. Levy)在总结脑功能不对称性的同时就指出，左右两半球如同两种不同类型的信息加工系统，它们相互补充、相互制约、相互协作，共同完成人类高级的心理活动。

互动环节

测一测你的学习风格

请扫描二维码来获取“所罗门学习风格量表”和“所罗门学习风格分析表”。

由于生理类型的差异，有的学习者在心理能力上表现为左脑优势，有的表现为右脑优势，有的则是两半球脑功能和谐发展。根据个体的大脑优势半球差异，可以把学习者的学习分为左脑型、右脑型、左右脑混合型三类。

1. 左脑型

学习者在大多数情况下善于使用左脑。他们的基本特征是：学习工作积极主动，爱用言语的、逻辑的方式处理信息，对细节问题特别敏感，善于分清主次，抓住重点，做事有自觉性、计划性，条理性强，有责任心。

2. 右脑型

学习者在大多数情况下善于使用右脑。他们的基本特征是：容易接受新东西，空间概念较强，喜欢以直觉的方式处理信息，善于把握整体，喜欢灵活的规则和活动，需要自律训练，喜欢趣味性、形象性的学习材料。由于右脑主要负责直观的、综合的、几何的、绘画的思考认识和行为，它承担的形象思维功能在人的思维活动中起至关重要的作用。

> **拓展资源**
>
> 请扫描二维码来获取“一项来自哈佛大学的研究”的具体内容。

3. 左右脑混合型

学习者兼有左脑型和右脑型两者的特点。对左脑或右脑的偏爱取决于学习情境、学习任务的性质等因素，有时较多地使用左脑，而有时较多地使用右脑，左右脑之间的联系有时紧密，有时不紧密。

处理各种不同类型的学习任务时，有些需要左脑参与多些，有些则需要右脑参与多些，还有些左右脑同时参与的程度基本相当。不过总的说来，左右脑混合型兼有两者的特长，因而适应性更强，尤其在完成复杂任务时表现得更为明显。

> **拓展资源**
>
> 请扫描二维码来获取“‘右脑优势’之我见”的具体内容。

在我们实际的生活中，往往需要左右脑共同参与解决问题。近年来对于大脑两半球功能不对称的研究表明了两半球既有分工又相互作用，它们共同协作对瞬息万变的外界做出反应，以保持机体活动的和谐统一。因此，没有两半球的协同活动就不能实现人高度完整和准确的行为。一个典型的例子是，爱因斯坦曾这样描述他的思维过程：“我思考问题时，不是用语言进行思考，而是用活动的、跳跃的形象进行思考，当这种思考完成以后，我要花很大力气把它们转换成语言。”右脑的形象思维产生了新思想，左脑用语言的形式把它表述出来，这非常生动地描绘出了新思想诞生过程中左右脑是如何协同工作的。

四、幼儿气质类型差异——华德福幼儿教育对幼儿的解读

人气质类型的划分方法有很多，但古希腊医生、朴素唯物主义者希波克拉底

(Hippocrates)的分类和俄国生理学家巴甫洛夫(I. P. Pavlov)的分类最有影响力。希波克拉底认为人体内含有四种体液，即血液、黏液、黄胆汁、黑胆汁，有机体的状态取决于这四种体液的搭配情况。血液相对于多血质，黏液相对于黏液质，黄胆汁相对于胆汁质，黑胆汁相对于抑郁质。气质形成按体液特性可以划分为多血质、黏液质、胆汁质、抑郁质四种类型。《学前心理学》中有详细的对气质类型的论述，为避免重复，本部分内容主要介绍华德福幼儿教育对气质类型研究的观点。华德福幼儿教育对幼儿气质类型的研究主要是通过长期细致的观察和比较得出结论的。

华德福教育理论认为，人可以分为水、土、风、火四种气质。其中，水对应黏液质，土对应抑郁质，风对应多血质，火对应胆汁质。

气质是天生的，每位幼儿都有属于自己的气质类型。面对不同的幼儿，如果能掌握其气质类型及行为规律，并予以教育，将事半功倍，同时也利于因材施教。

(一)黏液质(水)

1. 黏液质幼儿的特点

- 易管理。
- 易满足。
- 内在生物钟准确。
- 目光很梦幻。
- 走路时像在水中走。
- 热爱美食。
- 体型偏胖。
- 不想做什么的时候，反应不强烈。
- 动作慢，进入慢，但一旦进入，就能持久。
- 在群体里从不发起任何活动。
- 可以扮演任何角色。
- 如果游戏超出了他的预料，他就会退出。
- 可以玩同一个玩具很长时间。
- 想象力差(四种里最差的)，不能把一个东西想象成另一个。
- 运动力差。
- 客观。
- 艺术上有天分。
- 坐的时候身体很软。
- 上课时容易想别的事。
- 记忆力好(四种里最好的)，细节都记得。
- 不擅长回答没有预料到的问题。
- 秩序感好，打破秩序会很生气。

·愿意上床休息，不愿意起床，睡眠质量很好。

·喜欢温暖、舒适。

·可靠，负责。

·喜欢听故事，听四遍后就能以讲述者的口气复述。

·无趣(别人认为)。

·不太喜欢与人交往。

·做事有满足感，很有耐心。

·绘画时颜色和谐。

·理解事情、做决定慢，但一旦理解，就记得很清楚。

·这样的幼儿在达到入学年龄时会发生变化，会更活跃。

2. 成人如何帮助

·不要让幼儿睡太多。

·给幼儿一些小惊喜。

·不要逼迫幼儿。

·让幼儿早上用冷水洗脸。

·不要让幼儿穿太多、吃太多。

·提供水果、蔬菜，不要提供软面包，硬的会好，不要提供太多的甜食，咸的或酸的会好些。

·要阻止幼儿长胖，这样对精神和头脑有好处。

·唤醒幼儿看周围。

·要假装对幼儿不感兴趣。

因水相的幼儿身体和谐，擅长艺术，当开始发展智性时，艺术才华会消失。他们喜欢用艺术的方式学习，就像沉浸在自己身体里一样。如果要保持这种艺术才华，就要给些小的任务，这样他们就会有意识地去做。例如，画画时，这样的幼儿不会去想画什么，而是完全沉浸在自己的世界里，随意地画着，如果成人告诉他“我希望能看到小鸟在树上唱歌”，他就能有意识地去画，同时这样做也保护了幼儿的画画天分。

长大后，如果发展得好，做事就会有毅力，不忽视任何事，承诺做的就一定会做。忠诚；可靠。

一位教师分享的例子：

一个水相男孩，在一次数学课上，教师在上面讲着，他的注意力已经不在课堂上了。他开始想：我书包里有一个夹心圆面包，真的很美味呀，我现在好想吃，我怎么做才能不让别人发现我吃呢？这个时候，教师叫他回答问题，他很无辜地看着教师：“啊?”教师把问题重复了一遍，2×8=？他不直接回答问题，而是从头到尾背了遍乘法表。火相的孩子就嚷道：“16!”水相的孩子就坐下了。等下课了，水相的孩子真的把书包里的面包吃了。课间休息时，他也不参与活动，站在旁边，吃着面包。

有人撞倒了他，面包也掉了，他却不生气，站起来，把面包捡起来，弄干净，接着吃。

(二)抑郁质(土)

1. 抑郁质幼儿的特点

· 高，瘦，大脑门。

· 走路时感觉身体很重。

· 小时候自我主导性强。

· 从小就会与别人比较。

· 从小就自我怜惜，借此得到关注。

· 心里很容易受伤(别人不听他的点子时)。

· 很容易受惊吓(如火、声音)。

· 有时很骄傲，但不表现出来。

· 有一种特殊的能力：能深入思考。

· 在很小的时候就会问很严肃的问题，会认真听成人的回答，并对答案进行深入思考。

· 总是活在内在世界中，很难被外界打扰。

· 内在很丰富、活跃。

· 看起来比较幼稚。

· 外在很呆板。

· 换牙较晚，8岁左右。

· 很少进行户外活动，但他会看别人户外活动(凄怨的，孤独的)。

· 会在想象中做一些他在现实中不敢做的事。

· 不愿意做那些招待客人的事情。

· 喜欢藏起来被人找，喜欢被人注意，特别需要证明被爱。

· 他认为世界很孤单，他不愿意醒来，愿意做梦。

· 不易入睡，起床、睡前一定要幻想那个好朋友的事情；编悲剧故事，他是主角，被别人拯救。

· 白天会装作别人，再做回自己时就会觉得悲伤、难过。

· 最难的是他不能融入现实，成人会认为他是情绪化的。

· 感情易受伤，如果受伤，就会持续很长时间。

· 喜欢甜食，但会有不好的意识，会有意识让自己少吃。

· 不吃那种能看得出形状的动物的肉。

· 除了甜食，对其他食物不感兴趣，在饿的时候，也不一定要吃食物。

· 在思想上很成熟，但行为很幼稚。

· 愿意和别人一起玩，但更愿意沉浸在自己的幻想中。

· 喜欢悲剧故事。

·他愿意照顾别人，可以是个很好的护士，也可以是个很好的教师。

·心软。

·很依赖友爱、友好的氛围，睡前如果父母吵架，他就无法入睡，醒来时的氛围也很重要。

2. 成人如何帮助

·想要让幼儿高兴，要用些骗术。

·可以让幼儿养宠物，这样他就有“人”诉说了。

·要给幼儿更多的爱、照顾。

·要帮助幼儿平衡“以自我为中心”的爱。

·幼儿有幽默感的，成人要以爱的幽默感让幼儿看到自己内心消极的一面。

·幼儿需要心灵的滋养。

·给幼儿讲那些悲惨的、痛苦的故事，给他讲一些自己的担忧，这样幼儿会关注你，忘记了自己。

·给幼儿保暖，不要用冷水给他们洗脸。

·因为幼儿容易便秘，不要吃油炸食品，可以吃蔬菜、水果，白肉较好，食物的色相很重要。

·要让幼儿动起来，跳舞最好，但不容易，音韵舞也很好(3 岁后就能跳)，跳舞的时候心灵也会起舞。

(三)多血质(风)

1. 多血质幼儿的特点

·苗条。

·姿态优雅。

·走路时像用脚趾在走。

·喜欢跳、转圈，喜欢荡秋千，喜欢转椅类的旋转器具，热爱这个世界。

·如果受伤，那么只哭一会儿，边哭边笑。

·点子多，在群体里容易是领导。

·容易发起游戏，但玩儿一会儿就离开，玩别的去了。

·易对新事物感兴趣。

·像小鸟、壁虎一样，睁大眼睛随时观察着世界。

·小时候声音高、尖。

·乐感很好。

·社交能力强，总是很开心，不易生气。

·很少生病。

·喜爱吃，但吃得不多，喜欢水果，喜欢咸或酸的食物，不喜欢腻的、口味重的食物，不喜欢吃得太饱，不喜欢鸡蛋、肉、粥。

· 容易入睡，易醒，早上起得早，起床后不马上下床，会在床上唱歌、讲故事、想象一下。

· 对外在世界感兴趣。

· 性格随和。

· 易被人喜爱。

· 喜欢变化，但需要规律。

2. 成人如何帮助

不用对这样的幼儿做太多，只要让他们爱你就可以。给幼儿事情做，别让他闲着。要帮助幼儿逐渐提高专注力。

· 找到幼儿感兴趣的事情，逐渐使他专注的时间加长。

· 让幼儿关注不值得注意的事情，这就顺应了他的天性。

· 使这种幼儿的想象力被激发出来的事越多，幼儿专注的时间就越长。

(四)胆汁质(火)

1. 胆汁质幼儿的特点

· 容易做决定，并会立即实施，直接行动。

· 感情强烈，表现得也很激烈，表达时语言直白，分享时也不考虑，很少表现出害羞、胆小。

· 矮壮头圆，脖子短粗。

· 在群体里容易是领导。

· 精力旺盛。

· 从小就会想参与其他的事情。

· 想控制所有的事情，如果控制不了就会发怒，成人要紧盯幼儿。

· 所有的爆发都是因为愿望无法马上被满足。

· 在看事物时非常清楚。

· 早起，很期待一天的生活，起床后马上投入工作，不太需要过多的睡眠。

· 对食物不太在意，喜欢水果(最好吃的是自己摘的或偷的)，不喜欢吃黏黏的东西，喜欢糖。

· 全力以赴地工作。

· 很用力地握笔，画画时也很用力，用很重、对比明显的颜色(画火山爆发画得特别好)。

· 看事情不客观(四种类型里最不客观的)。

· 道德感简单，认为坏的就要惩罚，好的就要简单地表扬。

· 如果意识到做错事了，那么不太容易当面道歉，即使道歉，也是说完就走，但如果让他们用行动来弥补过失就会很容易。

2. 成人如何帮助

· 对幼儿要有正确的认识。

· 要耐心，在幼儿爆发时能够平静地关注他，看看是什么事情，他是怎么做的，不要在当时处理。如果很危险，那么马上制止。

· 要做到冷静，在幼儿生气时不要讲道理，第二天再讨论，不要训诫。

· 绝不能讽刺，这样很伤害幼儿，幼儿会把你当作敌人。

· 要幽默。

· 不要强迫。

· 给幼儿安排合适的工作，释放能量，如锯木头、订东西、挖地……施坦纳说：给这种幼儿的工作要适当超出他们的能力范围，这样能让他们知道自己不是什么都能做的。

· 幼儿在能够控制自己情绪的时候会很高兴，期待向成人展示控制的方法。如果成人能够帮助他们慢慢地控制情绪，他们就会很爱你。尝试用故事讲述控制情绪的方法。

· 因为幼儿不能客观地分析，所以要告诉他们发生了什么，也可以让其他看到事情经过的幼儿说出来，他们需要这样的事实。

拓展资源

请扫描二维码来获取“气质类型——人类的底牌”的具体内容。

· 如果幼儿尊重或爱这个成人，就会努力做事情来得到这个成人的喜爱。

· 这种幼儿成人后，如果自我发展得足够强大，就可以控制情绪；如果自我发展得不好，就不能控制情绪，不擅长社交。

一位教师分享的例子：

张老师班上有个火相的孩子。和别的孩子发生了冲突，他就打那个孩子，当老师看到他捡起来一块砖头时，从后面抱住了他。这个男孩大声叫：“放开我！”老师心想：我抱住你，这样你就不会伤害其他小朋友了。男孩用脚踢老师，但是老师没有松开，直到他平静。事后，老师在班上讲了一个民间故事，里面的父亲就是典型的没有成长好的火相的人。他易怒，经常对家人动武，但是他的大儿子敢于和他斗争，保护家人。这个男孩很佩服故事里面的大儿子。一个课间，老师在他走出教室时看着他，他说：“我不会伤害任何人。”老师问：“你肯定？”他说：“我不会伤害任何人。”男孩出去后，老师看着他，发现他对着墙，双拳紧握，说：“我不会伤害任何人。”

第二节　幼儿园教学活动目标的设计

教学活动是一种有计划、有组织、有目的的活动，它总是要从一定的教学活动目标出发，围绕一定的教学活动目标展开。教学活动目标具有三大功能。第一是引领功能，即引领教师对教学内容、教学方法、教学技术、教学资源进行选择与运用，引领幼儿参与学习，引领教学活动结果的测量与评价。第二是聚焦功能，即教学活动目标是教学系统内各组成要素的联结点和灵魂，对其他要素起着统领、聚焦和协调的作用，使教学要素发挥出最佳的教学整体效能。教学活动过程中每个环节的处理都应为教学活动目标服务，不能偏离教学活动目标。第三是评价功能，教学活动目标是教学活动之后，幼儿是否提升了最近发展区的水平，教师的指导是否具有实效性的评价标准。

一、幼儿园教学活动目标的来源

制订教学活动目标是幼儿教学设计的第一步，也是最重要的一步。先从教育的不同层面出发，了解一下教学活动目标在教育目标层次中处于何种位置，进而了解教学活动目标的由来。图 2.2 就是幼儿园教育的目标层次。

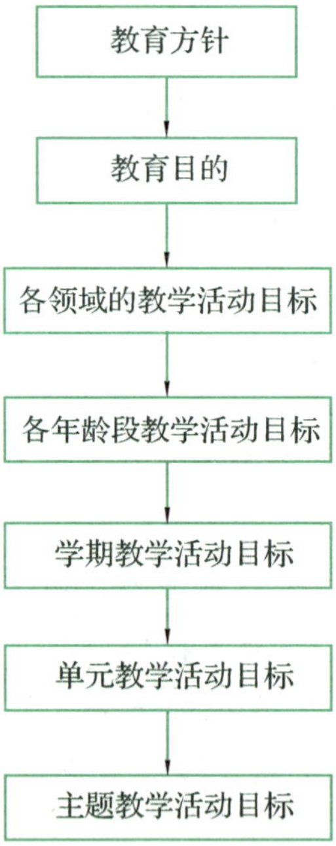

图 2.2　幼儿园教育的目标层次

由图 2.2 中可知，教学活动目标是一个目标体系，以国家总的教育方针为基础，逐层具体化和深化。教育方针、教育目的反映了教育不同层面上的教育要求。在具体教学任务中，教师接触的主要是各年龄段、各领域的教学活动目标和单元教学活动目标，以及具体的主题教学活动目标。这里讨论的教学活动目标的制订和表述指的就是具体的主题教学活动目标。

二、幼儿园教学活动目标的表述与制订

(一)教学活动目标的本质

由于教学活动目标的意义重大，教师应该尽可能多地花时间去认真思考与教学活动目标相关的问题，尽可能以具体、有意义的术语描述有效教学活动所要达到的目标。我们有必要先了解一下教学活动目标的本质。

让我们先从一个案例开始思考。

这是一个以“认识三角形”为主题的教学活动目标，请大家思考此目标是否正确。

教学活动目标：

让幼儿认识三角形。

学习三角形的画法。

培养幼儿的合作精神。

培养幼儿德、智、体、美等全面发展。

我们需要思考几个问题。

让幼儿认识三角形。

——质疑：教学活动目标最终是教师要完成的，还是幼儿要完成的？

学习三角形的画法。

——质疑：教学活动目标表达的应该是学习的结果还是过程？

培养幼儿的合作精神。

——质疑：类似的教学活动目标能否在一次教学后实现？即便能够实现的话，如何测评？

让我们来思考一下教学活动目标的本质是什么。

1. 目标是学习的结果，而不是过程

教学活动目标要规定经过教师的教学和幼儿的学习等一系列过程以后，最终希望幼儿达到什么标准，或能够做些什么，而如何达到这一结果，即活动过程，则不属于教学活动目标的范畴。在教与学的过程中，幼儿最终获得的知识和能力，以及形成的个性化行为才是目标。因此，过程不能成为教学的目标，因为目标的本质特性就是终结性，而过程的本质是一种动态流程。“学习……”这种表达强调的是学习的过程而不是学习的结果。

2. 行为主体应是幼儿，而不是教师

教学活动目标是指在学习活动后，幼儿能够完成的结果性行为，而不是教师要完成的行为。因此，教学活动目标表达的主体应该是幼儿而不是教师。这一点，不少教师容易混淆。他们认为，教学既然主要是教师在教，因而其目标应当是教师能

够干什么。如果将教学活动目标改为“学习目标”，似乎就不易混淆了。其实，教学活动目标和学习目标本质是一致的，属于同一概念，只是不同的人使用习惯不同而已。因为，教学是以幼儿为中心的，教师教学的一切行为都是为幼儿服务的。

3. 目标要明确、具体、可操作性强

从幼儿园教育的目标层次来看，从低到高，各层次目标越来越抽象、概括化和笼统。最具体、最底层的主题教学活动目标的特点就是明确、具体、可操作性强，能具体指导、调控教师的教学过程，否则，也就丧失了其作用。可以这样说，目标越是明确和具体，目标的可操作性就越强，而目标的达成度就越高。但就我国目前的情况看，不少公开发表的带有“范例性”的教案仍然使用了很多不具体、笼统的词语。例如，上面的例子中“培养幼儿德、智、体、美等全面发展”，这就是一个大而全的要求，幼儿不可能在一次学习后实现，也无法操作。像这样的目标就属于将“教育目的”和“教学活动目标”混淆了。我们可以区分一下教育目的和教学活动目标的差别。

教育目的：艺术欣赏水平的提高。

教学活动目标：能识别不同节奏的乐曲所表达的情绪。

4. 教学活动目标应具有可观察性和可测量性

教学活动目标的一大功能即测量和评价幼儿的学习效果，因此，教师所表述的教学活动目标应当能够体现出可观察的和可测量的功能。上述例子中，“培养幼儿的合作精神”这个目标，就无法体现其可观察性和可测量性。我国教师比较习惯用含糊的用语表述教学活动目标，如“理解、领会、掌握”等。但在教学之后，教师很难测量幼儿在这些方面表现出的行为的程度。因此，教师在表达教学活动目标时，选用的行为动词应该是能够描述幼儿所形成的可观察、可测量的具体行为的词语，如说出、阐述、表达、展示等，而不是理解、领会、掌握这样的描述内部心理变化的词语。

(二)表述教学活动目标的基本要素

美国心理学家马杰(R. E. Mager)在行为主义心理学理论基础上提出了目标陈述技术。马杰认为，表述好的目标应具有三个要素。

一是说明通过教学后幼儿能做什么(或说什么)。

例如：能区分形状并说出颜色；

能复述故事；

能按顺序组织不同部分。

二是规定幼儿行为产生的条件。

例如：在3分钟内，搭建具有主题的积木；

依据指定的读物，比较两种动物的特点；

依据提供的图片，大胆猜测将要发生的事情。

三是规定符合要求的作业标准。

例如：按照恰当的顺序；

至少 80%正确；

保持队形。

一个表述好的教学活动目标应当同时具备以上三个要素。例如，“通过照镜子(条件)，观察并画出自己的脸(行为)，能画出脸的主要部位(标准)”。又如，“给出5道5以内的结合情境的加减运算应用题，幼儿能在3分钟内给出答案，正确率为90%”。

也有人提出了一种目标表述的ABCD技术。A指audience，即幼儿；B指behavior，即行为；C指condition，即行为产生的条件；D指degree，即行为达到的标准。一个教学活动目标应该包括上述四种成分。

(三)教学活动目标的制订

我们解决了教学活动目标的表述问题，知道如何正确和合理地表述目标了，接下来，我们必须要思考的问题是，正确表述只是传达教学活动目标的一种工具或是方法，关键问题是如何制订正确的教学活动目标。

具体的教学活动目标可以分为三大领域，认知领域、方法技能领域和情感、态度、价值观领域，即我们所倡导的三维目标。教师可以根据三维目标的分类将教学活动目标分为三个方面。实践中，不少教师理解三维目标对幼儿的重要性，在制订教学活动目标时通常习惯于将教学活动目标分为这三个领域的目标，再将所有领域的目标分成了解、理解、掌握和运用四个层次。需要注意的是，上一个问题我们谈的是教学活动目标的制订要明确、具体、可操作性强，三维目标显然只是一个目标框架而已，并不够细化，尽管有些教师将其划分为四个层次，但仍旧不够清晰。比如，就“了解”这个层次而言，“说出”“背出”“辨认”“识别”都属于了解，很多情况下，一次的教学我们并不能完全实现所有的目标。因此，我们必须要将三维目标进一步细化和分层。(表2.7)

表2.7 三维目标层次分解表

三维目标	各领域目标层次
认知领域	了解
	理解
	应用
方法技能领域	模仿
	独立操作
	迁移
情感、态度、价值观领域	经历(感受)
	反应认同
	领悟(内化)

由表2.7三维目标层次分解表可知，认知领域目标，方法技能领域目标和情感、态度、价值观领域目标都可以进一步细化为三个层次，且每个领域的三个层次表现为逐层递进的关系。在表述教学活动目标时，这三个层次的体现且进一步的细化主要是通过动词来实现的。下面，我们来了解一下各个层次可以用到的动词有哪些。

1. 认知领域目标

在教学活动目标中受到最多关注的就是认知领域目标的实现，它包括知识或信息、命名、解决问题、预测，以及其他方面的智力因素。认知领域目标可以分为三个层次，即了解水平、理解水平和应用水平。三个层次逐层递进。

了解水平指再认或回忆知识，识别、辨认事实或证据，举出例子，描述对象的基本特征等。可以用到的动词有：说出、背诵、辨认、回忆、选出、举例、列举、复述、描述、识别、再认……

理解水平指把握内在逻辑联系，与已有的知识建立联系，进行解释、推断、区分、扩展，并提供证据，收集、整理信息等。可以用到的动词有：解释、说明、阐明、比较、分类、归纳、概述、概括、判断、区别、提供、把……转换、猜测、预测、检索、收集、整理……

应用水平指在新的情境中使用抽象的概念、原则，进行总结、推广，建立不同情境下的合理联系等。可以用到的动词有：应用、使用、质疑、辩护、设计、解决、撰写、拟定、检验、计划、总结、推广、证明、评价……

2. 方法技能领域目标

教学活动目标的第二个领域是方法技能领域，它需要协调并运用身体的动作，掌握各种方法和技巧，如体育活动中的操作、操纵等技巧，或是在认知领域的基础上掌握学习过程中使用的各种学习方法和技巧。方法技能领域的目标可以分为三个层次，即模仿水平、独立操作水平和迁移水平。三个层次逐层递进。

模仿水平指在原型示范和具体指导下完成操作，对所提供的对象进行模拟、修改等。可以用到的动词有：模拟、重复、再现、模仿、例证、临摹、扩展、缩写……

独立操作水平指独立完成操作，进行调整与改进，尝试与已有技能建立联系等。可以用到的动词有：完成、表现、制订、解决、拟定、安装、绘制、测量、尝试、实验……

迁移水平指在新的情境下运用已有的技能，理解同一技能在不同情境中的适用性等。可以用到的动词有：联系、转换、灵活运用、举一反三、触类旁通……

3. 情感、态度、价值观领域目标

教学活动目标的第三个领域是情感、态度、价值观领域。这个领域包括态度、鉴赏力、价值观、动机，以及感情方面的享受、保护和尊敬等。这个领域通常在教育中被认为是意义非同一般的，但却又是我们所知甚少的一个领域，特别是在设计具体的、可操作性强的教学活动目标方面更是如此。情感、态度、价值观领域目标也可以分为

三个层次，分别是经历(感受)水平、反应认同水平和领悟(内化)水平。三个层次逐层递进。

经历(感受)水平包括从事相关活动，建立感性认识等。可以用到的动词有：经历、感受、参加、参与、尝试、寻找、讨论、交流、合作、分享、参观、访问、考察、接触、体验……

反应认同水平包括在经历的基础上表达感受、态度，进行价值判断，做出相应反应等。可以用到的动词有：遵守、拒绝、认可、认同、承认、接受、同意、反对、愿意、欣赏、称赞、喜欢、讨厌、感兴趣、关心、关注、重视、采用、支持、尊重、爱护、珍惜、蔑视、怀疑、摒弃、抵制、克服、帮助……

领悟(内化)水平包括具有稳定态度、一致行为和个性化的价值观念等。可以用到的动词有：形成、养成、具有、热爱、树立、建立、坚持、保持、确立、追求……

情感、态度、价值观领域的具体目标是最难编写的。不少教师认为，既然教学活动目标要具体、细化、可操作性强、可测量，而情感目标多数又是深远的，一次教学难以实现，更何况活动之后要能测量和评价出来更难。因此，在这一方面似乎产生了矛盾。如何解决这个问题呢？其实，从前面对情感、态度、价值观领域目标的分析可知，这个领域的前两个层次，即经历水平、反应认同水平均是具体的、可操作性强、可测量的，只有最后一个水平，领悟水平是需要较长时间才能实现的。

在进行教学活动目标设计时，划分为三个领域的好处在于能够为教师提供一种设计思路，同时教师能够确定每一个具体目标的学习要求，检验具体目标是否贯穿于各个不同层次中，而不是都挤在认知领域的目标中。另外，设计三维教学活动目标是制定教学策略的基础，我们要想完成这项任务，可以对这些具体目标进行分类，进而提出改善教学活动策略的处方。

拓展资源

请扫描二维码来获取“准确定位幼儿学习目标，保底目标和开放目标并重”的具体内容。

第三节　幼儿园教学活动内容的选择和编排

教学内容是实现教学活动目标的载体和对象，与教学活动目标紧密相连。所以，教师在明确教学活动目标的基础上，还需要对教学内容进行选择和编排，以保证教学活动目标的落实。

一、幼儿园教学活动的基本内容

《幼儿园教育指导纲要(试行)》和《3—6岁儿童学习与发展指南》中都将幼儿园教育内容划分为健康、社会、语言、科学和艺术五个领域，并强调各个方面的内容都应促进幼儿情感、态度、能力和知识等方面的发展。幼儿园为什么要通过这五大领域来促进幼儿的发展？这五个领域又有何种关系？(图2.3)这些问题需要我们在了解五大领域具体内容之前详细思考。

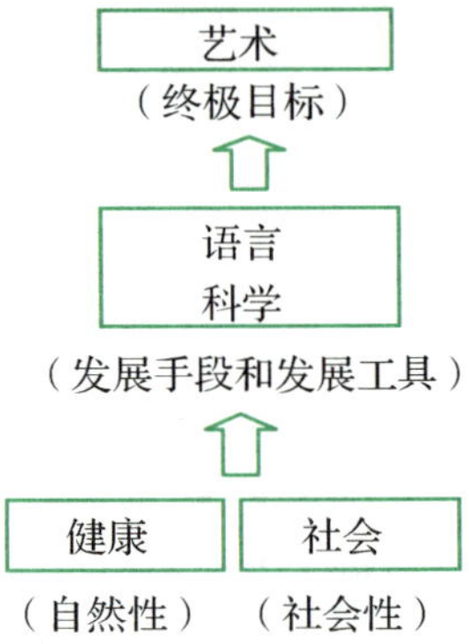

图2.3 幼儿园教育内容的五大领域的关系

如图2.3所示，人类具有自然性和社会性两大属性。健康领域满足了幼儿自然性的发展，社会领域满足了幼儿社会性的发展，而这两方面的发展离不开重要的发展工具和发展手段。语言领域和科学领域帮助幼儿认识自然和社会，成为人类两大属性发展的必要手段。艺术是人类各方面发展的终极目标。这里的"艺术"不仅包括音乐、舞蹈、美术等艺术表征，而且具有更加广泛的"审美""和谐"之意。

可见，五大领域之间有着密切的联系和逻辑性，幼儿园通过五大领域的教育内容能够有效促进幼儿全面发展成为"完人"。

(一)健康领域的教育内容

· 基本动作的发展，包括走、跑、跳、爬、攀登等，发展动作的协调性、灵活性。

· 生活卫生习惯的培养，包括养成良好的饮食、睡眠、盥洗、排泄等个人生活卫生习惯和爱护公共卫生的习惯。

· 自我保护能力和自理能力的培养，包括安全、保健等方面的教育和锻炼自我服务技能。

· 拥有良好的情绪和参加体育活动的兴趣，包括体验生活的美好，形成良好的师幼、同伴关系，有安全感、信赖感，喜欢参加户外体育锻炼，提高对环境的适应能力。

(二)社会领域的教育内容

·爱老师、爱朋友，包括学会必要的交往技能，学会和同学和睦相处，体验和同伴共处的乐趣。

·爱集体，遵守幼儿园各种学习、生活、游戏规则。

·爱幼儿园、爱家庭、爱家乡、爱祖国，包括认识幼儿园环境，了解家乡的特产、名胜古迹等，认识国旗、国徽、国歌，知道台湾、香港、澳门是祖国的领土等。

·爱人民，包括接触和认识与幼儿生活关系密切的不同职业的成人，培养幼儿尊重不同职业人的劳动，认识少数民族，知道我国是个多民族的国家。

·良好个性的培养，包括形成良好的自我意识，培养自尊心、自信心，培养勇敢、讲文明、有礼貌等良好品格和自主、自理的能力。

(三)语言领域的教育内容

·学习说普通话，包括能听懂普通话，正确发音，自觉用普通话交流，少数民族地区学习本民族语言。

·培养语言交往能力，包括学会倾听，敢于与人交谈、在集体中回答问题，讲话的语气、语调、面部表情、体态语适当，有良好的语言表达习惯，逐步掌握讲述、谈话、讨论、辩论等多种语言交流形式。

·学习文学作品，包括学习故事、儿歌、散文等儿童文学作品，参与表演活动，学习续编、改编、创编、仿编故事、儿歌等。

·早期阅读，包括有正确的看书姿势和翻阅图书的技能，能讲述图书的主要内容，认读常见的标记，培养学前阅读技能，爱护图书。

·日常生活中渗透语言教育，包括按成人的要求完成任务，运用礼貌语与人交谈，清楚地表达自己的愿望、要求，回答问题，处理问题，主动学习语言，恰当运用新学到的词句。

(四)科学领域的教育内容

·认识自然环境，包括认识四季特征，认识风、云、雨、结冰、空气流动等自然现象，以及季节气候的变化与人类、动植物生长的关系；认识动物的特征、繁殖方式、生活习性及与环境的关系；认识植物的特征、结构、生长条件和规律及与环境的依存关系。

·认识常见的物品和材料及身体器官，包括常见物品和材料的特性、功能，认识常见的交通工具，认识身体器官的功能等。

·认识常见的科学现象，包括声、光、电、磁、力、弹性、颜色的变化等科学现象及其在人们生活中的作用。

·形成初步的数学概念，包括数、量、形、时间、空间关系，发现生活中的数学，理解基本的数学概念，发展思维能力。

·探索发现，包括提供观察、操作、试验的机会，支持、鼓励幼儿动手动脑大胆探索，激发幼儿的好奇心和兴趣。

(五)艺术领域的教育内容

艺术领域的教育内容包括感受和欣赏各种视觉、听觉等艺术表现，表达与创作两个方面。

·感受、发现和欣赏自然环境、人文环境中美的事物，探索其特征。

·通过欣赏自己和同伴的作品、著名画家的美术作品、民间工艺品、地方民俗、建筑物等，丰富幼儿对各种视觉、听觉等艺术形式的感受和体验。

·进行歌唱、绘画、泥工、纸工、舞蹈、表演等艺术活动，并大胆地表现和创作。

二、幼儿园教学活动内容的选择

拓展资源

请扫描二维码来获取“高宽课程内容体系”的具体内容。

请扫描二维码来获取“华德福的课程内容”的具体内容。

所谓教学活动内容，就是指为实现教学活动目标而要求幼儿学习的知识、技能、行为经验、情感态度的总和。教学活动内容的确定对于目标的实现、幼儿的发展而言至关重要，教师需要注意的问题是较为复杂的。例如，名称是“火”的活动，有的教师设计的是科学领域活动“有用的火”，有的教师设计的是健康、社会领域活动“预防火灾”，还有的教师设计的是健康领域活动“教室着火啦”，甚至有的教师设计的是艺术领域活动“小苹果”，以歌词中“火火火火火”引入。可见，不同教师根据一个主题可能设计出不同的内容，再加之当代各种可选择和利用的教学资源繁多，哪种内容更有利于促进幼儿的发展，哪种内容更适合这种有组织的幼儿园集体教学活动？这就需要教师根据一定的原则加以选择和利用。

幼儿园教学活动内容丰富、形式灵活，因此，教师可以以教学主题为导向，开发相应的资源，如软件、网络资源等，以最有效的方式呈现教学活动内容。但现实问题是，教师可利用的教学资源是丰富的，但教学的时间却是有限的，而教师如何才能将丰富的教学资源呈现于有限的教学活动中？显然，教师需要从相关资源中按照一定的标准精选教学的内容。那么，选择教学内容的标准是什么呢？我们从以下几个方面加以分析。

(一)幼儿心理发展水平

1. 兴趣性

爱因斯坦曾说过："兴趣是最好的老师。"孔子曰："知之者不如好之者，好之者不如乐之者。"兴趣是人们积极探究某种事物或从事某种活动的意志倾向，是人们认识事物所需要的情绪表现，是动机中最积极、最活跃的成分。

很多教师深知兴趣对幼儿学习的重要性，因此，选择教学内容的首要标准就是看是否能够激发幼儿的内在学习意愿和兴趣。比如，在教学中添加生动的故事、图片、实例等，试图通过此种途径提高幼儿的学习效率。毋庸置疑，幼儿主要以形象思维为主，教师在选择教学活动的内容时必须考虑能够激发幼儿兴趣的形象化的事物。但是，需要注意的是，并不是所有能够激发幼儿兴趣的内容都能促进幼儿学习，这要考虑教学的关键经验。

心理学相关研究证实，学习者感兴趣的内容不一定能促进其学习。心理学家加纳等人在1989年让大学生与七年级学生阅读有和没有诱惑性细节(画线的为诱惑性细节)的有关昆虫的短文。文章如下。

有些昆虫独自生活，有些则生活在大家庭里。独居的昆虫有很多，如独居蜂，一种泥蜂就是独居蜂。甲虫也是独居的。<u>当甲虫仰面掉下时，它把自己往上抛，在发出"咔嗒"声的同时，正好一边朝下落了下来。</u>蚂蚁生活在大家庭中。蚂蚁的种类有很多。一些蚂蚁生活在树上，黑蚂蚁生活在地面上。

一些昆虫是奔跑健将，另一些则是飞行健将。蟑螂是速度很快的奔跑者。抓住它们很难，它们善于奔跑和躲藏。蜻蜓飞得很快。苍蝇大概是飞得最快的昆虫。<u>当苍蝇扇动它的翅膀每秒约200次时，你会听到嗡嗡的声音。</u>

一些昆虫通过将自己伪装得像其他动物来保护自己。另一些则通过伪装得像植物来保护自己。蛇吃一些昆虫、青蛙、老鼠、兔子和鱼之类的活的动物。鸟并不经常吃黑红色蝴蝶，因为它们看起来太像橙褐色蝴蝶。鸟大概知道橙褐色蝴蝶味道不好吃。<u>当一只直翅目昆虫静静地趴在一枝细枝上时，它看起来就像一枝细枝，敌人很难发现它。</u>

研究结果发现，对两个年龄组来说，阅读没有诱惑性细节文章的学生，实际上比阅读了有诱惑性细节的学生能回忆更多重要的信息。进一步的研究表明，虽然诱惑性细节本身能很好地被回忆出来，但是并不能改善学习者对教学材料中关键信息的学习。

研究证实，给枯燥的材料添加有趣但无关的细节，并不会改善学生对教学内容的学习和理解。①

哈普和梅耶(S. F. Harp & R. E. Mayer)让幼儿阅读一段解释闪电形成原因的文

---

① Mayer R. E., *Learning and Instruction*, New Jersey, Prentice Hall, 2007, p. 466.

章。这篇文章有550字，分为6段，每段有一个说明性图片，其中一段如下。

在云中，空气运动导致了电荷的生成。虽然科学家还不完全清楚这是怎么发生的，但大多数人认为，电荷是云中轻轻地上升的水珠和细小的下落的冰晶、冰雹碰撞的结果。带负电的粒子落到了云的底部，大多数带正电的粒子则升到了云的顶端。

要给这段文字添加诱惑性细节，可在这段的第一句话后面加上："为理解这些过程，科学家有时通过往云中发射卫星火箭来创造闪电。"还可以在这段话的右边，添加一幅科学家在开阔的原野上往雷雨云中发射小火箭的图片。这些诱惑性细节增加了幼儿阅读的兴趣，而且与"闪电"这一大的主题相关，但与对闪电形成原因的解释无关。

为评价幼儿的学习效果，研究者让他们写下对闪电形成原因的解释(回忆测验)，也让他们回答一些迁移性的问题，如"假设你看到天上有云但没有闪电，这是什么原因?"然后，研究者计算了幼儿在回忆测验中回忆出正确的因果论断的数目，也计算了他们在迁移测验中提供的正确答案的数目。结果发现，增加诱惑性细节对幼儿的回忆和迁移都有所损害。后来，研究者还利用多媒体技术，给已有的文本添加了一些更生动的诱惑性细节，结果发现这些细节给幼儿对文本的回忆和迁移都造成了有害的影响。

这说明，在教材中添加诱惑性细节对重要信息的学习没有促进作用，通常还会产生有害的影响，因为诱惑性细节导致教学内容增加，而且其中包括了许多无关的细节，学生要花更多时间来阅读，这会降低重要内容的学习效果。国外也有研究支持这一论断。有人发现，学生如果阅读占课文长度1/5的总结性材料，要比阅读全部材料更能把握课文实质。①

那么，我们是否没有必要通过改进教学活动的内容来提高幼儿的学习兴趣呢?答案当然是否定的。现代心理学区分了两种不同的兴趣：一是认知兴趣，是幼儿理解教学内容后对其内容本身的兴趣；二是情境兴趣，是由环境的有趣性引起的。诱惑性细节激发起的是情境兴趣，我们要提高教学内容的吸引度，要更多地从调动幼儿的认知兴趣入手，如教学内容本身有良好的逻辑性、连贯性和探究性，幼儿发现教学内容中蕴含的内在逻辑关系，会更乐于学习。

虽然幼儿园教学活动中提高幼儿的情境兴趣非常重要，但教师不能仅以活跃气氛、激发情境兴趣为主要教学目标，还应注重激发幼儿的认知兴趣。

2. 可接受性

可接受性是指从幼儿心理发展方面出发，立足于目标，把高难度和量力性有机地结合起来，使内容的难度符合幼儿的最近发展区。如果难度太高，幼儿感到其能

---

① Mayer R. E., *Learning and Instruction*, New Jersey, Prentice Hall, 2007, p. 467.

力与最终要达到的要求之间差距过大，那么对成功的期望值就会降低，从而失去学习的意愿和信心。所以，教师在选择教学内容时要考虑幼儿的原有认知发展水平，使其符合幼儿的心理年龄特征。

3. 发展性

发展性是指教学内容蕴含了培养幼儿能力的显著成分和价值，通过教学活动能明显地促进幼儿各方面的发展。教学内容的发展性已经成为世界各国在教学内容选择上的一种趋势。根据发展性标准，那些实用性不够强但对幼儿能力发展特别有效的知识或技能也可以作为教学活动的内容。比如，珠算能力虽然对现实生活的实际作用并不是很大，但它们对培养幼儿的逻辑思维能力等有着极其特殊的作用。

(二)教学内容的广度

1. 注重各领域之间的“晕化”

当前，学科分化日益加剧，越来越不能简单地按照人类知识体系中的学科来建构幼儿园教学内容体系，而特别应该充分地考虑知识的“晕化”、知识系统的一体化。这里的“晕化”即指幼儿园各领域间是相互渗透、相互联系的，不存在绝对的界限，只存在动态的、相对区别的“领域”。体现知识“晕化”、一体化理念的做法之一就是整合课程、主题网络课程的设计及相应的教学活动设计。如果只停留在“知识”这个层次而不注重非学科化的知识，那么我们就会使知识的学习变得过于零碎或漫无边际。因此，教师在选择教学活动内容时应当追求各领域知识之间的融合和渗透，力求一个教学活动目标可以通过多领域内容来实现。

2. 融通教学与生活经验

教师需要认识到以下几点：第一，幼儿学习是幼儿生活的一部分，但又不能等同于幼儿生活，而应该看到它的特殊性，即它是幼儿生活中学习含量高的那个部分，因此它应该与幼儿生活融通，这是局部与整体的融通；第二，幼儿本来就是社会的一个组成部分，幼儿生活本来就是社会生活的一个组成部分，这个组成部分有其特殊性，幼儿的学习生活既要与社会生活融通，又必须保持其特殊性；第三，幼儿学习与社会生活的融通意味着教师选择的教学活动的内容，必须符合时代与社会发展的趋势和现实。

三、幼儿园教学活动内容的编排

(一)内容模块化处理

内容模块化处理指的是将一组逻辑相关的主题集中为一个模块，教学可以由许多模块组成。在教学活动中，模块也就是教学活动的环节，但模块更加强调内部逻辑相关性。教学活动内容为什么要进行模块化处理呢？原因在于，从记忆的原理分析，模块化处理有利于幼儿组块记忆。

例如：

请你读一遍下列随机数字，然后合上书，按照原来的顺序，尽可能多地默写出来。

7 1 8 6 3 9 4 5 2 8 4 9 3 8

现在再读一遍下列随机字母，然后用与上述相同的方法来测试自己的记忆。

H J M R O S F L B T W Q A G

假如你的短时记忆像一般人那样，你可能回忆出7个数字或字母，至少能回忆出5个，最多回忆出9个，即7±2个。

短时记忆是指信息的保留时间一般在3秒至1分钟的记忆。这种记忆在日常生活、学习和工作中经常遇到。短时记忆的突出特点是其容量的有限性。美国洛克菲勒大学心理学教授米勒(G. A. Miller)通过实验在1956年发表了《神奇的数字7±2：我们信息加工能力的限制》一文，明确提出了短时记忆的容量为7±2。后来人们利用数字、单词、字母、无意义音节等各种实验材料得到的结果都和米勒的结果一致。

如此的话，我们就会产生疑问，为什么一些人会在很短的时间内记住大量的内容呢？比如，挑战吉尼斯世界纪录的人，能在短时间内记住100个数字及其排列顺序，难道这样的人有特异功能吗，还是7±2的容量不具有普遍适用性呢？

组块记忆心理学研究发现，人的短时记忆是以组块(chunk)为单位的，短时记忆的容量为7±2个组块。每一个组块内有多少个信息是相对变化的。一个组块可以是一个字母或数字，一组字母或其他材料，甚至一组词或一个句子，组块内部的信息是互相联结的，而不是各自孤立的。学习无关联的材料时，可以把孤立的记忆材料建构为一个大的组块。利用组块来记忆可以大大增加人的记忆容量。组块现象在各种学习材料中大量存在着。例如，汉语中的成语、谚语、词组，英语中的短语、习惯用语，人的名字、职务，甚至数学公式也存在着组块。

可见，组块是记忆的特殊单位，是一个有一定可变度的客体，它包含的信息可多可少。若要增加短时记忆的容量，可以利用已有的知识经验，通过信息加工，将若干较小单位联合成熟悉的、较大的单位，扩大每个组块中的信息量来实现。短时记忆容量的决定因素，往往不是信息的绝对项目数，而是其组块数。例如，I，L，U，V，O，Y，E，O是8个字母，这8个字母通过短时记忆并不容易记住，但是如果将这8个字母按照组块记忆的话，它会变成由I love you三个单词组成的一句话。8个字母孤立的记忆是8个组块，而按照单词记忆就只有3个组块。通过组块，人们记住了更多的信息而又减轻了记忆的负担。

教师在进行教学内容的组织时，可以利用组块记忆的原理，将逻辑相关的内容组合成一个模块呈现给幼儿，这样有利于幼儿的理解和记忆，同时有利于幼儿结构化的学习，能够帮助幼儿有效地迁移。

我们通过一个教学案例，帮助大家更好地理解模块化编排内容的内涵。

教学案例

请扫描二维码来获取“大班活动‘小雨滴溜滑梯’(内容模块化编排)”的具体内容。

(二) 内容序列化处理

接下来需要思考的问题是，将内容分成不同的模块后，如何处理这些模块的先后呈现顺序？在教学实践中，我们经常会发现，在其他因素一致的情况下，教师呈现内容的顺序不同，产生的教学效果也不同。所以，选择和确定了教学内容后，并不能将教学内容杂乱、随意地拼凑在一起，而要按照一定线索使其组织成有内在联系的整体。这项工作被称为教学内容序列化处理。

教学案例

请扫描二维码来获取“大班活动‘心情小人’(内容序列化编排)”的具体内容。

依照怎样的优先次序编排教学内容呢？内容排序的方法有很多。我们主要了解一下波斯纳和斯特赖克(G. Posner & K. Strike)提出的教学内容排序策略。

波斯纳和斯特赖克提出的教学内容排序策略是基于学习关联、世界关联和概念关联的排序。①

我们先来概览一下这三种排序的方法。第一种是学习关联排序，基于的是在幼儿特征分析中确定的幼儿特征。这种排序方法考虑了学习材料本身的难度、学习内容对幼儿本人的吸引力或幼儿的感兴趣程度、先决性信息要求、幼儿认知发展水平等各种因素。由于这种排序法是从幼儿的需要出发来安排教学内容的，所以很适合作为教学单元初始排序的依据。

另外两种排序法——世界关联排序和概念关联排序，基于的是单元教学内容的类型。具体来说，世界关联排序是以教学内容的空间、时间、物理性之间的同一关系为基础的。同样，概念关联排序则以概念之间的关系为基础。经过基于幼儿特征的最初排序后，教师必须从世界关联排序或概念关联排序中选择一个适合教学内容的最佳方案。所以，如果教师想为一系列相关概念排序(如食草动物、食肉动物、杂食动物及其具体实例)，决定哪一个概念排在最前面，哪个排在第二和第三，那么，以概念相关排

---

① [美]Gary R. Morrison，Steven M. Ross，Jerrold E. Kemp：《设计有效教学(第四版)》，严玉萍译，123页，北京，中国轻工业出版社，2007。

序为依据将是最合适的。下面，我们来进一步讨论每一个排序方案。(表2.8、表2.9、表2.10)

表2.8　学习关联排序

现象	原理/实例
相关的先决条件	首先教会幼儿一项技能，其次用它来使幼儿获得另一项技能 在教幼儿计数之前先教幼儿点数
相似性	开始于最熟悉的信息，再逐步推进到最不熟悉的信息 先教我们周围的哺乳动物，再教其他地区的哺乳动物
难度	在教较难的知识前，先教容易的知识 先辨认三角形，再学习画三角形
兴趣	开始于能激起幼儿最大兴趣的主题活动或任务 先让幼儿玩水里的东西，再教幼儿沉浮的原理
发展	在进行一项任务和主题活动前，确定幼儿已达到的发展水平 先教幼儿辨认绿颜色，再教幼儿读这个单词

表2.9　世界关联排序

现象	原理/实例
空间	从左到右，从上到下，从北到南 当描述一种植物时，从花蕊开始，再有顺序地转到根
时间	按照历史事件的先后顺序或从快到慢 当描述怎么跳远时，按照顺序依次描述每一个步骤
物理	形状、质地、大小、颜色等 当探索布的吸水性时，按照布的质地进行分类(麻布、化纤等)

表2.10　概念关联排序

现象	原理/实例
类别关联	先教类别的特征，再教类别中各组成部分的特征 先教动物的概念，再教动物的种类
命题关联	先给出一个例子，再给出命题 先给幼儿一些金属膨胀的例子，然后解释金属受热后会膨胀
复杂性	从具体的、简单的概念过渡到抽象的、复杂的概念 先教苹果、葡萄的概念，再教水果的概念
逻辑上先决条件	先教逻辑上具备先决条件的概念 先教三角形的概念，再教等边三角形的概念

第四节　幼儿园教学活动的思维模式

教学模式是在一定的教育理念、教学理论、学习理论的指导下，在一定环境下展开教学活动进程的稳定结构形式，是开展教学活动的一套方法论体系，是基于一定教学理论而建立起来的较稳定的教学活动的框架和程序。教学模式是教学理论的具体化，同时又直接面向和指导教学活动实践，具有可操作性，它是教学理论与教学实践之间的桥梁。

与教学方式的不同之处在于，教学模式是在一定指导思想、理论下建立的稳定的教学活动框架，它是一个宏观上的概念，具有一定的有序性、整体性、完整性。而教学方式是为完成教学目标，所采用的有秩序的教师工作方式和幼儿学习方式的总和，是实施教学过程中的途径和手段，它具备一定的具体操作性，并且是多样化的、可选择的。

一个完整的教学模式应该包含以下五个因素。

第一，理论基础，指教学模式所依据的教学理论或教学思想。

第二，教学目标，指教学模式所能达到的教学结果，即能够在学习者身上产生的效果。不同的教学模式总是为不同的教学目标而设计的，而不是完全通用的。

第三，操作程序，指教学活动的环节步骤以及每个步骤的具体操作方法，当然这种程序并不是一成不变的。

第四，实现条件(手段和策略)。为了发挥教学模式的效力，教师在运用教学模式时必须对各种教学条件进行优化组合，要遵循一定的原则，采用一定的方法和技巧。

第五，评价。由于每种模式有自己适用的条件和教学目标，因此，其评价的标准和方法也会有所不同。

在幼儿园教学活动中，主要采用归纳式和演绎式两种教学思维模式。下面具体介绍一下这两种教学思维模式。

一、归纳式与演绎式教学思维模式

(一)定义

从某些个别现象出发，推论出具有普遍意义的一般性结论，这种从个别到一般、从特殊到普遍的推理方式叫作归纳法。与归纳法的思维程序相反，从某个具有普遍意义的一般性原理出发，也可以推论出某一个别的现象，这种从一般到个别、从普遍到特殊的推理方式叫作演绎法。

传统的幼儿园教学活动中，教师经常用演绎法进行教学。例如，先告知幼儿眼睛对我们很重要，要学会保护视力，然后给幼儿讲述近视的危害、预防近视的方法等。这种教学模式就是先呈现定论，而后基于定论解决个别问题的演绎式教学模式。

保护视力的集体教学活动也可以采用归纳法进行教学，教师可以引导幼儿在预先设计好的情境中体会和感受近视的危害，如让幼儿蒙着眼睛找自己的座位，体会近视后活动的不便，然后引导幼儿围绕近视展开讨论，最终让幼儿自己得出保护视力很重要的结论。这种教学模式就是先体验和感受，通过研讨和交流收集信息，最终得出结论，即先有特殊和典型的问题，再整合成一般的结论或规律的归纳式教学模式。

(二)归纳式与演绎式教学思维模式的比较

1. 归纳法的局限性

归纳法是以直观的感性经验为基础的，因而不便于揭示事物的深刻本质和规律。因此，在认识事物的本质和规律的过程中，不仅要用归纳法，还要用其他方法。

归纳是一种或然推理，它的结论带有或然性。黑格尔曾指出，归纳推理本质上是一种尚存疑问的推理。列宁说：“以最简单的归纳方法所得到的最简单的真理，总是不完全的，因为经验总是未完成的。”

2. 演绎法的局限性

演绎法是创造性较少的思维方法。演绎法的主要作用在于逻辑证明，而不在于科学发现。诚然，运用演绎推理可以从一般到个别，使人们对特殊对象有个深刻的认识，并可以形成科学预见。但演绎的结论原则上都包括在前提之中，结论不能超出前提的范围，因此不能对科学知识做出新的概括。

演绎法的结论受到前提制约。由于演绎推理结论的正确性取决于前提的正确性，前提通常是通过归纳法得到的一般原理，而归纳法本身又是或然推理，所以演绎结论并不绝对可靠，还需要实践来检验。

教学案例

请扫描二维码来获取“大班科学活动‘神奇的电池’(演绎式教学思维模式)”的具体内容。

请扫描二维码来获取“大班科学活动‘神奇的电池’(归纳式教学思维模式)”的具体内容。

(三)归纳式与演绎式教学思维模式的实施程序

1. 归纳式教学思维模式的实施程序

通常情况下，幼儿在归纳式学习前已形成了一个粗略的认识，这种认识的形成，需要教师为幼儿创设一种有利于归纳探究的情境。这样的情境包括：热身活动，即短小的练习；以开放、多样性的问题为主题的讨论；适当的实验或试验；集体演示等。上述任何想法都可以作为幼儿个体学习或小组探究的主题，幼儿可以运用已有的经验对主题进行探索，并将新经验与已有经验整合起来，具体步骤如下。

第一，情境导入，明确教学目的。情境导入的目的是激发幼儿的学习兴趣，建立学习的心理倾向。所创设的情境一定要与接下来要探讨的问题有关，可以是与概念相关的生活实例，他人的替代性经验，困惑、好奇的问题等。需要注意两点：一是教师创设的情境可以是真实的或虚拟的，但不能是虚假的；二是在新经验学习之前，教师要确保幼儿明确本次活动的目的。

第二，呈现例子，分类归纳。教师选择一些与新经验相关的正例和反例呈现给幼儿，让他们把相似的归为一类，并找出其共同属性，即归类理由。考虑到幼儿的分析能力不够强，可以先呈现正例，让幼儿提取其中的共同属性，再呈现反例，剔除非本质属性，引起幼儿对本质属性的注意，加强对本质属性的认识。

第三，提出概念假设。当幼儿把所有的属性都罗列出来后，要求幼儿给这组例子取一个名称，思考如何用这些属性来表述这个名称，此时，教师不要对幼儿任何的观点进行评价，要鼓励他们多思考、多说。

第四，呈现例子，检验假设。同样呈现一些正例和反例，让幼儿用自己提出的假设判断是否所有的正例都能归到概念组中，概念是否已包含了所有的本质属性，必要时可以将一些属性添加到概念中。

第五，概括总结，形成概念。教师展示全体幼儿提出的概念属性和概念假设，要求幼儿共同提取该概念所包含的所有本质属性，用简练的语言概括出概念，然后再现概念的规范表述。

第六，应用概念，巩固理解。可以呈现一些比较复杂的例子，让幼儿应用概念进行分类，也可以让幼儿自己举出一些符合该概念的例子，加深他们对概念的理解。

第七，反思概念化过程。教师可以用问题来激励幼儿回忆、反思、讨论概念化的过程，如“请回忆一下你们得出这一结论的过程”“你们是怎么确定主要特征的”，从而提高幼儿的能力。

2. 演绎式教学思维模式的实施程序

演绎式教学在于使幼儿学会用从一般原则到特殊事例的思路来探索问题，这些特殊事例可以属于一般原则。在这里，验证并运用一般性假说以及探究具体因素之间的关系尤为重要。教师应收集信息并给出重要的原则、主题或假说，使幼儿积极参与到验证一般原则、收集信息以及运用个别事例的过程中。演绎式探究是以逻辑相近和信息加工为基础的，它的基本步骤主要包括如下内容。

第一，呈现结论或概念，切入学习主题。教师通过呈现“先行组织者”来展现结论或概念，以便形象地展示各个组成部分，使幼儿形成一个基本的框架，并据此形成自己的理解。这里有必要介绍“先行组织者”这一概念。先行组织者是美国认知心理学代表人物之一奥苏伯尔(D. P. Ausubel)提出的重要概念，它是指先于学习任务本身而呈现的一种引导性材料，它要比原学习任务本身有更高的抽象、概括和包容水平，并且能清晰地与认知结构中原有的观点和新的任务关联。在正式学习以前，向幼儿介绍一种他们比较熟悉，同时又高度概括的关键内容作为新旧知识的桥梁，促进幼儿对新知识的学习。

第二，创设问题情境，激发学习热情。教师充分调动幼儿的经验与情感，将问题引入，把问题与新经验联系起来，组织幼儿对问题的各种可能性进行研讨，过程中关注其独特之处，使幼儿理解主题或概念的含义。

第三，教师主动设疑，揭示事物的差异性。教师在向幼儿提供关于主题组成部分的特殊事例后，应主动鼓励幼儿质疑，要求幼儿说出其间的异同之处，以帮助其理解各组成部分及各部分与主题间的关系。当幼儿提出疑问后，教师应充分肯定并耐心予以解答，并应以不同的方式肯定并鼓励幼儿主动质疑，努力培养幼儿的自信心。

第四，鼓励幼儿总结，升华学习效果。以往的小结都是教师的行为，缺乏幼儿的学情分析和幼儿自己的学习感受，而让幼儿做小结，幼儿则会自然地流露思想、袒露情怀、暴露问题，有利于教师了解幼儿的学习状况，及时改进教学，并由此获得幼儿对主题或概念理解程度的反馈信息。

从以上介绍可以看出，归纳法和演绎法是两种不同的教学理念、路径和方法，但它们之间又是相互依赖、相互联系的。完整的人类认知过程应包括三个环节：第一个环节是观察和实验，属于人类的感性认识阶段；第二个环节是运用人类的归纳法对这些知识素材进行归纳和总结，以便找出一般性结论及各知识素材间的相互关系，属于人类的感性认识向理性认识升华的阶段；第三个环节，则是运用演绎法对归纳出来的一般性结论进行演绎，使其构成一个完整的体系，并运用这个体系中的知识对未知世界进行推测，属于人类的理性认识阶段。根据这样的认知特点，我们应该将归纳法和演绎法结合起来，认真分析思考，合理选择。

二、幼儿园集体教学实践的思考

教育心理学中有一个公认的准则，那就是只有当人们清楚地意识到有必要去了解某个事物时，他才会最为主动地去学习。单纯告诉幼儿某项知识或技能他们日后会用得到，并不能起到有效的激励作用。因此，更为合适的方法就是归纳式的教与学。例如，有些教师单纯地教授和训练幼儿两指捏物，但不注重创设情境，让幼儿感受两指捏物的意义。这种学习只是动作技能的简单训练，对幼儿的生活毫无意义。

幼儿园教学不同于中小学教学。幼儿园的教学内容主要强调的是直接经验，而中小学的教学内容主要是二手经验；幼儿园的教学内容较为零散，重视生成，而中小学的教学内容更具逻辑性和体系性。因此，在幼儿园教学活动中，归纳法更加符合幼儿认知发展的规律，更加适合呈现幼儿园的教学活动内容，能更好地促进幼儿直接感知、深度体验，并发展其好奇心，帮助其学习探索的方法。

值得注意的是，所谓归纳式教学思维模式并不是指在教学过程中只有归纳法而没有演绎法。实际上，不管是教还是学，从来也不是纯粹归纳或者纯粹演绎。就像科学方法一样，学习过程肯定牵涉到两个方向的运动，即幼儿既要应用新的观察结果去推导出规则与理论(归纳)，也要根据这些规则与理论得出推论，加以应用，并以实验来验证这些推论与应用，从而来检验前面归纳出的理论(演绎)。如果教师教得好，就可帮助幼儿学会掌握这两个方面。因此我们说到归纳式教学模式时，并非完全排除教师讲解，完全靠幼儿自己来发现，而是采用一种先归纳再演绎的教学方法。除了极端形式的发现式学习(对于幼儿园集体教学，我们并不提倡这种方法)以外，教师仍旧在帮助幼儿学习方面发挥着重要的作用——引导、鼓励、解惑、沟通。我们很赞成布兰斯福德(J. D. Bransford)所说的："有时候，通常在人们先依靠自己抓住了问题关键之后再直接点破要教的东西，会取得极佳的效果。"

归纳式教学是一个笼统的名称，包括一系列的教育方法：探究式学习、基于问题的学习、基于项目的学习、基于案例的教学、发现式学习和即时教学等。除了都属于归纳式教学这一点之外，这些方法还具有许多其他的共同之处。它们全都是"以幼儿为中心"的，也就是说，与传统的幼儿园集体教学靠教师讲解为主的演绎式教学相比，这些方法让幼儿对自己的学习承担了更多的责任。所有这些方法都得到了研究发现的支持，即幼儿是通过将新的信息纳入已有认知框架来学习的，如果新信息与幼儿已获得的并确信的经验没有什么明显关联的话，那么幼儿是难以学好的。这些方法都具有建构主义的特点，依据了一个人们广为接受的原则，即让幼儿自己来建构对现实的诠释，而不是简单地接受教师的诠释。这些方法基本上都要求幼儿参与教学活动中的问题讨论与课题解决(主动学习)，而且其中许多工作要由幼儿合作完成。

在这些共性的基础上，不同的归纳式教学也各有其不同之处。基于项目的学习，最终要求幼儿通过表演或是海报、音乐、戏剧、舞蹈、个人档案等方式表达和交流所增加的知识经验；而引导的探究性学习则要求呈现的是一个有趣问题的答案，比如，蜗牛到底吃什么，鸡蛋放在醋、水和可乐里分别会发生什么现象等；基于案例的教学与基于问题的学习要求幼儿对实际或假设的情境做广泛的分析；而即时教学可能只要求幼儿在活动中通过与同伴和教师的互动获得经验。

第五节　幼儿园教学活动方法的选择与运用

在教学活动目标和内容确定好之后，用什么方法和手段实现教学活动目标、传授教学活动内容是教师需要认真思考的问题，它要求教师根据教学活动的要求和幼儿的情况选择运用何种教学方法来完成任务。"教学有法，而无定法"，在学前阶段的教学中更是如此，每一种教学方法都有它的合理性和科学性。

任何一种教学方法最核心的作用就是为实现教学活动目标和完成教学任务服务。教学方法的实质就是把教师的教学、幼儿的学习和教学的内容有效地连接起来，使这些基本要素能够在教学活动过程中充分地发挥它们各自的功能和作用，实现预期的教学活动目标，达到预期的教学效果。

本节主要探讨三个在幼儿园教学活动中最常用的方法，即讲授法、示范法和提问法。

一、讲授法

一切教学活动最基本的目的就是将教学内容传递给幼儿。实际上，从全息的理念来讲，教学内容的含义要广泛得多，它应该是“传授给幼儿的全部的信息”，包括所传授的知识、技能，所表现的情感、态度、价值观，包括一切直接的或潜在的、微观的或宏观的、表浅的或深奥的信息。而这一切的教学信息都必须体现于教学语言中，并通过教学语言传递给幼儿。可以这样说，最可观、最可感、最不可缺少的教学行为就是教学语言。在学前阶段，这种语言主要体现为口头语言和体态语言两种形式。接下来，我们就对每一种教学语言的含义、技术构成及其标准进行分析和说明。

(一)讲授中的口头语言

教学口头语言是指教师在教学时运用发声器官来操作的语言。口头语言讲解是学前教育活动中最常用的方法，也是教师最难以掌握的方法。下面我们具体来评析一下问题教学口头语言和优质教学口头语言。

1. 问题教学口头语言评析

(1)语流滞塞

本来进行了充分的备课，但开始教学活动后，话到嘴边就没有了词儿，断断续续，吞吞吐吐。这是由于教学思路被阻断，教学常用语言积累不够造成的。初次组织教学活动的教师多少都会遇到这种情况。

(2)语无伦次，翻来覆去，不得要领

这是由于头脑中思路不清或者无法使头脑中的思路与口头语言两者吻合，想说的说不出来，说出来的却不是想说的，再做补充、再说一遍乃至几遍，幼儿仍不解其意何在。这是语言思路混乱、缺乏逻辑控制力的表现。

(3)语速过快，缺乏语气表达力

为了完成既定的教学内容，一开始快速讲解，越来越快，以至达到极快的程度，仿佛只要内容讲完便万事大吉，不管幼儿是否听得清、听得懂。幼儿只听教师讲解的声音，抓不住其中的关键信息。语速过快，词语、停顿、重音等也就无法顾及了，因此，也就丧失了口语中语气的重要表达功能。这种情况在年轻教师，尤其是执教经验不多的教师身上较为多见。

(4)言语不清，词句累赘

在教学中用词累赘，或者“这个……这个”“嘿嘿”“啊啊”“哈哈”“我说”“就是说”等口头禅不断。这些不良的口头教学语言习惯有很“顽强”的“生命力”。

(5)缺乏临场针对性

无论课前准备多么充分，在实施过程中，总会有意料不到的情况发生。例如，幼儿的答问、提问超出了事前预计的范围，或知道怎样回答幼儿的问题，但一时无法组织好恰当的语言。面对这种情况，为了避免出现语塞现象，有些教师干脆不理睬幼儿的问题，直接按原来准备的内容继续讲下去，教学语言缺乏针对性，幼儿的问题未能得到解决。

(6)语言成人化，不够生动、不具亲和力

幼儿园教学要求教师语言亲切、生动化。有些教师词语的运用以成人为标准，不易于幼儿理解。语言表达生硬，亲和力不够，不能为幼儿营造愉快和安全的学习氛围。

2. 优质教学口头语言评析

第一，针对实情(幼儿的年龄、活动的内容要求和临场变化)，恰当运用语气词语，教学语言与教学实情紧密结合，形成一种双向交流性很强的气氛。

第二，语流畅达，语气富有节奏感。言语一气而出，顺流而下，高低、速度、轻重、停顿变化有致，有较强的表现力。

第三，逻辑层次分明。语词语句环环相扣，每一段话都为说明一个中心，排列有序，形成环环紧扣的语言链。

第四，形象生动，富有感染力。用词用句表现力强，直观生动，富有趣味性和亲和力，情感充沛。

3. 口头语言讲解的教学策略

(1)语言要准确，剔除含糊用语

教学的语言不同于日常用语，用语需要尽可能地清晰和准确，不仅要简洁明了，而且要精准到位。除此之外，语言的清晰和准确还体现在教师必须剔除含糊用语，如“大概”“也许”“可能”这类的不确定词语，以免给幼儿造成不必要的认知负担。

(2)同一事物或事件的表述要前后一致

在一次教学活动中或是一个单元中使用一致的表述可以避免幼儿产生认知负担。例如，教师在教学中时而使用“电子邮件”，时而使用“E-mail”或者“mail”；有的教师一会儿用“过滤器”，一会儿又用“筛子”。也许你会说，这些不过是表达方式的不同，实际意义是一样的。但是，这就会给初学此内容的幼儿造成一定的认知负担，幼儿不仅要集中精力学习新知识本身，还要付出额外的精力应付层出不穷的新名词，而且对此不熟悉的幼儿很容易被这些相似的术语弄糊涂。因此，教师应该争取使用一致的术语，以减少幼儿的认知负担和困惑。

(3)语言要具体化、直观化，给幼儿创造出心理表象

什么是语言的具体化？抽象的语言如何具体化？具体化就是指运用那些能够很容易地为幼儿创造出一些心理表象的字词，给幼儿创造出心理想象的空间，使幼儿有身临其境的感觉。这时的讲解不能照本宣科，而是需要教师对教学材料中的内容做些补充和改动，使讲解有别于书面语言，并且能突出教学材料中要表达的思想，这对教师的语言能力提出了要求。例如，讲到巨杉，教学材料上是这样讲的。

世界上最大的植物是巨杉，最高的可达142米，直径有12米。

教师不能照着念，而要这样讲。

你们知道世界上最大的植物是什么吗？是生长在北美洲加利福尼亚海岸的一种树，叫作巨杉。最高的巨杉有142米，小鸟在树梢上唱歌，在树下的人听起来像蚊子叫。这种树的直径有12米，要30多个人手拉手才能抱拢，在树干下端开个通道，汽车能在里面行驶；四个骑马的人，能并排地从那里通过。要是把树锯倒，用梯子才能爬上树干呢！

幼儿原本对“142米”“12米”这些数字没有直观的感受，但经过教师的加工，幼儿似乎“看到”了巨杉，可以说，此时，教师就为幼儿创造出了心理表象。这里教师的讲解没有背离教学材料中的内容，但对其做了补充，需要用到的就是列数字、做比较的说明方法。

(4)出声思考

教师教学过程中，注重的是通过其外显行为传递教学内容，但是，教师将头脑中的内部化的智力操作过程外显化更能增强幼儿的理解力和迁移能力。教师将自己解决问题的过程、方法，如决策过程、控制思维的方法大声说出来，将自己对所做工作的合理性判断大声说出来，教师的话语描述了自我监控的思维过程，使得监控过程清晰地呈现在幼儿面前。这样，教师不仅讲解了教学内容，而且在不知不觉中对幼儿进行了元认知示范。元认知示范可以使幼儿准确地认识和体会自我监控的过程，减少模糊的认识和猜测。需要注意的是，教师在进行元认知示范时要使幼儿意识到策略运用的条件，向幼儿展示策略运用的切入点，并加以提示。教师可以有意识地提供多种范例或设置多种情境进行示范。认知示范仅仅是一个开端，幼儿一旦接收了元认知示范中传递的信息，就会学习应用。

(5)不要使用居高临下的语言

教学是教师和幼儿互动的过程，教师需要营造一种和谐的、愉悦的氛围，才能促进幼儿高效地学习。教师的语言就在其中发挥重要的作用。有些教师习惯对幼儿使用“注意了，认真给我听……”“你不要给我……”；还有一些教师一手叉腰，一手伸出来平举在幼儿上方，手心向下，从左到右依次触碰班级中的每位幼儿，嘴里振振有词：“你们这些小朋友……”不难想象幼儿的感受，有幼儿曾经说：“我们的老师就像国王。”这种姿态表现的是教师的强势，教师有意无意地将自己放在了居高临下

的位置，这样不利于教师营造和谐的教学氛围。

(6)明确教学环节之间过渡的信号

所谓过渡的信号，即表示一个概念或一个教学环节结束而另一个概念或教学环节开始的标志性的语言。例如，“刚才小朋友们表现得很好，接下来，我们再认真思考一个问题。”一些教师认为这样的语言不含有任何教学信息，因此可有可无，甚至有些教师认为说这样的语言是在浪费时间。接下来，我们分析一下环节之间的过渡性语言的必要性。我们先从一个小测试开始。

请大家快速记忆以下字母，2 分钟后请大家合起书写出你记住的字母。

L F M P A O R W B A C E Q V

K D H R S F Q W V F D A H

请问，你记住了以上哪些位置的字母呢？有规律吗？心理学研究证明，通常我们容易记住前面几个和后面几个字母，如图 2.4。

图 2.4 注意和记忆的黄金点示意图

材料的开始部分和结束部分是学习者注意和记忆的黄金点，而材料的中间部分是学习者记忆的盲点。心理学研究认为，先学习的材料对识记和回忆后学习的材料有干扰作用，即前摄抑制；而后学习的材料对保持和回忆先学习的材料也有干扰作用，即倒摄抑制。黄金点 1 之前没有学习的材料，不存在前摄抑制，而黄金点 2 后也没有学习的材料，因此不存在倒摄抑制，而中间的材料，由于受到前摄抑制和倒摄抑制的影响，其识记和回忆的效果最差。同样的道理，在教学活动过程中，开始和即将结束时是教学的黄金点，而中间是教学的盲点。这样的话，一次教学活动中大部分时期都位于注意和记忆的盲点上。如何改善此状况呢？我们可以通过借助教学环节之间过渡性的语言增加教学过程中的黄金点，如图 2.5。

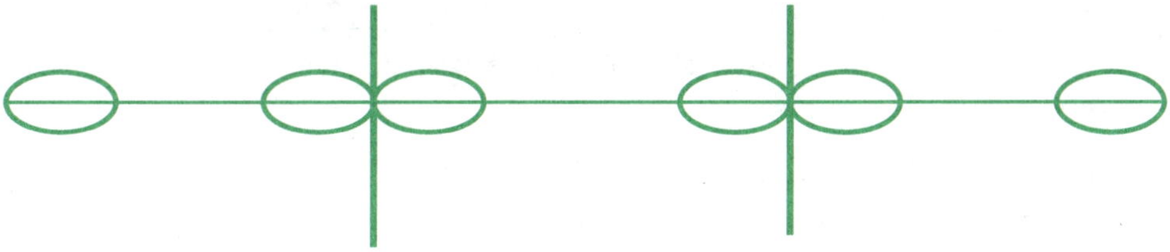

图 2.5 三个教学环节的注意和记忆的黄金点示意图

图 2.5 表示的是将一次教学活动分为三个环节。当教师在一个环节结束、另一个环节即将开始时的过渡阶段有意地提示幼儿，可以有效地打破幼儿在上一环节学习时产生的认知疲劳，进而使他们开始认真学习下一个环节的内容。当教师人为打破了幼儿学习的频率和节奏时，就将某个教学环节独立于整个教学过程之外，这样

的话，根据前摄抑制和倒摄抑制的原理，教师就能给幼儿在此环节创造出两个黄金点，以此类推，教师能够在每个过渡阶段创造出两个黄金点。如果一节课被划分为三个环节的话，一节课就能产生六个黄金点，可以有效地提高教学效率。

(二)讲授中的体态语言

与教学口头语言关系紧密的是教学体态语言。教学体态语言指的是教师通过手势、姿态、表情等来传达教学信息的一种语言。教学活动中，教师的一举一动都在幼儿的视线中，相比平时会更多地得到幼儿的注意。不管教师的主观意愿如何，幼儿们都会对教师的举动做有意义的理解，以至于影响到教学活动的开展和教学效果。20世纪70年代以来，教育科学出现了一个新的研究领域——举止神态学，它运用社会学和心理学的理论知识，研究在教育活动中教师的身姿语言，即教师的动作、姿态、眼神、表情等非言语信号对教学活动的影响。

1. 教学体态语言体系

教学体态语言体系如图2.6所示。

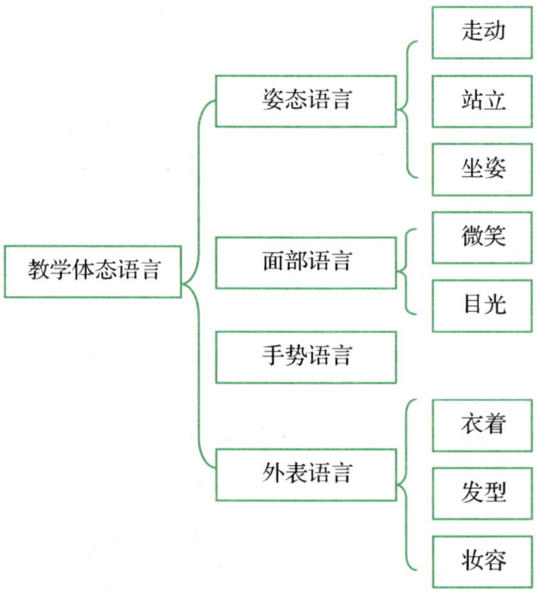

图2.6　教学体态语言体系

2. 教学体态语言技术评析

(1)问题教学体态语言评析

同样的道理，因教学体态语言水平太低而给幼儿造成不良印象者，也将大大影响他所获得的教学评价。在教学活动中，教师最容易出现的教学体态语言问题有如下几个方面。

第一，教学动作神态不自然或僵硬(僵化)，站在幼儿中间一动不动，头、颈、手势活动极少，面部表情呆板；或慌乱不安，六神无主，在教室不停地走来走去，甚至跳来跳去，手臂无目的地抖动，面部表情紧张，莫名其妙地笑等。

第二，教学气度不佳。弯腰屈背，体态不正；手插在口袋里，不明原因地摸脸，理头发；眼睛朝天花板或朝地或直盯某幼儿，忽闪不停，眼神游离不定；一会儿坐一会儿站，解纽扣拉扯衣服；矫揉造作，装腔作势，动作过于夸张等。这些都是有损教师教学气度的不良体态行为。

第三，教学外表不适。或衣着陈旧不整，永久不变，披衣敞怀，蓬头垢面；或衣着过于花哨，发型奇异，化妆浓艳，首饰过多等。

(2)优质教学体态语言评析

第一，教学动作神态从容大方，站立、行走、做手势、看材料等都从容不迫，按照教学内容、思想感情的需要而自然交换，动作轻松流畅，体态神情端正。

第二，教学气度良好。教师的所有体态语言不仅规范、自然流畅，而且富有某种审美价值和感染力。或者动作力度偏柔，端庄秀雅；或者动作力度偏刚，情感充沛，气宇轩昂；或者二者兼有，时柔时刚，动作富有节奏感等。这一切，实际上已标志着教师的体态语言进入了艺术的境界，这是一位具有自己独特教学风格的教师。

第三，教学外表脱俗得体。教学服饰庄重但不呆板，有个性，且能与活动内容特性有所关联。教学化妆适度，清爽淡雅。

二、示范法

示范法也称示范教学法，是指教师以具体动作为范例，使幼儿了解动作技术的要领。动作示范是直观教学的一个重要的环节，示范教学法就是要求教师示范标准的动作，给予幼儿一个动作的定型。

众所周知，学前阶段的幼儿以具体形象思维为主，抽象思维尚待发展。幼儿在学习的过程中，最大的特点就是思维需要在动作的伴随下进行，幼儿容易做到边想边做或是先做再想，但很难做到先想再做，缺乏动作操作而仅用抽象化的语言难以让幼儿理解完整的动作要领和掌握正确的技术环节，这种学习违背幼儿思维发展的规律。因此，教师的动作示范和幼儿的模仿是动作学习的先决条件。教师正确的示范会让幼儿看到语言所不能表达的一面，丰富幼儿的感性认识，使幼儿对所学技能技巧有更加深刻的认识，在头脑中建立正确的动作表象，使幼儿更快地掌握技术要领。一个正确、完整、高效的示范能激发幼儿学习的兴趣和欲望，并能调动幼儿学习的积极性和主动性，提高教学活动的效率。

(一)当前教师运用示范法存在的问题

实践中，绝大多数教师认可动作示范对幼儿的重要意义，也将示范法作为教学活动中常用的方法，但相当多的教师并未反思自身示范的效率，他们认为示范很容易，就是向幼儿展示要做的事。那么，我们如何向幼儿展示要做的事呢？不少教师出于经验或是直觉回答：教师边讲、边示范，幼儿边看、边听、边模仿。但是，当我们接下来再问教师这样做的效率如何时，很多教师承认其效率不高，不少教师因此才开始意识到示范不仅是展示动作，而且涉及效率问题。

为什么教师边讲、边示范，幼儿边看、边听、边模仿这种常用的示范方法效率不高呢？

从幼儿心理发展的角度思考，在同一时间内，幼儿把注意同时指向两种或是两种以上不同活动或对象的能力称为幼儿注意的分配能力。注意的分配能力是一种积极主动地管理注意的能力，但这种能力不是与生俱来的，注意分配的基本条件就是同时进行的两种活动中至少有一种幼儿非常熟练，甚至达到自动化的程度。由于幼儿掌握的熟练技能较少，注意的分配比较困难，常常顾此失彼。例如，跳舞时，注意了动作，就忘了表情；做操时，注意了动作，就无法保持队形的整齐等。因此，当教师在进行动作示范教学时，如果教师边讲、边做，同时要求幼儿边听教师讲、边看教师做，同时自己还要模仿，这就要求幼儿要将注意同时分配在三个方面，做到“一心三用”，既要用眼，又要用耳，还要动手。毫无疑问，对于初学者而言，这三方面技能中没有一种能够熟练到自动化的程度，因此，幼儿很难做到同时处理视觉、听觉和动觉刺激，因而导致动作示范效率不高。

针对幼儿注意分配能力有限的问题，教师应该尽量避免幼儿在初次学习时就一心多用。但问题在于，很多教师认为示范教学的同时必须要进行相应的讲解，这样的话幼儿势必要边听、边看。如何解决这样的问题呢？

(二)示范法的基本步骤及策略

需要解决的关键问题是，教师应当尽量避免幼儿在初学时因注意多元分配而产生认知负担，同时又要解决教师边示范必定要有讲解而导致幼儿必须一心二用的矛盾。教师至少应当示范两次：第一次示范时，重点让幼儿听和看，控制其模仿行为；第二次示范时，幼儿可以在教师的引导下模仿。示范的效率主要取决于教师的第一次示范。除此之外，教师应该在进行示范之前做好充分的准备工作，保障示范过程中幼儿高效学习。之所以要在示范之前做好准备，主要是为了避免幼儿由于同时处理多种信息而产生认知负担，教师在进行示范之前的准备工作时，要尽量控制幼儿的模仿行为。例如，手工教学活动之前，教师最好不给幼儿发放操作用的材料；动作示范时，不要让幼儿跟着一起做，尽可能避免干扰因素，让幼儿单纯地运用视觉和听觉获取最初的感性经验。

以下是示范法的六个步骤。其中，前四个步骤是教师的第一次示范，此阶段教师不给幼儿发放操作材料，也不要求幼儿模仿动作，主要要求幼儿认真看和听；后两个步骤是教师的第二次示范，此阶段幼儿已经获取了关于所学内容的感性经验，可以在教师的引导下模仿。

第一步：给幼儿呈现教师示范的目的

一些教师在活动开始就发放给幼儿操作工具，告诉幼儿接下来的活动是教师怎么做，幼儿就怎么做，但是并没有告诉幼儿要做什么，也就是教师不向幼儿呈现明确的活动目标。而另一些教师是这样展开教学的。这些教师会说：“我先拿出一张纸，接下来我会通过六个步骤把它变成一只可爱的小狐狸，小朋友们先要认真看……”那么，哪种教学效率更高呢？

需要思考的问题是，教师是否需要将教学活动的目标清晰地展示给幼儿？很多研究者运用认知心理学的概念与原理进行解释，认为幼儿在活动之前知晓教学活动目标能使幼儿更关注目标指向的学习内容，进而提高学习的效率。达蒂斯(G. T. Datis)1970 年以十年级学生为被试，以健康教育为主题，比较了精确的目标、含糊的目标和无目标三种条件对学生学习成绩的影响。结果发现，陈述精确的目标同另外两类目标相比，前者促进了学生学习成绩的提高。① 对于幼儿而言，明确活动目标能够增强其对未来活动的执行力和控制力，提醒幼儿为接下来的活动任务做好心理准备。因此，教师应该在示范开始时向幼儿明确地讲明活动的目的。

第二步：教师清晰地说出每一个步骤

让我们先进行一次换位思考。你是否曾经看过电视上厨师示范做菜？有的时候你专注于他们的动作技巧以至于漏掉一半的食谱内容，有的时候你专注于食谱内容以至于漏掉动作技巧，你不能有效地同时处理视觉和听觉的信息。因此，为了帮助幼儿注意教师的示范而不遗漏内容，教师在示范之前应当先说出动作的每个步骤，让幼儿知道接下来学习的基本路径，为新的学习做好心理和知识上的准备，避免幼儿将注意集中于猜测接下来的学习过程而产生焦虑情绪，使幼儿能够将其注意力更多地集中于示范内容的重点上。

第三步：教师说出每个步骤中的重点，避免出现“专家化”倾向

很多教师抱怨，认为自己给幼儿示范了很多次，他们还是不能掌握要领。如果幼儿只是看了示范，而不知道示范内容的重点，那么他们很可能表现不正确。对于初学者而言，当教师没有主动将重点展示出来时，幼儿很难主动发现重点，其注意力容易集中在动作示范过程中的细枝末节上。正所谓“外行看热闹，内行看门道”，曾经有教师反思：“当我发现全班的孩子在做体操时都在有意无意地甩头发时，才意识到他们是在模仿我的习惯性动作，尽管多数孩子并没有长头发，而我示范的重点内容孩子却并未做对。”显然，幼儿的注意力并未集中在示范内容的重点上，这主要是因为他们并不知道优秀表现的关键特征是什么，他们仅仅是模仿了不相干的动作和非关键特征。因此，教师有必要在示范之前提示幼儿每个步骤中的动作要领，清晰地展示示范动作的关键特征。很多研究表明，清晰地呈现关键特征能够提高幼儿学习的效率，而非关键特征呈现得越多，教学干扰就越多，幼儿的学习效率就越低。

教师在示范之前说出每个步骤，也是在避免教师自身出现“专家化”倾向，即太熟知某一项技巧以至于自然而然地不再用语言描述你做了什么事或你如何做。例如，某一教师在示范了如何折纸狐狸后，幼儿自己操作，但幼儿怎么折都不如教师折得

---

① 王小明：《教学论——心理学取向》，86 页，上海，上海教育出版社，2005。

好看，后来发现，教师在某一步骤时折得略偏向一侧，而教师并没有意识到幼儿观察不到，几乎所有幼儿都没有偏向一侧折，因此折出的效果就不一样。因此，教师说出每个步骤及其重点，也是在帮助自己克服“专家化”的毛病。

第四步：引导幼儿对示范动作进行视觉化处理

我们需要思考一个问题：幼儿一旦观看了良好的示范后，他们就应该模仿和独立操作吗？答案是否定的。如果幼儿立即练习，那么他们很可能做错。在操作前，教师如果能够引导幼儿回顾动作技巧，要求幼儿尽量记住动作技巧中的重要成分，就可以提高幼儿独立操作的准确性。很多研究表明，当学习者对动作过程进行视觉化处理后，也就是进行心理练习后，可以大幅度降低实际操作中的错误率。① 由于幼儿主要以形象思维为主，这种抽象的想象活动特别是对于小班或中班幼儿而言略显困难，教师可以适当进行语言和动作的提示，引导幼儿回顾动作的重点和步骤。

第五步：教师示范

在做好示范前期的四个准备工作后，教师就可以给幼儿发放操作材料进行示范了。教师在示范过程中应当注意以下四个方面的问题。

(1)边说边示范，语速要慢

经过示范前期的准备后，幼儿已经获得了一些感性经验，做好了知识和心理上的准备。此时，教师可以一边示范，一边讲解，并要求幼儿一起操作。但是，教师的语速要慢，让幼儿有充足的思考时间，减轻幼儿的认知负担。

(2)重视同伴示范

幼儿在操作过程中遇到的困难有时是教师无法预测的，幼儿的这些体验是很珍贵的资源，同伴示范是教师无法替代的，教师可以根据现场情况，将幼儿这种自发的、无组织的珍贵资源，通过引导，有效地加以利用。

由于幼儿认可教师与自己存在差异，因此，教师的成功示范并不能成为成功的替代性经验而促使幼儿努力达到和教师一样的标准。但是，同伴的成功示范却能起到替代性经验的作用，幼儿看到同伴操作成功，能够增强自己的信心和成功的意愿，从而增强学习的动机。

(3)注重启发性

很多教师认为示范教学不涉及启发性，幼儿只要能够模仿教师即可。实际上无论何种教学方法都应该遵循启发性原则。例如，教师在示范游泳技巧时，可以引导幼儿在模仿之前先思考船头为什么是尖的而不是平的，这可以帮助幼儿理解游泳时手的姿势。教师也可以引导幼儿思考青蛙为什么游得快，它的腿是怎么游的。这些问题都能引发幼儿思考，最终导致幼儿动作的迁移。具有启发性的示范教学，可使幼儿感觉到自己并不是在机械地模仿，有利于幼儿集中注意力，激发幼儿学习的动机。

---

① [日]佐藤正夫：《教学原理》，钟启泉译，167页，北京，教育科学出版社，2001。

（4）尊重幼儿的创造性

示范法主要是引导幼儿模仿，进而使幼儿能够独立操作，但高质量的模仿并非追求与教师完全一致。例如，美术、手工等教学活动中，教师可以仅教会幼儿最基本的动作技法，如用蔬菜拓印，然后鼓励幼儿用所学到的基本拓印方法构思和创造新的作品，留给幼儿更多想象的空间。

第六步：作品展示

示范法的最后一个环节可以通过展示幼儿的作品来促进幼儿之间的交流和互动。例如，手工、体操、舞蹈等动作技能教学活动后，教师可以将幼儿的作品陈列出来或是给幼儿提供表演的机会，引导幼儿相互欣赏和学习，为幼儿后续学习树立榜样，而不是带回家让幼儿父母欣赏，将活动走向完结和封闭。

教师也应当积极地将幼儿作品作为教学环境创设的资源，如将幼儿作品作为墙饰创设的材料。这样不仅可以装饰环境，更主要的是可以让幼儿参与环境创设，增强幼儿的归属感和主动性，进一步提高教学活动的效率。

示范法在动作教学活动中起着重要的作用，幼儿动作技巧学习的效果主要取决于教师示范的步骤和方法。因此，教师应当结合幼儿的特点，关注示范法的效率，使其发挥更好的作用。

（三）示范时需要注意的一些问题

1. 利用视、听手段的指导效果好

在某种情况下，利用视、听手段进行指导，也能有效地促进技能的学习。利用视、听手段，可以提高幼儿兴趣，扩大经验范围，提高学习和指导效率，帮助幼儿获得共同的经验。

2. 防止信息负担过重

许多研究表明，在动作技能学习的初期阶段要使示范有效，展示示范动作时速度必须要慢。这是因为初学者在刚刚接触一个新的动作时，往往顾了手，顾不了脚，他们的大脑很容易因新的信息量过多而超载；当超载发生时，学习便终止了。

总之，动作技能学习通常是从教师讲解开始的。讲解多用口语，有时也可借助于文字、图解、模型等进行。对幼儿来说，讲解应尽量做到简单、易懂。幼儿学习动作技能更多的是依赖于教师示范。示范是以动作方式表演的，非常直观。示范性的动作是由教师控制的。动作应明确，并把技能中的每一个动作及其衔接清楚地展示出来，使幼儿能清楚地看到。

3. 要考虑教师示范时的站位

动作技能示范方式包括三种。一是相向示范，在教室情境中，教师与幼儿面对面示范。这种方法缺点是容易产生左右反向的认知混淆。二是围观示范，教师居中，幼儿围成圆圈。这种方式常因幼儿从不同角度观察而产生混淆错误。三是顺向示范，幼儿在教师背后，教师是“领头羊”，采用这种示范方式较好，因为这种方式可以免

除左右及不同角度的不良影响。

三、提问法

提问是优化教学的必要手段之一，也是教师教学艺术的重要组成部分。恰如其分的提问一方面可以活跃气氛，激发幼儿的学习兴趣，了解幼儿的理解情况；另一方面，可以开启幼儿心灵，引导幼儿思考，开发幼儿智能，调节幼儿的思维节奏，与幼儿做情感的双向交流。

(一)提问过程的构成

教师通过最初提问(主问题)引导出幼儿做出反应或回答，再通过相应的师生相互作用，引导出最终希望得到的回答，并对幼儿的回答给予分析和评价，这个过程称为提问过程。提问过程可分为以下几个阶段。

1. 引入阶段

在即将提问时，教师用不同的语言或方式来表示这一问题，可使幼儿对提问做好心理上的准备。因此，教师提问前要有一个明显的界限标志，表示将由语言讲解或讨论等转入提问。例如，“小朋友们，让我们一起动动脑筋想这样一个问题……”

2. 陈述阶段

在引起幼儿对提问的注意之后，教师需对所提问题做必要的说明，引导幼儿弄清要提问的主题，或激活幼儿的原有经验。例如，“你们还记得我们学过……吗?”此外，在陈述问题时，教师应清晰、准确地把问题表述出来。

3. 介入阶段

在幼儿不能作答或回答不完全时，教师可以从以下五个方面帮助或引导幼儿回答问题：核对或查问幼儿是否明白问题的意思；幼儿没听清问题时，原样重复所提问题；在幼儿对问题不理解时，用不同词句重述问题；让幼儿尽快做出回答或完成教学指示；提示问题的重点或暗示答案的结构。

4. 评价阶段

教师可以不同的方式来处理幼儿的回答，主要有：教师重复幼儿的答案，以不同的词句重述幼儿的答案；根据幼儿回答中的不足，追问其中要点；纠正错误的答案，给出正确的答案；对幼儿的回答进行评价；依据幼儿的答案，引导幼儿思考另一个新的问题或更深入的问题；就幼儿的答案加入新的材料或见解，扩大学习成果或展开新的问题；检查其他幼儿是否理解某位幼儿的答案或反应。

(二)提问的类型及作用

在教学中，幼儿学习的知识类型多种多样，其思维方式也有不同的形式和水平。这就要求教师提出的问题不能千篇一律，应包括多种类型。我国学者皮连生等人根据提问所达到的要求，将问题分为低级问题和高级问题两大类，表2.11说明了两类问题的区别。这两类问题在学前教育过程中都比较常见。

表 2.11 问题的类型①

比较方式	低级问题	高级问题
所需知识	用所记忆的知识照原样回答	在幼儿的内心引起新知识
思考	不需要更深入的思考，判断时较容易	需幼儿自己思考，根据提问意图做出判断
答案	有且只有一个正确答案，要么正确要么错误	判断答案是否有道理，有无独创性，或在几个答案中比较哪个更好，或根本没有固定答案
具体分类	回忆	理解、运用、分析、综合和评价

国外学者伯克等研究人员根据问题与幼儿学习的关系，将问题分为机械性的问题和有意义的问题两类。② 机械性的问题是指针对学习内容的具体事实问题，幼儿可以根据回忆找出现成的答案，只要记住具体事实，幼儿就可以正确回答。有意义的问题是指针对学习内容中概念、观点之间的内在联系以及与幼儿已有知识相联系的问题，幼儿需要在理解内容的基础上才能回答。两类问题的比较见表 2.12。

表 2.12 机械性的问题与有意义的问题的比较

机械性的问题	有意义的问题
大灰狼推倒了谁的房子？	为什么大灰狼能推倒大猪和二猪的房子？（理解）
你喜欢猪小弟吗？	你喜欢谁呢？为什么？（评价）
我们要不要像猪小弟一样做个认真又勤劳的孩子？	如果你是猪宝宝，你会怎么盖房子？（运用）
/	你猜大灰狼还敢再来吗？（猜测）

经典回放

请扫描二维码来了解“里卡兹的实验”。

在学前教育的过程中，每种问题都有其作用。比如，在学习实物与其名称一一对应时，幼儿就需要进行回忆再现式的学习，开展这种学习，教师主要以提出低级问题（机械性的问题）为主。当幼儿听完一个故事，教师问幼儿这个故事告诉我们的道理时，教师的提问就属于高级问题（有

① 皮连生：《教学设计——心理学的理论与技术》，145 页，北京，高等教育出版社，2000。

② 王小明：《教学论——心理学取向》，163 页，上海，上海教育出版社，2005。

意义的问题)。需要注意的是，每种问题都有其作用和意义，需要教师精心设计提问，以满足幼儿不同的学习需求。

(三)提问的时机

注意是幼儿进行学习的前提条件之一。为使幼儿在学习过程中维持良好的注意，教师需要在教学过程中设计一些问题。这些问题什么时候出现呢？是应该在教学内容呈现之前出现，还是应该在教学内容呈现后再根据内容出现呢？对此，伯克用实验进行了检验。他选用一段有关历史和地理的文章让小学生阅读。课文共2 500字，被分成10小节。每个小节设计了两个选择题，问题或置于每节内容之前，或置于之后。阅读后进行40个项目的测验。其中有20个问题是阅读中提问过的问题，其余20个是没有被提问的问题。测验进行了两次：学习后立即测验和一周后复测。学生根据自己的速度阅读，但不能回过去看前面一节，而且在问题出示并给予回答后，不准再看课文。结果发现，在即时测验和一周后测验中，有问题的两组对问题提及过的内容的学习成绩均优于单纯阅读组的学习成绩；但在对问题未提及内容的学习方面，问题放在内容后的组的成绩明显优于问题放在内容前的组的成绩。[①] 该研究说明，问题在前与问题在后的学习效果是不同的，这一点与学者王小明的研究结果也是一致的。问题在前，幼儿容易只学习与问题有关的内容，容易忽视与问题无关的内容，而且也不大可能在所学内容之间建立内在联系。问题在后，不仅有助于对与问题有关内容的学习，而且对与问题无关内容的学习也有促进作用。相比而言，教师最好将问题放在教学内容之后提出。[②]

我们认为，在学前教育的过程中，不同领域的教学活动的内容和方式相对于中小学而言较为多样且灵活，再加上教师的教学风格各不相同，幼儿的学习风格也各有差异。因此，提问的时机不一定完全一致，还需要教师根据幼儿的学习风格和个人教学风格等其他因素灵活选择提问的时机。

(四)问题的分配

在问题的分配上，教师需要考虑两方面的问题：一是问题应该根据幼儿的特点，将不同难度层次的问题分配给适合的幼儿；二是叫答的方式。

1. 分层次地提问

一般来说，教师可利用幼儿的个性特点来指导幼儿回答。根据对问题的理解程度和回答的积极性，有这样四类幼儿：理解能力强，积极回答；理解能力强，被动回答；理解能力弱，积极回答；理解能力弱，被动回答。对于这四类幼儿，教师可分别处理，具体见表2.13。

---

① 皮连生：《学与教的心理学》，315页，上海，华东师范大学出版社，2003。

② 王小明：《教学论——心理学取向》，163页，上海，上海教育出版社，2005。

表 2.13 回答问题的幼儿类型与教师的处理办法

幼儿类型	幼儿特点	教师处理误区	教师正确处理
理解能力强，积极回答	学习好，善于发表见解，在教师提出问题后很快要求回答，并能正确回答	对他们关注较多，乐于让他们回答问题	可利用他们活跃气氛，起到回答问题的带头作用
理解能力强，被动回答	学习好，但不愿意在众人面前表现自己，不积极回答问题	注意较少	注意鼓励措施的运用，如"你对这个问题回答得非常好""全班同学要向他学习"，培养其回答问题的积极性
理解能力弱，积极回答	学习较差，善于表达并积极举手回答问题，但不能正确回答	注意较多，但讨厌其总是回答错误	引导其进一步对问题进行思考，如"换个角度，你再思考一下"，但不要挫伤其积极性
理解能力弱，被动回答	学习较差，不善于表达且不举手回答问题，或根本不想回答	注意最少，基本遗忘这些幼儿	给一些较容易的问题，通过其正确回答，以正反馈的方式培养其积极思考和回答问题的兴趣

为了调动每一位幼儿学习的积极性，让他们主动参与教学过程，教师必须对提问进行适当的分配和指导。首先，教师必须细心观察班级里谁在积极参与活动，谁对参与活动不感兴趣，对不愿参与的要调动其积极性；其次，对于不善于表达思想的幼儿要给予其锻炼的机会，对于理解能力不强的幼儿让他们先回答比较简单的问题，不断地给予鼓励和帮助；最后，要特别注意坐在教室后面和两边的幼儿，这些区域常常被教师忽视。

要想使问题得到合理的分配，教师还必须学会控制幼儿的回答。对于不愿意参加的幼儿，在提问时应将注意力对准他们，即有所指向地望着某位幼儿，但并不一定让他回答问题，主要是促使其对问题进行思考。另外，教师不要接受未举手而讲出来的回答。假如有几位幼儿七嘴八舌地讲出答案，教师对他们的肯定等于鼓励他们这种无规矩的行为，这样将导致提问和教学都无法控制。同样，如果教师对正确回答不能肯定和表扬，对错误回答不能给出提示和帮助，将会造成纪律混乱，从而不能很好地指导幼儿。

2. 叫答策略

教师在提出问题后需要思考的问题是由谁来回答问题。在教学中，教师容易出现的错误有几种情况。例如，叫一位幼儿回答所有的问题，或是仅叫自己喜欢的幼儿回答问题。这种叫答方式对增加幼儿学习的积极性效果不佳，特别是对学习积极性不高的幼儿而言，这些幼儿会敏感地感受到教师并不重视他们的学习，而且教师认为他们并不能回答出问题，他们往往最终被边缘化；还有教师设计了大量的问题，为了不在点名上花费时间和精力，教师宣布了一种提问回答规则，即全班幼儿按照座位依次回答。这种叫答方式也不利于幼儿积极行为的形成和保持。有研究表明，最好的方法是采取随机和非系统的叫答方式。如果教师的提问是按照座位次序进行的，那么，幼儿就会估计到自己被提问到的可能性有多大，因此，就不会集中注意力去参与教学。相反，如果教师采取随机提问的方式，那么，幼儿便会意识到教师的每次提问都可能与自己相关，于是，便会集中注意力，长期下去，便会养成并保持注意倾听的良好习惯。

(五)教师的理答行为

1. 理答的重要性

教学活动是一种师幼相互交流的活动，教师提出问题后，要求幼儿回答，而幼儿回答问题后，同样需要教师的反馈，即理答。

最早证实教学中反馈作用的是桑代克(E. L. Thorndike)。他在1931年让被试闭上眼睛画4英寸(1英寸为2.54厘米)长的线，并且自始至终都闭着眼睛画。被试被要求每天都画，直到画了3 000条线为止。这一令人枯燥的研究的结果很清楚：被试重复了3 000次，没有产生学习，即在研究结束时，被试的表现并不比研究开始时的表现好。但在另一个研究中，在每画一条线后，桑代克均给予反馈。如果所画线条与目标线条的误差在1/8英寸内，就说“正确”，否则说“错误”，在这个条件下，被试的表现有所改进。在近4 000次练习后，表现的正确率从13%上升到25%。在这些研究的基础上，桑代克认为，只有练习不会改进学习，但有反馈的练习则会改进学习。①

约翰逊(R. B. Johnson)1968年研究了未来教师准确观察幼儿具体行为的能力。21个师生相互作用的录像片段被作为训练工具呈现给教师，在训练之后的观察技能测验中，训练期间立即得到反馈的一组比没有得到反馈的一组成绩要好，而没有得到反馈的一组的成绩与未受训练的控制组相差不大。②

认知心理学家特罗布里奇和卡森(M. H. Trowbridge & H. Cason)早在1932年就证实了这一信息。他们让4组被试练习画3英寸的线条100次，第一组被试从未获得过画的结果的信息，第二组在画线后获得无意义的音节，第三组每次画完之后会得到对或错的结果，第四组获得准确的反馈，如长了多少或是短了多少。在练习之后立即进行的保持测验中，准确的反馈组和对错式的反馈组的准确率要比无意义的反馈组和无反馈组高，而且，准确的反馈比对错式的反馈更好。③ 可见，教学离不开教师有效的理答行为。

---

① Mayer R. E., *Learning and Instruction*, New Jersey, Prentice Hall, 2007, p. 257.

② Gagne R. M., Rohwer W. D., “Instructional Psychology,” Annual Review of Psychology, 1969(20), p. 399.

③ 皮连生：《学与教的心理学》，175～176页，上海，华东师范大学出版社，2003。

2. 理答的基本要求

(1)足够的等待时间

教学中的等待时间主要包括："等待时间 1"，即教师问完问题之后的等待，这个等待时间主要是给幼儿更多思考的时间以做好回答问题的充分准备；"等待时间 2"，即幼儿在回答问题时，教师要给予幼儿进行充分的解释、完整的表达的时间，以便幼儿能有宽裕的时间在思考的同时正确表达出自己的观点；"等待时间 3"，即教师在引导幼儿回答完问题后，留出时间让幼儿进一步思考，启发幼儿进一步质疑。罗威(M. B. Rowe)认为，教师通常等待幼儿回答问题的时间是 1 秒或少于 1 秒。罗威发现，等待幼儿回答问题的时间超过 3 秒，就会产生下列情况，幼儿解决问题的能力与如下这些情况存在着直接关联。

①幼儿回答问题的时间平均增长 300%～700%。

②幼儿用事实和逻辑论证进行回答。

③幼儿的提问增加。

④幼儿之间的意见交流增加，以教师为中心的活动减少。

⑤回答问题的幼儿人数增加。

⑥幼儿的失误行为减少。

⑦更多的幼儿主动回答问题。

罗威认为，幼儿会根据教师等待其回答问题的时间来决定他们回答问题的方式及内容。教师越能够耐心地等待，幼儿的回答就越会深思熟虑，富有逻辑。①

(2)恰当的理答评语

教师教学中理答的语言应该以尊重幼儿，不打击和侮辱幼儿为前提，在此基础上做到准确性强，能引导幼儿后续学习。

在向幼儿进行反馈的过程中，首先，教师要明确告诉幼儿他的回答是否正确；其次，教师需要采取合理的方式，不要使幼儿感到尴尬沮丧。幼儿最初的回答往往是原始粗糙的，有时不合逻辑甚至荒谬可笑(在别人或教师看来)。此时如果教师做出了不适当的反馈，就会极大地伤害幼儿的感情。例如，一位幼儿回答教师提问，回答错了，教师说："连这都不懂，白给你讲这么多了!""某某小朋友的回答不错，但还是不够好。"反馈的目的不应该是裁断幼儿的对错，而应是提供引导与线索，让幼儿自行判断。做到这些就必须让他们在和谐的氛围中回答问题，在每个人独立完成问题后公布答案，只提供问题的正确答案。教师评价语言有肯定的，也有否定的。在对幼儿进行否定性评价时，切记要保护幼儿的自尊心。否定是在爱护幼儿、帮助幼儿进步的前提下的否定，此种言语操作在用词、用句、语气等方面，都应该十分考究。另外，教师还可以要求

---

① [美]Jackie Acree Walsh，Beth Dankert Sattes：《优质提问教学法》，刘彦译，68 页，北京，中国轻工业出版社，2009。

幼儿写出答案或是进行口头回答，这样就能够确定每个人都参与了问题的思考，而不是依赖别人提供的答案。

在教学中，教师应当尽量避免千篇一律地使用如下单调的评价语。

“回答正确！”

“好！”

“答对了！”

“答得好！”

“对！”

“没错！”

“不对！”

“完全错误！”

“有些对，有些错。”

在使用上述评价语时，必须简练说明“为什么”。

教师可以熟悉下面一些教学评价语，并针对教学实际学会使用更多的准确、简练而富有情感的评价语。

“说得很完整、很清楚！”

“可以看出小朋友认真思考了，我们要向他学习。”

“你观察得很仔细，把爸爸的样子说得很清楚，老师听你讲了爸爸，就像亲眼看见了你爸爸一样。”

一个班几十位幼儿对内容的理解肯定存在着水平上的差异，故教师对不同幼儿的发言必然应当有不同评价，即评价语言要有区分度、精确性。例如，一句笼统简单的评价，幼儿甲听到后可能十分得意，因为他在班上学业不佳，常常表现出不动脑筋的样子，但幼儿乙的回应却很平淡，因为这种表扬一点也不能看出他与其他幼儿的不同之处，不能激起他的兴奋。久之，幼儿甲和幼儿乙都有可能对此类评价产生漠然的情绪，因为得来太简单，也没有实际内容。幼儿希望从教师那儿得到自己不同于其他同学的信息，这种信息无论是肯定的还是部分肯定的，都会使幼儿感到教师对自己的特别用心和关注，感到教师对自己的了解，从而促进教与学双边活动的积极开展。

(3)有效的追问

教师提出问题后，应当继续就幼儿的回答进行追问，这样，才能使得这个问题更有意义，引出幼儿富有创见的回答。进一步追问能够把幼儿最初的、表面的、不够深入的答案引向深入。通过一步步的追问，初步粗糙的答案会得到深入、丰富和扩展。同时，通过追问，幼儿能够对先期的答案进行修订，使答案更为清楚明白，并由此考虑成熟的后续问题。不仅如此，追问还可以为教师提供钻研幼儿观点和改进教学的机会。后续问题要求幼儿通过反思自己的初始答案来解释、验证和支持自己的所思所想，或者生成个性化的观点。通过这一步，幼儿便更有可能发现教学内容所蕴含的意义。

那么，如何追问才能实现这样的意义呢？在前面我们论述过精加工问题的相关内容，我们认为，精加工问题能够促进幼儿反思自己的初始回答，进而能帮助幼儿理解隐藏在表面观点背后的思想。精加工问题主要用于激励幼儿更全面地理解内容，并构建一个更完善的认知操作系统。例如："你那么说有什么意思吗？""你怎么知道那个的？""你为什么那么说？""你怎么想到这一点的？"这些问题为教师提供了很多关于幼儿思考了什么和如何思考的信息，它们也开创了拓展幼儿观点的新途径。幼儿的回答，而不是教师的提问，能发掘幼儿知识的广度和深度；幼儿的回答可掀开他们如何思考，如何掌握自身思维操作的神秘面纱。

第六节　幼儿园教学活动传播方式的设计

教学方法设计好之后，需要考虑的就是设计教学传播方式了。教学是一个传播知识的活动，传播的方式直接影响教学的效果，好的教学传播方式能够帮助教师更好地实现教学活动目标。教学的传播主要是通过教学媒体进行的。无论是传统的书本、粉笔、黑板、教师言语等，还是现代的录音、广播、电影、计算机、互联网等，都在教学过程中有不同的体现和应用。

在幼儿教学活动中，教师使用最多的就是图片、玩教具等，接下来，我们就对教学中图片的使用进行详细阐述。

教学过程中使用图片是必不可少的。很多教师认为选择图片最关键的是要看图片是否符合生动、直观、有趣或是逼真等特点。那么什么样的图片是最适合的图片呢？如果是单纯为取悦幼儿而与教学内容没有联系的图片，则最好不用。在多数情况下，要使用与教学材料内容有密切联系的图片，而且图片的运用也有讲究。

一、有效的图片的选择和设计——突出教学关键特征

教学中用什么样的图片？是逼真的照片，还是突出关键特征的线条画？现代科学技术发达，获取逼真的图片已不是难题。很多教师很喜欢使用一些实物照片，认为这样更真实，效果更好，但这种直觉的认识并不为研究所支持。

德怀尔(F. M. Dwyer)在 1967 年做了一个研究，让四组大学生学习人的心脏解剖结构。四组学生都听了有关心脏知识的录音讲解，但使用的辅助手段不一样：第一组一边听录音，一边看屏幕上录音中提到的心脏各部位的名词；第二组一边听录音，一边看屏幕上有关心脏各部位的轮廓图；第三组一边听录音，一边看屏幕上有

关心脏各部位的带有阴影的较详细的图；第四组一边听录音，一边看心脏的照片。实验结果发现，轮廓图突出了心脏的关键特征，消除了无关特征，所以它实现了最佳的学习效果。而实物的照片增加了无关特征，掩盖了有关特征，故导致学生的学习效果最差。

这项研究说明，使用图片进行说明时，图片要能突出事物的关键特征，这样才能取得比较好的效果，但这不是说照片的效果不好。好与不好的标准要看图片突出关键特征的能力强弱。有时照片不如轮廓图能突出事物的关键特征，有时轮廓图不如照片能突出事物的关键特征。教学材料中到底该采用什么图片，要根据这一标准来选择，不能简单地认为，逼真的照片的效果一定比轮廓图的效果好。

这一点在学前阶段的教学活动中也同样适用。幼儿教师需要找准教学活动的关键经验，设计的图片、玩教具一定要为教学服务，帮助教师实现教学活动目标，同时要记住，非关键经验越是突出，教学的效果将会越差。例如，一位幼儿教师给幼儿讲授《三只蝴蝶》的故事，并制作了如图2.7所示的一组图片。

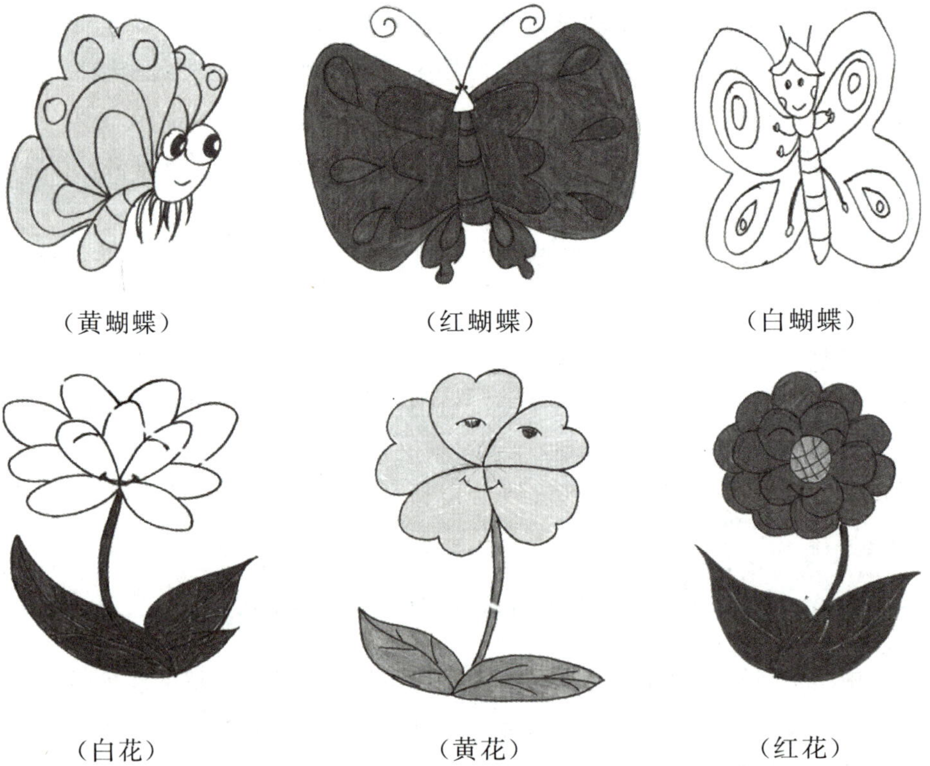

图2.7 《三只蝴蝶》故事教学图片

在讲述《三只蝴蝶》的故事时，故事中除需要强调颜色差异之外，教师无须强调形象上的差异，杂乱的形象差异反而会对幼儿造成认知干扰和负担。

二、不同类型图片的使用

梅耶根据图片的用途，区分出了四种教学材料中使用的图片。

(一)装饰性图片

装饰性图片旨在取悦读者，如在一段描述自行车打气筒工作原理的文字中插入一张幼儿骑自行车的照片。教师可以用这类图片激发幼儿的学习动机，但对幼儿学习、理解并不会有实质性的意义。

(二)表征性图片

表征性图片描述的是单一的成分，如还是上边的例子，教学材料中插入一张打气筒的照片。这种图片可用来指代人、工具、景物或事件等。

(三)组织性图片

组织性图片描述各成分间的关系，如用线条画的形式将打气筒的各个组成部分画出并标明。

(四)解释性图片

解释性图片是解释某个系统是如何工作的，如用一系列的画面演示打气筒手柄上提、下压时，打气筒的不同变化状态。

这四种图片哪种对幼儿的学习最有用？研究表明，装饰性的和表征性的图片不能为幼儿建立系统各部分之间的关系提供帮助，难以促进幼儿学习。组织性的和解释性的图片有助于幼儿理解系统各部分间的关系，因而能促进幼儿的学习。用心理学的术语讲，前两种图片不能帮助幼儿建立新知识内部的联系，而后两种则具备这种功能。建立知识内部的联系以及新旧知识的联系，被现代心理学认为是幼儿学习的核心。

三、图片的使用要避免产生认知负担

教师应当尽量避免呈现给幼儿的图片有认知负担，对于初学者来说，认知负担越小，学习越容易。例如，图 2.8 是描述动物、哺乳动物和狗三者之间从属关系的图。哪个认知负担小呢？

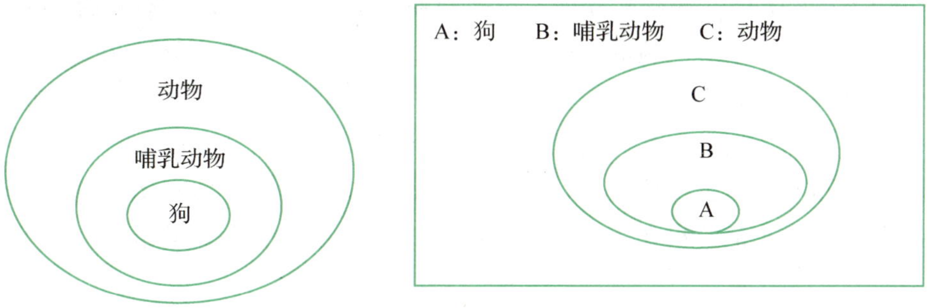

图 2.8　有无认知负担的图片比较

显然，左边的图比起右边的图来说，认知负担就小一点。这样有助于幼儿将更多的注意力聚焦于学习内容本身。

避免产生认知负担常用的方法有：删去非主要部分，如画面复杂的背景，过多的无关信息等；有选择性地强调基本部分，如放大、着色、运动、画线、对比。

第七节 幼儿园教学活动实施过程的设计

一、导入环节

(一)导入的目的

不少教师存在疑惑，导入涉及的相关教学内容很有限，只不过就是一个教学的过渡环节，有必要花时间在此环节吗？我们认为，幼儿的学习需要有准备，这种准备包括知识上的准备和心理上的准备两个方面。教学过程的首要环节就是活动的导入，导入的目的是为幼儿做好知识上的和心理上的充分准备，帮助其更好地实现学习目标。那么，为什么要为幼儿的学习做好知识上的和心理上的充分准备呢？

1. 做好知识上的准备

教学首先要考虑如何依据幼儿的原有经验进行。在进行教学时，要先了解幼儿的原有经验基础，然后再根据新经验与幼儿原有经验之间的关系确定相应的教学方法。

对于幼儿的原有经验在学习与教学中的作用，心理学家进行了长期大量的研究，成果十分丰富。最早对原有经验作用进行实验研究的是英国心理学家巴特莱特(F. C. Bartlett)。他在20世纪30年代，运用重复再现、系列再现等研究方法，研究了人们对故事图片的回忆状况，结果发现人们的回忆内容与原来的内容相比，都有所扭曲。例如，在对故事的回忆中，通常会出现对一些细节的省略，对突出特征的强化以及根据自己的期望使材料更合理化的现象。巴特莱特认为，之所以会出现这些扭曲，是因为被试头脑中的原有观念在起作用。这种观念就是一个人具有的与故事内容有关的原有经验。巴特莱特的一系列研究，证实了原有经验会对材料的学习产生影响。①

20世纪70年代，研究又发现，原有经验的质和量不同，对幼儿的理解会产生不同的影响。从原有经验的量的角度而言，教师在导入环节给幼儿铺垫的知识量会影响幼儿对新知识的学习。皮尔逊(P. D. Pearson)等人在1979年给被试阅读同一篇关于蜘蛛的文章。在阅读前，找了两组被试：一组具备许多与蜘蛛有关的知识，另一组则很少。阅读过后，对两组被试的事实回忆与推理做检测，发现有较多蜘蛛背景知识的一组比另一组多记住了25%的事实，所做的推理也是另一组

---

① [美]弗雷德里克·C. 巴特莱特:《记忆：一个实验的与社会的心理学研究》，黎炜译，97页，杭州，浙江教育出版社，1998。

的 3 倍。[1] 这说明，无论是从学习的广度上讲，还是从深度上讲，背景知识的量都影响幼儿阅读的效果。

原有经验的质也能影响幼儿对新知识的学习。皮切特和安德森(J. Pichert & R. C. Anderson)1977 年给两组被试阅读同一段文章，文章讲述的是两个逃学的幼儿到其中一名幼儿家里玩，并把家里的情况向同伴做了介绍。在阅读文章前，给两组被试不同的指导语，以激活不同的背景知识。对一组被试，让他们从购房者的角度理解内容；对另一组被试，则让他们从夜盗的角度去理解。结果发现，第一组被试记住的多是房子的情况，如墙壁粉刷过，卫生间很大等；第二组被试记住的多是钱和贵重物品放在何处。[2] 这说明不同的背景知识会导致不同的理解。因此，教师在进行导入的时候不能为了导入而导入，不能设计一些与教学内容不相关或只是表面相关的内容。如果导入的方向发生偏差，导入就会成为幼儿学习的认知负担，不仅起不到促进的作用，反而会干扰幼儿学习。

2. 做好心理上的准备

做好心理上的准备主要是指教师在呈现新的学习内容之前，要激发出幼儿参与学习的动机。学习动机是推动幼儿进行学习活动的内在原因，是激励、指引幼儿学习的强大动力。学习动机指的是学习活动的推动力，又称学习的动力，包括以下几方面：学习的需要，对学习必要性的认识及信念；学习兴趣、爱好或习惯等。在教学活动中，学习动机主要指在活动中幼儿认知参与的质量，而不是身体上努力的程度或所花时间的长短。教师应在教学之前激发幼儿的内在动机，使其愿意投入新内容的学习中。

> **教学案例**
>
> 请扫描二维码来获取“大班科学活动‘好玩的报纸’”的具体内容。

可见，导入环节在教学过程中至关重要，下面我们就导入环节的教学策略进行详细阐述。

(二)导入的教学策略

1. 向幼儿明确呈现目标

教学活动目标是如何对幼儿的学习起作用的？现代认知心理学出现以后，研究者运用认知心理学的概念与原理进行解释，认为教学活动目标起到了对幼儿的注意进行引导

---

① Mayer R. E., *The Promise of Educational Psychology: Learning in the Content Areas*, New Jersey, Prentice Hall, 1998, p. 80.

② Mayer R. E., *The Promise of Educational Psychology: Learning in the Content Areas*, New Jersey, Prentice Hall, 1998, p. 79.

的作用，使幼儿更关注目标指向的学习内容。这一观点得到了许多实证研究的支持。

达蒂斯(G. T. Datis)1970 年以十年级学生为被试，以“健康教育”为教材，比较了精确的目标、含糊的目标和无目标三种条件对学生学习成绩的影响。结果发现，精确的目标同另外两类目标相比，前者促进了学生学习成绩的提高。汉密尔顿(R. J. Hamilton)1985 年回顾了一系列有关研究，发现各种不同类型的目标都有助于学生回忆他们阅读过的材料。只要目标清晰地陈述了要学习的材料，不论目标的类型如何，都有助于言语信息的保持。[①]

教学初期，大多数幼儿都不明确他们所应达到的学习目标。也就是说，他们对应掌握的知识技能及所应具备的资质都不甚了解。在这种情况之下，他们就会对相应的教学活动产生莫名其妙的焦虑，这种焦虑使幼儿无法长时间保持注意力集中，使他们在学习过程中不能做到全神贯注。所以，在教学之初，教师就应向幼儿讲明他所应达到的目标。这样就消除了幼儿对学习的莫名焦虑和疑惑，树立起对学习相应内容的合理期望。

2. 提供先行组织者

促进新旧知识联系是最为关键的一个教学事件，可以说是整个教学过程的核心。如果说给幼儿提供概览是促进新学习的知识之间产生内部联系，那么提供先行组织者就是促进幼儿的新旧知识发生联系。只有建立这两种联系，新的知识才算被理解和习得了。

先行组织者是奥苏伯尔提出的，它是指先于学习任务本身呈现的一种引导性材料，有比原学习任务更高的抽象、概括和包容水平，并且能清晰地与原有观念和新的学习任务关联。设计先行组织者的目的是为新的学习任务提供观念上的固定点，增加原有经验的可利用性，或新旧知识之间的可辨别性。先行组织者就好比一个树形结构中的主干，在幼儿对新知识的学习过程中起着标识作用，而树形结构中的分支则是即将要学习的内容。没有提供如上知识，新的教学内容易于模糊甚至完全迷失方向。先行组织者为幼儿提供了挂靠关键概念的“智力之钩环”，此外还有帮助幼儿在以后的学习中集中注意力的作用。

3. 激发幼儿学习动机

凯勒(J. Keller)1987 年开发了一个动机教学模式，叫作 ARCS 模式，其中 A 代表注意，R 代表相关性，C 代表自信心，S 代表满足。该模式由两部分组成：第一部分是在许多动机理论基础上提出的综合性的命题和原则；第二部分是动机设计过程，利用各种动机因素分析幼儿的动机条件，以便形成合适的动机激发策略。表 2.14列出了这一模式的大致架构。表中每个类别都提示了一些问题，供教师在处理幼儿动机问题时提问，以指导其设计过程。

---

① 王小明：《教学论——心理学取向》，86 页，上海，上海教育出版社，2005。

表 2.14 动机教学模式

种类		处理的问题
注意	A1 感知的唤起	我做什么才能引起幼儿的兴趣？
	A2 好奇的唤起	我怎么才能激起幼儿求知的态度？
	A3 变异	我怎么才能保持幼儿的注意力？
相关性	R1 目标定向	我怎么才能满足幼儿的需要？
	R2 动机匹配	我怎样、何时向幼儿提供合适的选择、责任感和影响？
	R3 熟悉	我怎么才能将教学与幼儿的经验联系在一起？
自信心	C1 学习需要	我怎样才能帮助幼儿建立起积极的、期望成功的态度？
	C2 成功的机遇	学习经历怎样才能支持和提高幼儿对自己胜任能力的信念？
	C3 个人的控制	幼儿将怎样明白他们的成功是建立在努力和能力的基础上的？
满足	S1 自然的结果	我怎样才能给幼儿提供应用他们新获得的知识或技能的有意义的机会？
	S2 积极的结果	什么东西将对幼儿的成功提供帮助？
	S3 公平	我怎样才能帮助幼儿对他们自身的成就保持积极的感受？

激发动机主要是为了吸引幼儿的注意力，并在随后的教学中加以维持。为完成某一学习任务，幼儿必须注意该任务。吸引幼儿的注意力可以用以下几种方式。

第一，将所教的内容与幼儿的兴趣联结起来。你可以用两种基本方式来创造联结：从幼儿的兴趣开始，和主题联结；或从主题开始，和幼儿的兴趣联结。从幼儿的兴趣开始时，找出所有幼儿的共同兴趣，并以它为核心主题。例如，幼儿的共同兴趣是狗，教师就可以让幼儿学习有关狗的材料，说狗的特性，以狗为科学研究的主题，画狗，思考有关狗的数学问题。

第二，以实际的问题开始一个主题。让幼儿面对目前感兴趣的实际问题，而且是他们能够解决的问题，这些问题不是模拟的，而是教师刻意安排的。这也是以问题为本的教学的一部分。

第三，模拟真实情境中的一个具体情境。有时你无法提出实际的问题，但是你可以提供一个情境，要幼儿采取真实世界中某一特定角色所可能采取的相同步骤。真实情境中的许多因素都会呈现出来，教师可以呈现情境并向幼儿提出问题。不论采取个人的还是小组的方式，幼儿都要依据角色来执行任务。例如，在学习交通规则时，教师首先要求幼儿扮演来自四面八方的行人，要求他们在同一时间过同一个十字路口，看会发生什么情况。通过这种情境的模拟，让幼儿思考交通规则的意义。

第四，指出何时何处会用到所学的这些内容，帮助幼儿认识和理解将要学习的知识的价值。若幼儿有些真实世界的概念，教师可直接说明主题的运用，解释待学内容如何被使用，描述观念或技能使用的情境。讨论中，教师可以问幼儿他们所要学的观念、技能等是如何运用的。仍以学习交通规则为例，在幼儿模拟完真实情境后，让幼儿讨论，谈一下为什么要学习交通规则，引导幼儿认识到将要学习的内容的价值。

第五，创设认知冲突或好奇新颖的任务情境。这种方法一般是给幼儿呈现与其原有观念不一致的内容，或者从原有观念出发，推导出与原有观念矛盾的结论，从而引发认知上的冲突，激发幼儿继续学习下去的兴趣。例如，很多幼儿认为物体的沉浮与质量有关。教师可以给幼儿演示一块被揉成球的锡纸，放入水中发现其沉入水底。之后再将锡纸取出，压平并放入水中，幼儿会发现同样重的锡纸，后者只是“样子”改变了，就不会沉入水底了。教师通过创设情境引导幼儿实验，可以引发幼儿产生困惑，使幼儿尽力想弄清楚是为什么。

第六，解说成功应用的例子，提高幼儿迎接将要来临的学习任务的自信心。教师向幼儿介绍成功的个案或优良的事迹，特别是幼儿群体中的个体的例子，让幼儿通过了解自己身边的人如何从所学内容中受益，为幼儿提供成功的替代性经验，使幼儿对未来的学习产生信心。

二、中间环节

(一)教学活动过程要调动多种感官参与学习

新西兰教育家克里斯蒂·沃德(Christine Ward)在《友善用脑——加速学习新方法》一书中提出的多感官教学法为我们提供了理论依据和实践方法。研究表明：调动越多的感官，就可以利用越多的大脑通路，从而建立起越多的神经连接。刺激多感官，可以产生对活动的深刻记忆，更多的记忆能被轻松地存储下来。新西兰著名记者戈登·德莱顿(Gordon Dryden)在《光明的未来》中也提出，要利用好“通向大脑的六个主要通道：我们学习是通过我们所看，我们所听，我们所尝，我们所触，我们所嗅，我们所做”。

这些观点在其他众多研究中也得到了证实。心理学研究表明：单用听觉，3小时后能保持所获知识的60%，3天后则为15%；单用视觉，3小时后能保持70%，3天后则为40%；如视听并用，3小时后能保持90%，3天后则为75%。这些统计说明视听并用将获得更多的教学信息、更长的记忆保持效果和更佳的学习效率。

在学习的过程中，感官参与的数量越多，学习效果就会越好。我们可以从心理学的研究成果中找到原因。研究还表明：人们接收外来信息和接收知识主要是通过人体的各种感觉器官来实现的，按其比例，视觉占83%，听觉占11%，嗅觉占3.5%，触觉占1.5%，味觉占1%。

幼儿之间存在着很大的个体差异。他们的感官发展是不一样的，各有各的优势，各有各的不足。有的幼儿听觉发达，有的幼儿视觉发达，有的幼儿触觉发达，有的幼儿则属于听觉、视觉、触觉统合发展型……单一感官刺激不能满足幼儿获取更多知识信息的需要。在以往的教学中，我们常常采用一种教学方法贯穿始终，致使一部分幼儿获取的信息较少，不能完全掌握所学内容，从而造成学习效率较低。

教师在教学中应尽可能多地设计让幼儿多种感官参与的教学活动，让幼儿通过摸一摸、看一看、说一说、猜一猜等多种形式接收、理解、获取相关的知识，从而提高幼儿学习的效率。

以下是一个多感官参与的教学案例，请看一看，并互相交流其设计的优缺点。

教学案例

大班活动“学说重叠词”

活动目标：

1. 理解重叠词的意义。

2. 运用三个字的重叠词造句。

活动准备：

菠菜、西红柿、水晶球、核桃、棉花、三角铁、蛋糕、巧克力、装有臭豆腐的小瓶子、重叠词词卡等。

活动过程：

1. 看一看，说一说。教师出示西红柿、菠菜等实物，引导幼儿说红彤彤、绿油油等词，并运用其造句。

2. 闻一闻，说一说。教师出示装有臭豆腐的小瓶子让幼儿闻，引导幼儿说臭烘烘，并引导其思考还有什么味道可以用重叠词形容。

3. 摸一摸，说一说。教师将核桃、棉花装在袋子里，让幼儿摸，引导幼儿说硬邦邦、软绵绵等词。

4. 尝一尝，说一说。教师出示蛋糕、巧克力等食品，让幼儿品尝，引导幼儿说甜丝丝等形容词。

5. 听一听，说一说。教师给幼儿敲击三角铁等乐器，引导幼儿用形容词说出自己听到的声音和感受，如慢悠悠、脆生生等。

（二）合理利用时间，保持教学活动的流畅性

就教学时间管理而言，教学时间一般可分为四种层次。第一，分配时间，就是教师为某一特定学科设计的时间，它是由课表决定的，这个时间主要是指学校的“计划课时数”。第二，教学时间，是在完成常规管理，包括各种管理任务（如考勤、处理行为问题等）之后所剩的用于教学的时间。这个时间包含了教的时间、学的时间和管理的时间三个方面。第三，投入时间，也称专注于功课的时间，属于教学时间。它是幼儿实际上积极投入学习或专注于学习的时间。这个时间包含教的时间和学的时间。第四，学业学习时间，属于投入时间，指幼儿以很高的成功率完成学业功课的时间。这个时间主要是指幼儿学的时间。四个层次之间的关

系如图 2.9 所示。

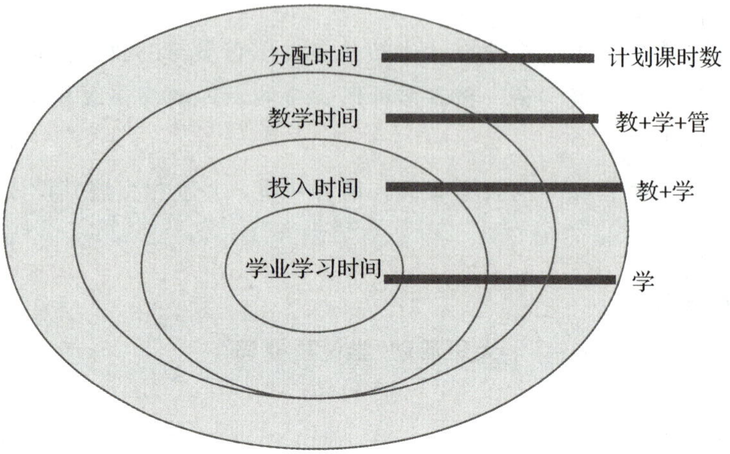

图 2.9　教学活动时间分配层次之间的关系

为了提高时间的利用效率，我们总结出了一些有效的教学策略。

1. 增加投入时间

增加幼儿的投入时间，开发和设计能够引起幼儿兴趣且幼儿参与程度高的课程。有研究表明：教师授课时幼儿的参与性比幼儿自习时的要高；给幼儿提供较多积极参与的机会，有利于增进学习。这样，幼儿在结构完善的合作学习课程中的投入时间，要比在独立的自习中的投入时间多得多。

2. 保持动量

保持动量是指教学中要避免打断或放慢教学进度，即要保证教学的紧凑性。集体活动过程中保持动量是幼儿深度参与的关键，在一个保持良好紧凑性的班级里，幼儿总是有事可做，并且一旦做起来就不会被打断。当幼儿们在全神贯注地听讲时，教师突然中断讲课，花几分钟(有时更长)时间大张旗鼓地处理一件本可以忽略的小事，这对参与的干扰极大。幼儿浪费的不仅仅是一点时间，更糟的是，在处理事故之后，幼儿需要更多的时间安定和回到活动中来。

3. 保持教学的流畅性

保持教学的流畅性是指要不断地注意教学意义的连续性。流畅的教学中，从一个活动转向另一个活动时所花的时间极少，但应避免毫无过渡地从一个主题跳到另一个主题上。幼儿在活动过程中的不良行为许多都与教师的跳跃性有关。当教师毫无理由地走来走去，重复和复习幼儿早已懂得的知识，或者无端停下来，思考下一个问题或准备材料，或者中断活动，处理一件微小或完全可以在活动之后处理的事，都会使班级中产生纪律问题。

(三)合理处理教学活动中幼儿的问题行为

问题行为指不能正常遵守公认的幼儿行为规范和道德标准，不能正常与人交往和参与学习的行为。这样的行为不仅干扰正常的教学活动，引起纪律问题，而且会影响到幼儿的身心健康。因此，高效的教学离不开教师有效的监控。

1. 问题行为的类型

国内外许多心理学家都试图从不同的角度对问题行为进行分类。我国心理学家根据调查研究认为，从幼儿行为表现的主要倾向来看，可以把幼儿的问题行为分成两大类。一类是外向性的问题行为，包括活动过度、行为粗暴、与同伴关系紧张、学习活动三心二意、不专心参与活动，严重的还有逃学、欺骗和偷窃行为等；另一类是内向性的问题行为，包括过度的沉默寡言、胆怯退缩、孤僻离群，或者神经过敏、烦躁不安、过度焦虑、冷漠等。

美国的威克曼(E. K. Wickman)把破坏教学活动秩序、不遵守纪律和不道德的行为等归纳为扰乱性的问题行为，把退缩、神经过敏等行为归纳为心理问题行为。心理学家奎伊(H. C. Quay)把问题行为分为品行性问题行为，性格性问题行为，情绪上、社会上的不成熟行为三种类型。

问题行为无论是外向性的还是内向性的，扰乱性的还是心理的，品行性的还是性格性的，抑或情绪性、社会性的，都无外乎可归纳为品行方面的问题行为和人格方面的问题行为，这样分是为了便于教育并对幼儿进行管理。表 2.15 列举了这两类问题行为的种种“症状”。

表 2.15　问题行为的种种“症状”

品行方面的问题行为	人格方面的问题行为
坐立不安	寻求他人注意
破坏	狂暴
注意短暂	漫不经心
缺乏兴趣	学习怠慢
不服从	不合作
被动/易受暗示	多动
易分心	粗鲁
忸怩自卑感	心事重重
害羞	退缩
缺乏信心	易慌张
缺乏兴趣	不负责任
白日梦	离群
易分心	冷漠神经质/极度紧张不安

一般来讲，品行方面的问题行为较为外显，容易被教师发现，容易引起教师(家长)的关注；而人格方面的问题行为较为内隐，不易被教师(家长)觉察、辨认和确定，因为有这种行为的人常表现出依顺和服从("好孩子")，以避免引起他人的关注，显出不存在困难和无须他人帮助的样子。其实，这类问题如不加重视，会引发各种各样的危害身心健康的问题。研究还发现，有经验的教师会更多地从心理角度来看待问题，而没有经验的教师则更多地从行为的外在表现和近期后果来判断问题行为。

2. 教师监控管理策略

面对出现的问题，教师切不可视而不见、不理不睬，你必须让幼儿明白，你是言行一致，说话算数，"言必信，行必果"的。但是，一个有效的管理者并不需要有意地公开纠正每一个小小的问题行为。这种公开的纠正，实际上反而会强化这种不良行为。经常纠正幼儿问题行为的教师，其班级并不一定就是规规矩矩的。关键在于教师要知道发生了什么，为什么会发生，什么才是重要的，这样就能防止问题行为出现。

教师必须处理的大多数不良行为问题都是一些小乱子。例如，做小动作、交头接耳、不遵守规则和程序、注意力不集中、四处张望、擅自起立等。这些事并非真正严重，但为了保证学习的正常进行，这些不良行为必须被改正。教师在考虑对策时，最好想想自己的意图，并不只是为了保证纪律而处理纪律问题。幼儿在学校不只是学一点"1+2"之类的东西，他们还要学会了解自己是一个学习者，学习是快乐而满意的。一个温暖、支持和接纳性的环境对培养这样的态度是至关重要的。如果幼儿不尊重教师，教师也不尊重幼儿，那么是不可能建立一个良好的环境的。教师是一班之主，要对全班的利益负责，尽管教师在组织管理班级时，应让幼儿一起设置班级规则，并且要考虑幼儿的需要或接受幼儿的建议，但教师始终是建立和强化规则的领导，幼儿必须遵守这些规则。遵守班级规则和程序应当成为幼儿的第二天性，一位教师如果没在班上建立自己的威信，他就得花很长时间来处理问题行为，或者对幼儿大喊大叫、声嘶力竭以保证教学活动有效。

在处理日常行为问题时，最为重要的，就是要以最少干预为原则，即要用最简短的干预纠正幼儿的行为。许多研究发现，花在保证幼儿纪律上的时间与幼儿的成绩呈现出负相关。处理日常不良行为时，教师要尽量做到既有效又不须打断活动。如果有可能，在处理不良行为时，课还应照常进行。下面我们来讨论处理典型纪律问题的策略。这些策略是根据中断活动的程度排列的，前面的策略中断程度最小，后面的策略中断程度最大。

(1)预防

预防是最好的良药。教师要尽量做到以预防为主，以处理为辅。把教学活动组织好，不断地密切监控，防止违反纪律的行为出现等都有助于预防问题行为的发生。

(2)非言语策略

处理许多不良行为不必中断教学，只要用非言语策略就能使其消除。这些非言语策略包括目光接触(和表现不良的幼儿保持目光的接触)、手势、身体靠近和触摸等。例如，有两位幼儿正交头接耳，教师只需看看这两位幼儿或其中的一位就行。走向行为不良的幼儿也常常能制止其行为。如果这一招不管用，把手轻轻放在儿童的肩膀上，可能会奏效。这些非言语策略传递了同一个信息：“我看见你正在做什么，我不喜欢你这样。快回到学习上来。”不用言语传递这一信息，好处在于不须打断教学活动，相反，如果口头批评，则会使其他幼儿停止学习。

(3)表扬与不良行为相反的行为

对许多幼儿来说，表扬是强有力的激励。教师要想减少幼儿的不良行为，不妨表扬他们所做出的与不良行为相反的行为。这就是说，要从这些幼儿的正确的行为入手。如果幼儿常擅自离开座位，教师就要在他们坐在座位上认真学习的时刻表扬他们。

(4)表扬其他幼儿

在一位幼儿面前表扬别的幼儿的某一行为，常会使这位幼儿做出这一行为。例如，如果张某某正在做小动作，这时教师说：“我很高兴……看到这么多同学都在认真学习，李某某做得不错，王某某在专心致志地……”当张某某最后也开始学习后，教师也应当表扬他，不计较他曾走过神：“我看见赵某某、孙某某和张某某都在全神贯注地做功课。”

(5)言语提示

如果没法使用非言语策略，或者非言语策略不能奏效，那么简单的言语提示将有助于把幼儿拉回到学习上来。教师在幼儿犯规之后要马上给予提示，延缓的提示通常是无效的。如有可能，应当提示幼儿遵守规则，做你想要他做的事，而不是纠缠他正在做的错事。这就是说，如果幼儿违反了程序，就应向幼儿提醒这一程序并让他跟上。例如，说“张某某，请注意你自己的画”就要比说“张某某，别学李某某画画”要好一些。和给反面提示相比，给正面提示表达了教师对幼儿未来行为的更积极的期望。当然，教师也可以用一种平和、友好的方法，让幼儿说出正确的规则和程序，然后遵守。值得注意的是，给提示要对事不对人，尽管某位幼儿的表现不妥，但这位幼儿本人始终是受班级接纳和欢迎的。

(6)反复提示

在大多数情况下，非言语暗示、表扬其他幼儿，给予简单的提示，一般都可以消除小小的不良行为。但是，有时幼儿有意无视教师的要求或者与教师争吵，或者向教师请求，想以此试一试教师的意志。如果幼儿认识到教师立场坚定，并且在采取适当的措施建设有序的环境时，这种尝试将会慢慢消失。

当一位幼儿拒绝听从简单的提示时，教师就要反复地给予提示，无视任何无关的请求和争吵。这就是坎特等人(L. Canter & M. Canter)所说的“坚定性训练”。它是对幼儿不良行为的明确、坚定而友好的反应。教师应确定他们想要幼儿做的行为，并清楚地告诉幼儿，可以反复、重复直到幼儿消除不良行为为止。下面试举一例。

教师：“张某某，我要你开始整理玩具。”(说出愿望)

张某某：“我画好这个画马上就做，只要几秒钟。”

教师(坚定地)：“张某某，我知道，但是我要你现在马上整理玩具!”

张某某：“你从未给我足够的时间来画画。”

教师(平静地、坚定地)：“问题不在这儿，我要你现在马上整理玩具。”

张某某：“我不喜欢整理玩具。”

教师(坚定地)：“我知道，但是，我要你现在马上整理玩具。”

张某某：“好，你一定要我做，那我就做吧!”

这位教师只是简单重复他的要求，避免和幼儿进行争吵。当幼儿说“你从未给我足够的时间来画画”和“我不喜欢整理玩具”时，他不想进行真正的讨论，只是想重新看一看教师的态度。教师都置之不理，只是平静地重复他的要求，以“我知道”“问题不在这儿……”“但是……”为由将它放到一边。当然，如果这位幼儿提出的问题是合理的或者抱怨是真实的，教师就应当加以处理。但是，一般来说，幼儿的争吵或请求无非是想与教师交谈以逃避学习。

坚定性反应是相对于教师的正面反应和敌意反应而提出的。在正面反应里，教师不会直接告诉幼儿做什么，而是要求幼儿努力想一想适当的行为。教师可能会评论幼儿的问题行为，但并没告诉幼儿要做出另外一种行为。例如，有的教师会问“你为什么要这样做?你不知道这个规则吗?”或者“张某某，你是不是要扰乱班级纪律?”；或者教师可能会明确说出应当做什么，但是从未说明犯规的后果，每次都给幼儿“下一次机会”；或者教师可能对幼儿的不良行为视而不见，或在很长一段时间后才做出反应。而在敌意反应里，教师可能不会明确指出幼儿应当做什么而是谴责这位幼儿。例如，“你应当为你的行为感到羞耻”，或者“你从未听话”，或者“你怎么像3岁小孩似的”。教师也可能愤怒地威胁幼儿，但最终又很少出现教师希望的结果，也许是因为这个威胁太含糊了吧，如“你那么做，要是让我发现了，你会后悔的”，或者更严厉。例如，有的教师告诉幼儿一周不许参加某个活动，但没过两天，该活动正差一个人，又让他参加了，以后再也没提那事。一般来说，当幼儿坚持不良行为时，一个做出正面反应的教师常常会做出敌意反应。而坚定性反应则是让幼儿知道，教师是因为很关心他们和学习程序才会禁止不适当行为的。做出坚定性反应的教师会明确表达他的期望，为了更奏效，教师常常会看着幼儿的眼睛，叫着他们的名字，也许会碰一碰幼儿的肩膀。教师的声音平静、坚定而自信，他们并不斥责幼儿“你不懂”或“你不喜欢我”。做出坚定性反应的教师并不想和幼儿讨论规则的公正性，只是期望他改变，而不是得到他的承诺和道歉。

(7)应用逻辑后果

当前面所有的步骤都不能使幼儿顺从明确而合理的要求时(在理想情况下，很少出现)，最后的办法就是让幼儿做出一个选择：要么听从，要么后果自负，如让幼儿独自去活动室的安静角，让幼儿站几分钟，剥夺幼儿的某些权利等。教师在应用逻辑后果时要注意，不听从教师要求的后果应当是轻微的不快、时间短的，并且尽可能在行为发生之后马上实施，而且，要使幼儿明白你说话算数，这比后果严重对幼儿而言更为重要。尽量不要使用长时间的严厉惩罚(如一星期不学习)，长时间的严厉惩罚会带来很多不利，会造成幼儿的仇视和敌对态度。轻微而又必然的后果能使幼儿知道：“我不能容忍这种行为，但我还是很关心你的，希望你尽快准备好，重新来参与游戏。”教师在向幼儿说后果时，必须绝对肯定自己能贯彻实施，切不可干吓唬或者比较含糊。当教师对幼儿说“你要么马上学习，要么停止一切活动 5 分钟”时，教师一定要肯定有人能监视他 5 分钟。空洞或模糊的威胁“你赶快停止那么做，否则你小心着”，或“你马上学习，否则我让你中断一个月……”不仅没用而且更糟糕，因为教师不能实施这一惩罚，幼儿根本不会把它当回事。当惩罚实施完后，教师应尽量不要再提这一事件。例如，当幼儿在教室活动区外站 10 分钟后回到活动区，教师应当接纳他，不要有任何嘲讽或歧视，这样该幼儿可能就会珍惜这新的开始。

三、结束环节

教学活动是一个系统而完整的过程，有始必应有终，设计和实施善始善终的教学活动是教师重要的专业技能之一。教学活动结束技能是指某一教学内容或是活动终结时，教师通过回顾、总结、概括、归纳、评价等行为，帮助幼儿将所学知识、技能、态度等系统化、迁移、升华的行为方式。当前，很多教师在设计和实施教学活动结束环节时存在教育真空现象。教学活动结束环节不是一个单纯的教学动作行为，而是一个蕴含丰富教育价值的重要教学环节。

(一)有效教学活动结束的意义

很多教师在组织教学活动时只注重活动的导入、准备和基本环节的操作，却忽视了教学结束阶段的组织。一些教师认为一次教学活动的重点在于教学内容，结束部分不涉及内容本身，因此把结束部分看作一种可有可无的形式。例如，一些教师把让幼儿到户外活动作为结束环节，还有一些教师在幼儿做完作品后把“带回家让父母欣赏”作为结束语而没给幼儿反馈的信息。还有不少教师认为教学活动，特别是低年级的教学活动，通常主题较为简单，活动做完就自然结束。其实，没有完整的结束环节的教学经常使人感觉教学活动戛然而止，缺少对幼儿后续发展的引导。这样有始无终、虎头蛇尾的教学行为使教学活动的意义大打折扣。因此，有必要切实关注教学活动的结束，提出有效的结束策略。

(二)有效教学活动结束的步骤及策略

有效教学活动结束的策略应该遵循由简入繁、循序渐进的原则，分为四个步骤：一是在原有的学习水平上进行回顾，突出所学内容的重点和难点；二是在回顾所学内容的基础上促进幼儿在同一知识水平上进行迁移，促进幼儿发散性思维的发展，使新学的经验纳入幼儿原有的知识体系中；三是在同一水平的迁移活动的基础上引导幼儿拓展和提升到更高的知识和能力水平上，促进幼儿构建新的知识体系；四是表演和展示，从幼儿社会性发展的角度和教学评价的角度促进幼儿交流和自我反思。

1. 回顾本次教学活动的重点和难点

教学案例

科学活动"布的秘密"片段

幼儿自由操作后，教师说："请小朋友把你的实验结果告诉我们。"一名幼儿说："我发现棉布会吸水。""你观察得真仔细，还有哪些布能吸水?"教师接着问。"纱布、牛仔布会吸水。""棉布吸水快，牛仔布吸水慢。"教师说："哪些布不会吸水?"幼儿说："雨伞布不会吸水。""塑料布不会吸水。"……孩子们纷纷交流了自己观察的结果。教师最后总结说："今天小朋友们真能干，知道了布有这么多的秘密，我们一起找一找教室里还有哪些布!"

案例分析：

以上案例中，教师把让幼儿去找更多的布作为活动的结束环节。很多教师将这种结束作为一种教学的延伸活动。实际上，教学的延伸更多的是指幼儿思维的延伸和拓展，而不是形式上的延伸或同一任务在时间上的延长。这样的教学结束不利于幼儿知识的掌握。活动结束本来是一次很好的知识概括、拓展延伸的机会，但教师组织的结束与幼儿先前感知的布的吸水性关系不大，教师没有概括和总结，也没有引导幼儿比较分析。此结尾华而不实，缺少经验提升。

在教学活动结束的第一个环节，教师应该引导幼儿回顾本次教学活动的主要内容，强调重点和难点，目的是使知识、技能、情感固化，为之后的学习奠定基础。这一环节的方法主要有归纳总结法和在此基础上的比较分析法。

(1)归纳总结法

在教学活动结束时，教师用准确凝练的语言，把教学中的主要内容加以总结概括和归纳，使幼儿加深对所学知识、技能的印象。例如，科学活动"布的秘密"，在结束环节时，教师可以如此总结："通过实验我们知道了很多布的秘密。有些布会吸水，如棉布、纱布、牛仔布；有些布不会吸水，如雨伞布、塑料布；有些布吸水较快，如棉布、纱布；有些布吸水较慢，如牛仔布。”这样的结束强调了重点，巩固了学习的主要内容。

(2)比较分析法

幼儿有两种学习方式，机械性的学习和有意义的学习。① 机械性的学习是指幼儿主要靠回忆进行学习，有意义的学习是指幼儿在学习过程中需要积极思考和分析比较的学习。里卡兹(J. P. Rickards)的研究表明，幼儿进行有意义的学习比进行机械性的学习能记住更多的事实，所做的推理也更多。② 显然，当教师引导幼儿进行有意义的学习时，幼儿不论在深度上还是广度上都能取得更好的效果。

如果说归纳总结法是引导幼儿进行机械性的学习的话，那么比较分析法就是让幼儿在归纳总结的基础上进一步思考，引导幼儿进行有意义的学习。例如“布的秘密”这一教学活动，在上一环节进行归纳总结后，教师可以引导幼儿继续思考：“吸水快的布和吸水慢的布有什么不同之处?”教师还可以引导幼儿分析：“为什么有的布吸水快，有的布吸水慢?”这样，幼儿不仅可以再次巩固本次教学活动的内容，而且通过教师的提问，幼儿还能够带着悬念走出课堂，对问题进行更深层次的思考。

2. 促进幼儿迁移

迁移主要是指幼儿能够在同一知识和能力水平上做到举一反三、融会贯通。学习迁移能力的发展，是幼儿创造性思维发展的一个重要侧面或途径，甚至可以说，学习迁移能力就是检验在教学过程中，是否达到“发展智力”或培养发散性思维能力的可靠的指标之一。③ “为迁移而教”是当今教育界流行的一个很有吸引力的口号，其主要的目的是让幼儿“为迁移而学”“学以致用”。幼儿学习的目的不仅是把知识、经验储存在大脑之中，更是要将所学的知识经验应用于实际的各种不同情境中，以解决现实生活中的各种问题。如何有效地解决问题呢？这就必须通过迁移来实现。幼儿的迁移能力正处于初始阶段，教师应有意识地引导他们主动运用已有的经验，提高其学习迁移能力，从而为幼儿的后继学习和终身学习打下基础。

引导幼儿迁移的方法有两种。一种是引导幼儿练习，练习的情境尽可能要与未来迁移的情境一致。例如，训练幼儿在游戏场所应对陌生人拐骗的技能，则在练习时就要在实际的游戏场所中进行，由陌生人向幼儿许以好吃、好玩的诱惑来让幼儿做出应对反应。另一种是使用变式，即引导幼儿超越具体情境对知识、技能等的限制，寻找广泛使用的、灵活的反应方式。

---

① 王小明：《教学论——心理学取向》，163 页，上海，上海教育出版社，2005。

② Mayer R. E.，*Learning and Instruction*，New Jersey，Prentice Hall，2007，p. 335.

③ 魏家恩：《浅谈幼儿学习迁移》，载《河南大学学报(哲学社会科学版)》，1988(6)。

教学案例

美术活动“小鱼小鱼游啊游”

活动对象：小班。

活动准备：教师绘制一幅鱼儿在海里游的壁画(2.5 m×1.5 m)，水彩颜料，不同大小的瓶盖。

活动目标：学会用瓶盖拓印(泡泡)。

活动过程：(略)

活动结束环节：

教师：小朋友们，我们今天在海里玩得很高兴，帮助鱼儿吐了很多的泡泡。大家猜猜，鱼儿高兴吗?

小朋友：鱼儿很高兴。

教师：我们以后要多帮助别人，这样的话别人会因为我们的帮助变得很高兴。

案例分析：

上述案例中，看似有教学结束环节，但是这样的结束并不能引发幼儿思考，也没有引导幼儿迁移。给鱼儿印泡泡的主题与乐于帮助别人的结束语并无直接关系，似乎教师是为了有结束环节而结束的，结束环节过于牵强，并没有起到迁移的作用。不仅如此，教师的结束语与教学活动主题不符，会给幼儿造成认知干扰。

根据教学活动应以促进幼儿迁移为目标的原则，上述活动可以采用这样的方式结束。

教师：小朋友们，我们用瓶盖给鱼儿印了很多的泡泡，大家想想我们还能用什么给鱼儿印泡泡呢?

小朋友：瓶子口、杯子盖、杯子口、纸杯，把纸卷成桶状……

分析：

幼儿在前面活动中已经理解和掌握了用瓶盖拓印的技巧，在此基础上也比较容易想出其他拓印的工具。教师这样的教学行为就是在使用变式，引导幼儿在同一知识和能力水平上发散思维，培养幼儿的创造性。

3. 引导幼儿拓展和提升

教学时间比较短，内容简单，幼儿理解能力有限，教师应有“点睛之笔”，在迁移环节的基础上尽量融合各领域活动内容将活动延伸，通过拓展和提升使幼儿达到更高的知识、技能或情感水平，进一步促进幼儿创造性思维的发展。

下面仍以小班美术活动“小鱼小鱼游啊游”为例，了解迁移与拓展的区别及拓展的意义。

教师：小朋友们，刚才我们想出那么多的给鱼儿印泡泡的方法，接下来大家再想想，除了能用圆形的东西印泡泡之外，还有什么东西可以蘸上水彩颜料印出好看的图案?

小朋友：我的手、积木、萝卜、花菜、切开的玉米、豆子、纸球……

不难看出，迁移的结束策略是指在同一个知识、技能层面引导幼儿发散思维，而拓展的结束策略是在迁移的基础上，在更高的知识和技能水平上引导幼儿思考和创新。从心理学的角度而言，迁移的结束策略是一种同化，即把新的知识、技能或情感纳入原有的经验体系中，使其成为幼儿自身原有经验的一部分；而拓展的结束策略是一种顺应，即幼儿所学习的新经验不能纳入原有的经验体系中，幼儿需要重新建立新的结构。因此，幼儿需要在掌握迁移的基础上进一步拓展和提升。结束环节引导幼儿拓展，可以给幼儿更多想象和思考的空间，使封闭的教学走向开放。

4. 展示幼儿作品

教学活动中的交流不仅指师幼之间的交流，幼儿与其同伴的交流也必须重视。同伴的替代性经验对于幼儿的成长所产生的影响更加直接、有效。同伴间的交流，不仅有利于他们分享经验，交流各自的想法，还有助于幼儿重新思考自己的作品，有助于发现问题和自我反思。

教学案例

中班美术课“我的背心最好看”

活动目标：（略）

活动过程：

1. 幼儿用铅画纸(在上面作画水彩不流)裁剪背心并穿上。
2. 在别的小朋友背心上作画。

活动结束环节：

教师：大家做的背心都很好看，而且我们在别人的帮助下使白背心变成好看的花背心，我们是不是要感谢为你的背心作画的小朋友啊？现在大家都向给你作画的小朋友表示感谢吧。

教师：时尚背心展示会就要开始了，请小模特们准备上场。(音乐响起)

教师：我们做了这么多的时尚背心，接下来我们开个小店把漂亮背心拍卖了吧！

(教师引导幼儿将制作的背心挂起来相互欣赏，看谁制作的背心卖得最好。)

案例分析：

这个教学活动结束，教师不仅让幼儿学会了感恩，也给了幼儿展示作品的机会，而且利用了情境化活动设计“背心展示会”使幼儿在参与活动的过程中展示了自己的作品。最后教师还将活动进一步延伸，设计“背心拍卖”的活动再次展示幼儿作品，通过“谁的背心卖得好”引导幼儿观察和比较自己与别人的作品，以此来反思自己，促进幼儿的发展，可谓是一个高效的教学结束环节。

教学活动的最后一个环节可以通过展示幼儿的作品促进幼儿之间的交流和互动。例如，美术、表演等教学活动后，教师可以将幼儿的作品陈列出来，或是给幼儿提供表演的机会，引导幼儿相互欣赏和学习，为幼儿后续学习树立榜样，而不是带回家让父母欣赏，使活动走向完结和封闭。

教师也应当积极地将幼儿作品作为教学环境创设的资源，如将幼儿作品作为墙饰创设的材料。这样不仅可以装饰环境，更主要的是可以让幼儿参与环境创设，增强幼儿的归属感和主动性。

教学结束环节是一个完整的教育教学活动必不可少的有机组成部分，高效的教学结束策略可以使一次教学走向开放，引发幼儿更多的思考。可以说，“一个好的结束是下一个活动的开始”。很显然，精心设计一个适宜而有效的结束方式很有必要。(表 2.16)

表 2.16　幼儿园集体教学活动评价指标

一级指标	二级指标	三级指标		评价等级			备注
				A 符合	B 较符合	C 不符合	
集体教学活动	1. 活动设计	1.1 活动内容	选材来源于幼儿的兴趣或发展需求，或来源于幼儿的实际生活				
			教学内容符合幼儿的年龄特征与身心发展水平，且健康正确				
			教学内容围绕教育目标				
			内容有一定的综合性，能体现领域间的融合与渗透				
		1.2 活动目标	目标准确、充分地挖掘了活动主题的教育价值，且符合幼儿的年龄特征				
			目标的表述清晰、具体、可操作，避免过于笼统、概括和抽象				
			目标之间层次清晰、联系紧密、重点突出				
			目标具有综合性、灵活性和开放性				
			教师有对学习目标和探究任务解释的能力				
			幼儿明确理解学习目标				
		1.3 环境与材料	创设与活动内容、目标相关的教育环境，提供必要的场地和活动材料				
			材料能满足幼儿探索、操作和交往等活动需要				

续表

一级指标	二级指标	三级指标		评价等级			备注
				A 符合	B 较符合	C 不符合	
集体教学活动	2. 活动实施	2.1 教学过程	导入策略简洁、适宜、有效				
			教学环节清晰，围绕目标层层递进，重点突出，时间合理				
			教学环节过渡自然，衔接紧密				
			教学过程中幼儿积极主动、参与度高				
			教学过程流畅，教师对幼儿的提问、引导、回应积极有效				
			情绪情感氛围和谐、自然，师幼互动交流良好				
			教师对幼儿的情感、认知等需求敏感，有适当回应				
			教学结束环节能体现活动的开放性和延伸性				
		2.2 教学方法	所采用的方法符合幼儿年龄特征，体现游戏化、活动化				
			教学方法灵活多样，能自然地将多种方法有机结合				
		2.3 教学管理	对幼儿的问题行为和突发事件的处理得当				
			为幼儿提供探索的机会，活动的时间安排合理有效				
		2.4 教师素养	教育理念科学，教学思路清晰，教学基本功扎实				
			能够流畅地运用普通话进行教学，语言准确、生动、形象，富有感染力				
			教态自然大方，诚恳自信，感情饱满				
	3. 活动效果	3.1 目标达成度	完成教学任务				
			能够做到下要保底，上不封顶				
		3.2 幼儿状态	整个活动过程幼儿自然、充实、专注				
			情绪情感平静愉悦，与同伴交往和谐融洽				
			积极参与思维探索活动或技能活动等				
			活动结束时，幼儿掌握了关键经验				
			幼儿有充分的机会感受、表达和创造				

本章小结

一直以来，集体教学活动都是我国幼儿园教育工作的核心，在幼儿经验发展过程中起着承上启下的作用。如果说生活活动可以为幼儿提供经验，那么，集体教学活动就为幼儿整合了经验，在区域活动和后续的生活活动中，幼儿又发展了新的经验，这样的过程使幼儿不断学习各种经验。可见，集体教学活动在其中起了关键作用。

如果集体教学活动低效或是无效，就是在浪费幼儿的时间。所以，集体教学活动应该是精致的，是有目的、有计划、有准备的，而教师作为集体教学活动的主要发起者、组织者和引导者，肩负着重要责任。因此，教师需要学习科学的设计方法，保障集体教学高效开展。

教师需要在明确教学主题的前提下，做到如下几点。第一，分析幼儿特征。对幼儿起点能力的分析决定了教学的水平和高度，教师要根据幼儿的智力特征、学习风格、气质类型、左右脑优势差异开发多样化的学习途径，尽可能设计更多的学习机会，满足幼儿不同的发展需求。第二，制订清晰、合理和可操作的教学活动目标，并能准确表述目标，使目标充分发挥引领、聚焦和导向的作用。第三，明确幼儿园五大领域的核心价值和主要内容，结合幼儿生活经验，精选集体教学活动内容，并根据幼儿身心发展特点和规律，合理编排内容呈现的顺序；熟悉各种教学思维模式，灵活设计和运用教学方法，保障教学目标的落实。第四，根据教学活动的目标和内容，设计教学活动的传播媒介，有效设计和呈现图片，避免在教学过程中因传播媒介使用不当而产生认知负担。第五，合理预设教学活动过程。通常，教学活动过程包括导入环节、中间环节和结束环节。教师要明确每个环节的内涵和意义，使各个环节都围绕教学目标实施。特别需要强调的是很多教师忽视了结束环节的教育价值，不少教师认为结束环节不过是一个教学动作而已，结束即意味着教学动作的完结，而没有意识到教学的结束应该是一种时间上的延续、空间上的拓展，是新的学习经验的开启。因此，结束环节应该是一个有层次、有包容性的教学环节，需要教师科学地设计。

本章关键词

幼儿园集体教学活动设计；幼儿智力特征差异；幼儿学习风格分析；教学活动目标的表述；教学活动目标的制订；教学内容模块化处理；教学内容序列化编排；演绎式和归纳式教学思维模式；讲授法；示范法；提问法；教学图片设计与呈现；教学导入；教学结束环节设计。

思考题

1. 幼儿园集体教学活动的价值何在？
2. 如何分析幼儿特征？从哪些方面进行分析？
3. 如何有效设计幼儿园集体教学活动目标？
4. 如何精选集体教学活动内容，并进行有效编排和呈现？
5. 集体教学思维模式有哪些？哪种模式更有利于发展幼儿可持续的学习能力？
6. 幼儿园集体教学活动常用的教学方法有哪些？如何有效运用？
7. 何谓教学活动传播媒介？如何有效设计和呈现集体教学活动传播媒介？

建议的活动

目　标：

1. 以小组为单位，小组成员合作设计教学活动，全班尝试设计同课异构的教学活动并说课，使学习者理解同一主题可以设计不同的目标和教学活动内容，体会幼儿园教学活动设计的灵活性和多样性。

2. 通过设计活动，学会分层次撰写并准确表述活动目标；能将内容进行模块化和序列化编排；有效设计活动方法和资源；科学设计活动实施过程。

3. 通过模拟教学，体验集体教学活动组织与实施的过程，并深入思考活动各环节设计的内涵。

4. 通过说课活动，学会反思幼儿园集体教学活动组织的各个环节，并能说出每个环节设计的依据，同时掌握说课的基本流程和要素。

任　务：以“物体的吸水性”为主题，设计一次集体教学活动，并撰写方案。具体要求如下。

1. 小组合作设计并撰写教学方案，班内说课、评课。

2. 模拟教学活动。每组选一名同学模拟组内设计的教学活动，其他同学做好教学活动记录并分析和交流。

拓展阅读

1. 皮连生：《教学设计——心理学的理论与技术》，北京，高等教育出版社，2000。

该书是教育部“高等师范教育面向21世纪教学内容和课程体系改革计划”的研究

成果，是面向21世纪课程教材。该书从理论与技术的角度阐释了教学设计。全书共分十章。前二章介绍教学设计的有关概念及其理论基础，以后各章分别从设置教学目标、分析学习任务、各种知识类型的教学过程、教学技术、教学媒体和教学环境，以及教学结果的测量与评价，对课堂教学全过程的教学设计的方法、步骤与有关的心理学依据，做了全面介绍。可作为高等师范学校公共课和教师培训与继续教育的教材。

2.[美]加侬、柯蕾：《建构主义学习设计——标准化教学的关键问题》，宋玲译，北京，中国轻工业出版社，2008。

该书为广大教师提供了一个利用建构主义理论，围绕学生的学习和课程标准设计教学活动的模板——建构主义学习设计(CLD)，并介绍了大量的实践策略和教学实例。全书紧紧围绕设计学习情境、组织学习小组、搭建学习桥梁、确定学习任务、安排学习结果展示、引导学习反思这六大教学步骤展开论述，指导教师扮演好学生学习的引导者角色，促进学生的自主发展，从而使教学效率达到事半功倍的效果。

第三章　幼儿园区域活动设计与指导

学习目标

1. 理解区域活动设计的价值和意义，愿意尝试运用理论知识设计区域环境和区域游戏活动。

2. 能够有创造性地设计区域类型，合理布局幼儿园区域环境(宏观)，并对各个区域进行环境创设(微观)。

3. 能根据不同主题灵活设计区域活动。

4. 理解区域活动指导的要点，并在实践中有效地指导区域游戏活动。

本章导图

本章导图见下面。

本章导言

试想有这样两种教室。

一种教室是由60厘米高的隔离物、矮书架、小地毯及桌子分隔成的一些比较自由的区域组成的。迅速浏览一下教室就会发现，这是一些具有不同物理特征的学习中心。例如，教室的一角是一个由一些装满书的矮书架、几个大枕头、一张小桌子以及各种书写用具组成的区域。书架附近的另一个区域则有一张水/沙桌，上面摆满各种容器箱、试管、筛网、铲子等。剩下的一半教室则是开放的，放有黑板、斜面及拱形的材料，也放有装有各种动物玩具、小汽车、球、颜料和纸张的箱子，周围有一些做标记用的材料。教室里还有一张适合进行桌上操作活动的桌子。

另外一种教室，有四分之三的空间摆满了一排排桌椅，四周则是生活用品，有水杯架、毛巾架、衣物柜等，教室后面是基本学习用品，塑料插片的盒子、积木箱子、学习时用到的纸张和笔等物品都靠墙放着。

这是两种完全不同的教室，反映了教师为幼儿创设学习环境的不同水平，也间接反映出了幼儿参与自主建构性学习和游戏的程度。

那么，什么样的室内环境能最大限度地满足幼儿的自主建构性学习和游戏的要求呢？教师能够提供哪些支持策略？

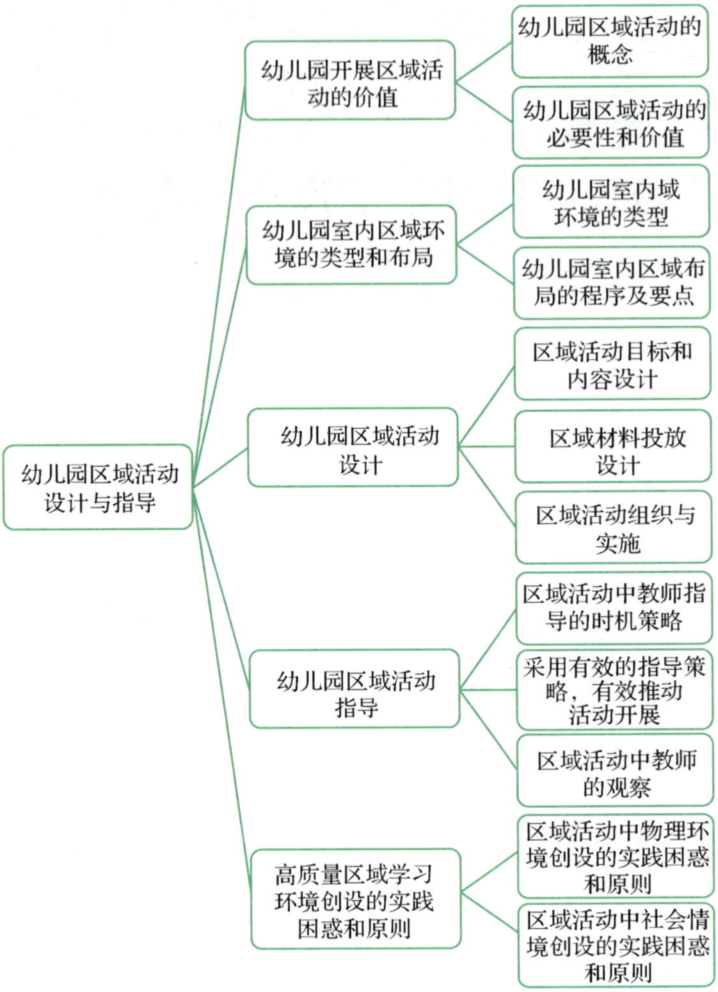

第一节　幼儿园开展区域活动的价值

一、幼儿园区域活动的概念

区域活动(area activities)是20世纪70年代，从美国引入中国的学前教育界的新名词，当时美国兴起“高宽课程”，对我国产生了较大影响。在我国，该概念所代表的活动更多地被称为区角活动或活动区活动。区域活动是指“教师根据幼儿的兴趣和发展的需要，在幼儿园中为幼儿设置一定的教育环境，即活动区，让幼儿通过自主活动来学习，从而促进幼儿身心和谐、全面发展”。[①] 区域活动有着相对

① 张博：《现代幼儿教育观念研究》，97页，长春，东北师范大学出版社，2003。

宽松、自由的活动氛围，灵活多样的活动形式，它能让幼儿体验到自由和自主，体验到乐趣。幼儿可以自己选择去什么区、玩什么、和谁玩，可以自己决定使用材料的方式方法，自己决定他们与同伴合作的方式。同时，区域也是教师以幼儿的兴趣为出发点，为使幼儿进行高效学习、获得最佳发展而精心设计的环境，它可以使不同发展水平的幼儿获得适当的发展。

从教师的角度而言，区域活动即教师根据幼儿的发展现状和发展目标，创设丰富有趣的、具有多样性的学习环境(活动区)，提供有深度、有层次的活动材料，幼儿根据自己的兴趣和能力，自愿地选择活动材料，在环境中有效地、系统地开展活动，从而得到全面发展。区域活动要求教师以促进幼儿发展为宗旨，重视幼儿的自主活动，重视幼儿与环境(人、事、物)的相互作用，重视在活动过程中的师幼互动，通过观察，不断了解幼儿，不断创设环境和材料，不断促进幼儿和环境发生作用，不断促进幼儿获得经验、获得发展，从而形成良性循环。

现阶段，幼儿园室内环境设计中有多种多样的区域，归纳而言，大致有以下三种类型：一是常规区域，如美工区，表演区，角色区(如娃娃家、理发店、超市、商店、医院、餐馆)，益智区，语言区，科学区等；二是特色区域，体现地域特色或园本、班本特色的活动区域；三是主题区域，伴随主题教学活动的开展，主题目标、主题活动内容物化在区域材料当中，从而引导幼儿在区域的自主活动中实现主题目标。

从开展形式上看，区域活动可分为两种：一是以班级为单位设立的区域活动，即幼儿在各自班级内活动区中的活动；二是全园性公共活动室活动，如在单独设立的公共活动游戏室、建构角、表演室等内举办的活动，即幼儿跨班进行的公共活动。

二、幼儿园区域活动的必要性和价值

(一)幼儿园区域活动的必要性

幼儿园教育和中小学教育最大的区别就是幼儿园开展的不只是集体教学活动。在幼儿阶段，幼儿的个体差异很大，这主要有两个原因：第一个原因是幼儿到上小学的时候已经接受了幼儿园、学校和社会的统一塑造，幼儿雷同的经验比较多，所以差异性比较小。幼儿园阶段与中小学阶段有明显区别，幼儿园是幼儿从家庭进入社会的第一步，每一位幼儿受到的家庭环境的影响都不同，因此幼儿园中幼儿的差异性比小学中的大。第二个原因是幼儿期的年龄基数很小，对于四岁的幼儿来讲，八个月在时间上占了很大的比例，差异表现很明显，如果儿童的年龄达到十岁，八个月的差异所占比例就不多了，所以年龄差异性在幼儿阶段是很明显的。

基于以上的原因，教师要是采用集体教学，就无法满足每位幼儿的要求，教师必须采用多种形式教学。相对于传统的教师集体教学的模式，幼儿自选的活动会更接近个体的水平和兴趣，能够让每一位幼儿从适合自己的学习水平开始学习，并以适合自己的节奏和方式学习，因此区域活动能有效地缓解个体学习差异的问题。

同时，幼儿园阶段的幼儿的学习特点也跟小学生的不一样，更多的是采用模仿性学习、感官学习，一手经验的学习对于他们非常重要，而小学生主要采用的是理解性学习，所以幼儿园阶段的教学模式必须多样，更多地让幼儿自主选择，通过游戏获取一手经验。区域活动能为幼儿提供多样化的游戏环境。

此外，我国不少幼儿园的活动室还要满足幼儿吃饭和午睡的场地需求，只有利用区域理念设计不同的功能区才能满足幼儿多方面发展的要求。

(二)幼儿园区域活动的价值

1. 有利于幼儿园课程的建构

(1)有利于拓展课程的组织形式

集体活动和区域活动是幼儿园学科教育的两种主要活动形式，二者优劣互补。集体活动主要以集体形式，在教师的引导下组织与开展。目前不少幼儿园课程是通过单一的集体活动来落实教育任务和实施教育活动的。虽然集体活动有其自身优势，但对存在个体差异的幼儿照顾得不够，且因为过分强调活动结果而把教学内容直接传递或灌输给幼儿。因此，仅靠集体活动来实施课程和促进幼儿发展，其效果是极其有限的。区域活动是集体活动的一种拓展，可以更好地照顾幼儿的个体差异，促进个性化学习与探索，并与集体活动的内容相互承接，尤其体现在需要幼儿自我操作、探索的活动内容上，有利于教育的系统性与连续性。①

(2)有利于整合课程资源

与集体活动相比，区域活动与幼儿生活经验的相关性更大。这就需要教师充分挖掘家庭和社区中蕴藏的丰富的教育资源，以设立满足幼儿需要的活动区域。这并非仅仅意味着让家长提供一些材料，区域活动和幼儿家庭、社区之间的内在联系应该是双向的，一种互利的有机关系。首先，区域活动需要社区、家庭收集和提供一些相应的材料；其次，教师需要密切关注与捕捉幼儿在家庭、社区中获得的经验，选择具有丰富潜在价值的经验或有待学习的内容，进而生成新的区域活动；最后，教师要细致观察幼儿的区域活动，特别是注意了解幼儿在区域活动中哪些方面的认知和技能比较缺乏，针对该内容展开活动或与家长沟通进行家庭教育。

2. 有利于幼儿的全面发展

(1)有利于促进幼儿的认知发展

认知包括一切对事物的认识和体会，认知不仅是指主体的感觉，也包括对事物的自主理解。幼儿在参与每一项区域活动的每一个时刻里，都在不断地认知，并不断增加或修正、改进认识。区域活动无疑对幼儿认知的发展具有极大的帮助。

---

① 黄瑾：《幼儿园教育活动设计与指导》，205页，上海，华东师范大学出版社，2007。

(2)有利于培养幼儿的创造力

学前期是个体最具有创造力的时期，区域活动是促进幼儿创造力发展的一条有效途径。首先，区域活动可以激发幼儿的学习兴趣和探索精神，兴趣和好奇是发展创造性思维的动力；其次，区域活动不仅为幼儿提供了丰富的材料，同时也设置了各种问题，这就可以引导幼儿观察身边的事物和发生的事情，并将看到的现象在活动中加以利用，从而培养幼儿的观察能力；最后，区域活动是幼儿自愿参加、自主选择和自主进行的，有利于幼儿想象力的发展。

(3)有利于培养幼儿的动手操作能力

幼儿总是以摆弄操作材料的外显动作方式反映内隐的心智活动，幼儿活动伴随着幼儿动作开展，幼儿运用视觉、听觉、嗅觉、触觉等感觉联合的探索性动作，去感知、体验事物的性质、事物间的关系、事物的变化与自己动作之间的关系。开放的区域活动可以激发幼儿自由地用自己的方式操作、改变、组合区域材料，从而提高幼儿的动手操作能力。

(4)有利于促进幼儿的情感发展

幼儿非常重视教师对自己的评价。一个鼓励的眼神，一个亲切的手势都会让幼儿感到兴奋，积极情感对幼儿智力活动的开展和个性的形成起着重要的作用。在集体活动中，受时间和教学任务的限制，教师不可能接触到每位幼儿。然而在区域活动中，教师与幼儿交往的机会多了，幼儿能感到教师对自己的重视。另外，幼儿是按自己的兴趣、需要及能力水平去活动的，在各种活动中似乎都是“成功者”，因而会体验到愉快、自豪、满足等积极情感，这些积极情感又使幼儿更积极地参与到新的探索活动中。

(5)有利于促进幼儿的社会性发展

幼儿期是人社会性形成的关键时期，而交往又是社会性形成的基本途径。尤其是现代社会，随着独生子女的增加，幼儿形成了以自我为中心的交往意识，不知道怎么去与别人交往和分享，区域活动给幼儿提供了较多的交往机会，可以促进幼儿社会性的发展。

3. 有利于教师的专业发展

(1)有利于教师了解幼儿

每位幼儿都蕴藏着自己独特的潜质，受遗传和环境等因素的影响，幼儿的智能发展和表现的形态存在着众多的差异。这就要求教师客观、全面地观察和解读幼儿。区域活动的教学方式实现了从“大兵团”到“小组化”的转变，使教师从繁杂的讲课任务中解脱出来，有更多的机会观察幼儿。在区域活动中，教师观察的内容包括以下几方面：一是活动环境能否激发幼儿学习兴趣，材料的投入是否适合不同发展水平的幼儿；二是重点观察幼儿的学习、探索过程，分析幼儿为什么这样做。这些特殊要求，不仅有利于教师了解幼儿的认知发展水平，同时也有利于了解幼儿社会性情感及其他方面的智能强项；不仅有利于了解幼儿的经验背景，同时也有利于了解幼儿富有个性特质的学习风格；不仅有利于了解幼儿外显的建构结果，同时也有利于了解幼儿内隐的建构过程。总之，区域活动推开了教师了解幼儿的一扇窗，有利于教师多角度地解读幼儿。

(2)有利于教师制订有效的教育计划

在以往的集体教学活动中，教师一直扮演着一个“我教你学”的教育者的角色，教学的出发点是完成教材、大纲的任务，而非满足幼儿的需要。我们常常会发现这样的现象，有些幼儿思维活跃、活泼胆大，愿意表现其内心的想法，善于回答教师的问题，而有些幼儿胆小内向、沉默寡言、反应迟钝，在集体活动中常常处于被忽视的状态。教师把握不到每位幼儿的发展状况和学习水平，教育计划也只是针对大多数幼儿的接受水平。而现在，区域活动能使每位幼儿都得到教师的关注，使教师“走近”幼儿，有利于教师因材施教，有利于教师了解每位幼儿的最近发展区，从而针对不同的幼儿制订有效的教育计划。例如，对一些能力弱的幼儿，可以给予充分的重视和更多的帮助，使他们尽快地融入集体，跟上大家的步伐；而面对一些发展较快的幼儿，教师则可以创造一定的环境，尽可能满足他们发展的需要，发展他们的特长，充分显示活动的层次性。

第二节　幼儿园室内区域环境的类型和布局

一、幼儿园室内区域环境的类型

区域是一种概念，只要能起到教育价值，什么区域都可以设置。例如，为刚入园的小班幼儿提供“找妈妈区”。按照幼儿园一般的布置，幼儿园主要划分为五大区域：益智区、美工区、建构区、角色区及语言区。有时候会把益智区再划分为数学区和科学区，也会在语言区里再划分一个表演区出来，现在也有把建构区再划分为木工区、沙水区的。

(一)益智区

益智区主要通过投放高结构和低结构的材料来达到教育目的。高结构材料就是有标准答案的材料，如拼图就是高结构材料，因为它是有标准答案的，而沙和水等没有标准答案的材料就是低结构材料。高结构材料和低结构材料有时也可以互相变通。比如，雪花片属于低结构材料，但如果教师在一筐雪花片里提供了一张工作纸，让幼儿按照要求模仿并拼摆出来，那么这一套材料就又变成高结构材料了。

益智区基本上是让幼儿在操作材料的过程中获得一些知识的积累、思维的发展的区域。(图3.1)我国幼儿园的益智区材料多是高结构的，即有标准答案，所以我们可以这样理解，在我国，益智区更多地体现为向幼儿传递成人的知识或技巧，让幼儿复习、运用在幼儿园或社会中学到的知识。例如，教师在集体教学活动中讲解了数字 3 的分解和组成，接着就可以在区域活动中让幼儿通过实际应用迁移内化。

图 3.1　益智区

(二)美工区

绘画可以让小班的幼儿得到大肌肉群及感官的锻炼，中班、大班的幼儿还可以借此锻炼小肌肉群及各种思维，包括很重要的形象思维，同时幼儿通过体验感受美、表现美进而创作美，这些都是学习的重要基础准备。要让幼儿得到有效发展，除了让幼儿自由涂鸦外，也应该适当要求幼儿用点、线等画画，因为它们是组成文字的基本元素。

手工类的活动，如折纸、粘贴等，不但能进一步锻炼幼儿的大、小肌肉群，而且能有效发展幼儿的立体空间概念。但需要注意的是，教师必须用规范的语言引导，如“把你面前的纸左右角对折”等，这样就可以丰富幼儿空间概念的经验，为以后的学习打下基础。(图 3.2)

图 3.2　美工区

(三)建构区

建构区的功能就是让幼儿在里面玩大积木，在搭建积木的过程中发展空间概念、语言能力等。因为有大的积木，在玩的过程中幼儿就很容易产生社会交往，如争吵、合作等，所以建构区也能发展幼儿的社会交往能力。对于幼儿之间产生的问题，教师应该把握什么情况该让幼儿自己解决，什么情况该介入。这很难有一个标准，基本的原则是只要没有暴力行为，教师就应先让幼儿自己处理，之后再介入。

除了发展社会交往能力外，建构区也是“消化”“反刍”知识和经验的区域。幼儿通过搭建，逐步完成一个作品，在这个过程中幼儿的思维获得了锻炼。所以中班、大班建构区的作品尽量不要拆，应让幼儿继续搭建。否则今天搭好了，活动结束拆了，幼儿明天又要重新搭，不断重复，幼儿的能力没法提高。如果区域内空间不充足的话，可以在地垫上做文章。教师一般都会在建构区铺地垫，地垫不要用杂色。一个区里什么颜色都用，这是不合理的，因为杂色没有意义，除非是要用颜色区分不同地方的不同功能。例如，摆放材料的是蓝色区，过道是黄色区，搭建的是绿色区，在绿色区里有几块是红色的，教师可以告诉幼儿："在红色上面搭建的作品老师不会拆，因此可以搭得复杂一点，其他地方的作品是要拆的，因为要摆桌子吃饭或者摆床睡觉。"这样就可以保留一部分作品不拆。

如果想进一步发挥建构区的功能，就可以把作品和主题课程相结合，幼儿可以在建构区制作一个主题作品，逐步搭建完成一个大型的作品。(图 3.3)

建构区常见的几个问题包括教师错误投放小型拼插玩具，如雪花片，还有摆放材料的地方和搭建场地之间没有过道，容易互相影响，或者地面没有铺软垫，容易发出噪音。这些问题教师必须注意。

图 3.3　建构区

(四)角色区(娃娃家/家政区)

小班幼儿可以在这个区域模仿生活中父母的角色，复演所看到的社会情境，在这个过程中可以稳定情绪，建构直观思维，产生形象思维。在模仿、复演的过程中也可以发展、锻炼其他的能力，所以，"娃娃家"在小班是非常重要的区域。到了中班和大班时，幼儿能在其中锻炼语言表达、社会交往能力，甚至是数学的运用能力。比如，幼儿拿一定数量的钱进"超市"买东西，让"收银员"算账，通过模拟情境，锻炼幼儿的数学能力。(图 3.4)

角色区教师必须注意的问题包括零散不系统地投放材料、情境和材料不匹配、有材料没情境等。

"娃娃家"的基本作用是让幼儿在"家"的环境中找到安全感，让幼儿在家庭化的游戏中学会生活，让幼儿在家庭化的游戏中学会探索，通过家庭化的游戏培养幼儿的人际交往能力。幼儿还可以根据自己的生活经验扮演各种角色，体验、反刍生活经历。

图 3.4 角色区

(五)语言区

不少幼儿园会把语言区等同于图书区，其实图书区跟语言区还是有区别的。语言区是有效运用语言、有一定目标的语言发展区域，因为没有目标的语言发展在其他区域里也能实现，如角色区、建构区，日常生活中也能实现。语言区应该分为两个，一个是安静的图书区，另一个是有噪音的表演区，或者是演讲区、讨论区。因为这两个区一个是静的，一个是动的，是不能放在一起的。(图 3.5)一般而言，中班设置简单的表演区，大班则可增加辩论区和讨论区。

图 3.5 语言区

二、幼儿园室内区域布局的程序及要点

所谓布局，也就是在班里活动室如何划分区域的问题。区域创设的基本程序如下。

第一步：确定集体教学空间和区域创设的空间

首先要考虑的是教师站位的问题，教师所站的位置必须一目了然地看到整个活动室，也就是教师最方便管理幼儿、照顾幼儿的那个位置。一般来讲，教师都会选择靠近门口，有黑板、电视的位置。接下来就要考虑桌子怎么摆，按三十个幼儿一个班来算，就有五张六人桌，六人桌最主要的作用是吃饭，建议把六人桌靠近门口摆放，方便教师安排吃饭和需要用桌子的区域活动。同时，也要考虑方便教师的集体教学，集体教学多的话桌子摆放就集中一点，要是集体教学不多，就可以分散一点。六人桌确定后，基本上就能确定美工区、益智区，因为美工区、益智区是必须用桌子的区域，而且这两个区相对安静，在活动室前半部分就可以做这样的安排。

第二步：确定各个活动区的空间位置

教师首先要根据各个活动区的特殊需要在现行的活动室空间内为其寻找最佳的位置。例如，美工区经常需要水，所以它最好离水源近些。科学区、生物区需要自然光线，而且要便于将活动延伸到户外场地，因此，最好选向阳的一面，并能方便地通往阳台、院子等处。“娃娃家”可以设置在角落，给幼儿更充分的包裹感。在设置各区域时应注意以下一些问题。

第一，动、静尽量分开，即区分开闹区和静区，避免相互干扰。有些区活动量小，需要安静；而有些区则比较热闹，容易喧哗。因此这两类活动区最好离得远些，以满足各自的需要。一般可把闹区(建构区、角色区)安排在后半部分，安静的语言区安排在前半部分，表演区要是没有空间就不设置，或是设置在活动室外，因为表演区噪音最大，干扰性最强，而且从价值方面考虑，它能够被其他区域取代。

第二，活动室内的“交通路线”力求畅通无阻，以避免幼儿在活动时产生拥挤、碰撞等情况。为此，活动室中央和各个门口最好不要设置活动区。

第三，最好留出一块供集体活动用的场地。当然这个场地不一定非要单独开辟，如果有的活动区能够容纳下所有的幼儿，则完全可以用来代替。

第四，避免出现“死角”，即教师视线不能随时看到的地方。这是出于安全的考虑。

第三步：确定各个活动区的空间面积和隔断高度

位置安排好以后就要考虑区与区之间隔断的封闭性程度。区域之间要有适当的“封闭性”，避免因“界限”不明确而产生消极影响。可以利用各种玩具柜、书架、地毯等现有设备作为各区的分界线或屏障，同时也要考虑各区活动的方便程度。

一般小班封闭性要强些，设置一个比较小的进出口，防止幼儿进出时乱跑，这样相对容易管理，而且在区里的幼儿不会受其他幼儿的影响。但区域的隔断要注意不能妨碍教师的视线。

在考虑区域空间面积方面，很多教师经常有的误区是，该多给空间的不多给，不该给的又给多了。最常见的误区是阅读区教师给的空间太大了，空间太多就暗示了幼儿走动和打闹，这样不利于幼儿安静阅读，实际上这个区的空间不需要太大。另外一个误区是美工区需要的空间大，但是很多教师给的空间不够，六人桌上幼儿的纸往往叠在一块，互相干扰、影响，因此美工区的六人桌最多坐四个人。还有“娃娃家”，有时候一个“娃娃家”给的空间太大了，幼儿就会互相干扰，特别是小班，应该多设几个“娃娃家”，区和区之间互不干扰，这样比在一个大区里摆很多材料要好。

第四步：逐一布置各个活动区

各个活动区的布置要充分考虑不同年龄段幼儿的特点和使用时是否便于操作等问题，同时还需考虑区域活动环境的创设问题。具体要点如下。

1. 根据幼儿的年龄特征布置区域

小班、中班、大班三个年龄段幼儿的心理特征有很大不同。小班幼儿需要建立心理安全感，提高自理能力，他们更多采用直观学习方式，即摸到、看到、接触到的才对幼儿有意义。小班幼儿还不会很好地进行社会交往，所以在空间划分时要避免幼儿之间产生干扰，封闭性相对要高。

小班幼儿的社会交往水平低，不会合作、互助、讨论，仅停留在我模仿你做、你模仿我做，我做了给你这种简单的合作层面上。所以每个区域里的人数不宜太多，而且区域里的幼儿要避免受到区域外幼儿的干扰。里面的情境要相对直观、丰富，同时材料的投放必须符合这个年龄段的特点，数量不宜太多，复杂性要低。

中班幼儿与小班幼儿最不一样的地方就是心理发展相对成熟，教师应侧重幼儿形象思维的发展、技巧的应用，所以区域应提供较多的低结构材料，进行类似建构活动、美工活动，或者玩水、玩沙活动等没有标准答案的游戏。这些对中班幼儿更有价值，因为这个时期幼儿要把过去在直观接触中得到的经验，通过低结构游戏加以丰富。每一次游戏都可以通过自身的活动重现过去的经验，这相当于重新建构原来的思维，有利于幼儿学习能力的发展。

至于区域的布局，由于中班幼儿交往能力提高了，需要设计初步合作的环境，如“娃娃家”的复杂性可以增强，可以有更丰富的情境，材料投放的难度也可以提高，如拼图的拼片数量可以比小班的多。简单地讲，材料投放就是要循序渐进，从少到多，从易到难。

跟小班、中班幼儿相比，大班幼儿的自我表现欲逐渐变得强烈，所以应该让他们在活动中更多地参与，如让幼儿参与区域的布局、区域标识牌的设计等。而且这时候是幼儿社会交往能力和规律性发展的重要时期，所以区域可以更开放，甚至可以没有物理的间隔，教师要相信幼儿的自律能力，只要不影响别人，幼儿就可以自由选择活动的空间。另外，这个阶段也是幼儿抽象思维初步萌芽的阶段，材料投放的难度应进一步提高，增加一些高结构游戏。

2. 设计各区域内部环境

(1)通过区域材料的呈现体现环境的暗示性

物质情境一直被认为是学前教育中的“课本”，幼儿能从环境中获取隐藏信号，环境能够勾勒并暗示幼儿在特定语境中所期待的行为。[①] 因此，教师应该充分考虑相对于幼儿发展需求和个体兴趣范围的提示性情境，为幼儿发展性地规划适宜的环境。[②] 例如，角色区就必须有情境，一个只有材料的区域和一个墙壁上贴有家人的照片、放着窗纱的区域，对幼儿的暗示效果是完全不一样的。所以在布置区域时，要根据不同区域的要求，通过环境的布置创设情境。

怎么理解暗示的作用呢？比如，“娃娃家”、角色区就需要有情境的暗示，设计

① Dodge D. T., “The importance of curriculum in achieving quality child day care programs”// B. Hershfield, Selman, K., *Child Day Care*, New Brunswick, NJ: Transaction, 1997, pp. 129-144.

② 甄丽娜:《玩具呈现方式对婴幼儿社交行为影响的研究》，载《教育探索》，2012(2)。

的是警察局，就要有警察局的情境，让幼儿一进去就有这种感觉；想让幼儿在建构区里搭建东西，就需要有搭建的照片范本等对他们进行暗示。

除了情境的暗示，环境布置还要起到教育作用。例如，语言区就可以设计一些让幼儿有话可说的情境。比如，粘一块KT板，板上面写着“看一看、说一说”，后面有一个透明塑料袋，让幼儿更换不同的卡片，这些卡片可以是“看一看、说一说我喜欢的”“看一看、说一说我不喜欢的”，或者是“看一看、说一说是什么颜色的”；旁边地面上可以设一个圆点，这个圆点是给讲话的人站的，正对面可以有两条线给听的人坐。这样的语言区环境布置就产生了教育功能，站在圆点上的人是讲的人，坐在横线上的人是听的人，区分了谁讲、谁听的身份，就能培养幼儿倾听的习惯，同时，在讲的过程中，幼儿可以按照环境指示和要求讲，促进语言能力的发展。

拓展资源

请扫描二维码来获取“玩具呈现方式对婴幼儿社交行为影响的研究”的具体内容。

从区域空间大小对幼儿行为暗示的角度讲，阅读区空间不能太大，太大就暗示幼儿走动、打闹，不利于幼儿安静阅读。教师还应把要求、常规、目标贴在显性的环境中，时刻提醒幼儿遵守游戏的规则、活动的常规，帮助幼儿在区域活动中养成良好的活动习惯。

环境布置在益智区里也有另外一种作用。比如说布置环境时，要求幼儿坐的时候是面对墙壁的，这样幼儿的封闭性就强。环境布置也可以运用在座位的暗示上，如幼儿拿了一套玩具，玩具标志是有圆点的，那么就要坐到六人桌有圆点的位置玩。

另外，教师还可以在分割区域的橱柜反面、墙壁和吊挂的网帘上张贴活动内容、步骤图以及过程性记载图片来反映区域活动的内容，记录活动痕迹。幼儿能从所创设的区域环境、所提供的区域材料上获得大量区域活动的信息，从而使教师的隐性指导始终贯穿活动过程。(图3.6)

图3.6 环境布置的暗示性

(2)将区域活动规则“可视化”

区域中通过环境创设也可以建立规则，培养幼儿自主、自制等能力。此外，有些规则还可以通过图画的方式加以形象地表示，使区域活动规则“可视化”，提醒幼儿遵守。比如，因幼儿进入“娃娃家”时从容，出来时匆忙，为让幼儿正确摆放鞋子，提高进出效率，在“娃娃家”入口处的地板上贴上几双小鞋印，鞋跟朝向“娃娃家”的地方，而且鞋印画得十分有趣——将一双双摆放正确的鞋(左、右脚正确)画成两个相向而笑的人脸，以提醒幼儿，当你的鞋放好后摆出一对好朋友的姿势时，左、右脚便不会穿错了。这样，鞋印不仅是“娃娃家”满额人数的标志，同时又成了锻炼幼儿生活技能的无言之师。此外，还可以经常将图示法应用于有关操作材料的使用和收拾的规则中，也会收到很好的效果，这样，幼儿在收拾玩具材料时还可以进行对应、分类的学习。(图 3.7)

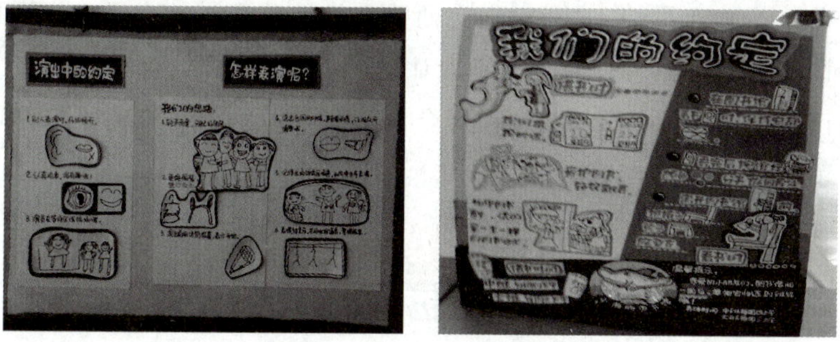

图 3.7　活动规则“可视化”

关于人数的限定问题，可以采用进门挂牌、挂项链、控制椅子数、投放适量材料等方法来提醒幼儿遵守该项活动规则。例如，在美工区，可以通过投放适量椅子，要求幼儿如果发现椅子坐满了就不能再进入了。

3. 避免各类安全隐患

良好的学习环境首先应是安全的。例如，家具的摆放要牢固、平稳，隔断不宜过高，防止幼儿在取放时发生危险，投放的玩具和材料最好是不宜损坏的物品等。

区域里呈现的材料应该能让幼儿安全地操作，没有潜在危险，不会使他们受到伤害。教师要结合最新的安全和健康危害知识仔细选择和准备材料，并且随时都要保持高度谨慎。

我们都知道手最易传播疾病，所以在操作跟水相关的材料前后都要求幼儿必须要彻底洗手，尤其是很多人共同操作这些材料后。由于 3 岁前的幼儿倾向于把材料放进嘴里，因此对他们来说这条原则就显得尤为重要。在幼儿分享自制游戏面团、摆弄潮湿的沙子，以及进行玩水游戏时，教师要格外小心。如果幼儿有把材料放进嘴里的倾向，教师就要为每名幼儿单独安排使用的材料，譬如为每名幼儿单独准备一个装水的容器或一块自制游戏面团。

由于不流动的水和潮湿的材料会滋生细菌，所以水箱用过之后必须把水排干，而且容器也要用经过检验的消毒剂清洗，室内用的湿沙要晾干。如果要重复使用自制游戏面团，必须将其冷藏，因为这样会减慢细菌的生长速度。

幼儿操作的所有材料必须无毒。当个别幼儿想把操作的材料放进嘴里时，教师须确保使用的材料是可以入口的。

玩具包装里会注明这样的建议：3岁及以下的幼儿不能使用带有小零部件的玩具。如果其他年龄段的幼儿也想把东西放进嘴里，也一定要遵循上述原则，即不能使用带有小零部件的玩具，包括能被拔出的、没拧紧的或者是已折断的小零部件。

4. 材料呈现要使幼儿可接近

幼儿区域活动的价值在于幼儿自主建构和发展。每位教师都希望幼儿减少对教师的依赖而得到他们需要的东西。当创设区域环境时，必须要仔细考虑可接近性的问题。教师希望所有的幼儿，包括那些有特殊需要的幼儿在内，都能够自由地接近一些材料和物品。教师在准备活动的时候，必须确信幼儿所需要的所有东西都是可利用的。可以把材料放在低矮的架子上，也可以把东西放在像长凳一样的桌子上。可接近性的另一面就是在特定的活动中，对于教师不想让幼儿使用的东西，摆放时要注意其位置，如教师不想让孩子们把彩画颜料与面粉混合到一起，就不要把准备用来画画的颜料放在面粉的旁边。

第三节　幼儿园区域活动设计

区域活动虽然为幼儿提供了自由活动的机会，但并不排斥教师合理的安排与干预，这样，有助于教师将集体活动、区域活动融会贯通，实现主题活动目标。因此，教师还应根据本班幼儿的基本发展水平、阶段性的主题活动教育目标和主要任务，思考各区的活动内容和具体目标。每隔一段时间，视幼儿的实际需要和学习情况，删除已达到的目标，代之以更高一些的要求。因此，教师应根据实际教育教学需求，经常改变区域中的材料。

一、区域活动目标和内容设计

(一)教师要预设合理的区域活动目标

第一，教师要根据本班幼儿的发展水平，分月、分周地制订区域活动目标。

第二，教师要结合阶段性主题活动目标，并与集体活动相互配合设计区域活动目标。让幼儿在集体活动过程中整合经验，在区域活动和一日生活常规活动环节中发展经验。例如，生活环节让幼儿发碗筷丰富数学经验，集体教学活动时整合数概念，区域活动环节通过游戏巩固和发展数学抽象符号。

第三，制订的目标要适度。例如，在美工区中结合“冬天”的主题让小班幼儿进行为美丽小屋添补色彩及增画小雪花的活动；而在大班则可让幼儿根据提供的多元材料进行意愿绘画。因此，活动目标制订要适度，以免因目标过高使幼儿失去信心，或因目标过低而压抑幼儿创造力的发展等。

第四，目标要具体。例如，建筑区的活动目标“培养幼儿的美感和语言表达能力”，这样的目标就不够具体和准确，可以表达成“通过讨论搭建主题，合作搭建，搭建的物体基本稳定”。

(二)内容要服从于目标

内容选择应服从于目标。目标是创设区域主环境、投放材料的依据，也是观察、指导、评价幼儿活动的依据。一个目标可以通过不同区域来实施。例如，小班上学期要提高幼儿的手眼协调能力，可以通过穿孔板、喂小动物吃形状饼干等系列活动来达到阶段目标。有时，一个区域也可以达到几个不同的教育目标，如在“奇妙的口袋”里摸图形、拼图形的活动，既是学习数学形状概念的活动，又是培养触摸能力的活动。总之，内容与目标一定要相互承接。

二、区域材料投放设计

幼儿园的区域活动能够为幼儿提供充分的探索、交往和发展等机会，而区域活动中的区域材料发挥着重要的作用。材料的质量直接影响幼儿认知、情感和社会性等多方面的发展，因此，教师在投放材料时，需要考虑各种静态性和动态性因素，以便发挥材料最大的教育价值。

(一)材料的安全性和艺术性

《幼儿园教育指导纲要(试行)》中明确指出：“幼儿园必须把保护幼儿的生命和促进幼儿的健康放在工作的首位。”这足以说明安全工作在幼儿园一日生活中的重要性，所以在投放材料上，安全性应该是第一位的。为幼儿提供的活动材料，制作原料应该选择无毒、无味、对幼儿无伤害隐患的，制作前应进行彻底的清洁消毒。定期检查区域材料是否有破损，做到及时发现问题，避免幼儿受到伤害。比如，体育区的材料，基本都是教师、家长和幼儿共同完成的作品，供幼儿玩耍，但部分材料会有安全隐患，教师在投放前应该统一检查，进行修补或者调换，使幼儿使用时更加安全。美工区或者生活区的小物件材料，要进行统一归放，并教育幼儿不得吞食。

投放的材料要美观，富有艺术性。比较坚硬、原始的材料可用彩纸、丝带等辅助材料进行装饰、改造。例如，在建构区教师可以提供许多大小不一的纸盒、罐子等，供幼儿搭建。为了吸引幼儿兴趣，教师可以用彩纸进行包装，幼儿很容易被这些彩色的盒子吸引，构建房子等就会更加积极。在生活区，练习系纽扣的活动材料可为幼儿提供深受幼儿喜欢的卡通头像造型，在具备教育功能的同时，充分将其艺术性展现出来，以吸引幼儿使其对活动材料充满兴趣，积极投入活动中去。

(二)材料的开放性

《3—6岁儿童学习与发展指南》在健康领域中建议："教师应多提供原材料和半成品，让幼儿有更多的机会参与制作活动。"相对于"成品"来说，"半成品"能够给幼儿提供更多的探索空间，更多的动手和动脑的机会。而相对于"原材料"来说，"半成品"又蕴含了一定的线索，可以引导幼儿完成自己的作品，它适合对客观世界缺乏经验的幼儿的水平，因此要体现开放性，教师应该多制作"半成品"。

开放的材料，即可以用许多不同的方式使用的材料。活动过程中，教师应鼓励幼儿灵活思考，而不只是以一种方式来使用材料。例如，对于幼儿能用积木来做什么或者探究什么，非常开放的材料是没有限制的。

上述这两类材料及它们所包含的思维过程在早期幼儿的班级中都是有用的。在自主的学习环境中，活动目标是鼓励能够导致理论建构的体验，教师会期望多数材料适宜用多种方式使用。这条原则对实践中考虑材料的保存及购买材料所用的花费也是有意义的。换言之，如果材料能够在不同的方案中以多种不同的方式使用，那么一个班级中就只需要相对少的材料。

一个鼓励幼儿自主学习和建构的班级并不需要摆满昂贵的材料和玩具。有一些非常好的活动使用的就是一些捡到的材料，如一根长的干净的塑料管子、一套卡片盒、一盒线轴、用来包裹盘子的剩余海绵等，这些都有助于激发幼儿的活动兴趣。

(三)材料的操作性和层次性

要选用操作性强的材料，充分发挥材料的吸引力，使幼儿在半小时的区域活动中不感到乏味。不少幼儿教师在工作中发现，自己辛苦准备的游戏材料，一到幼儿手上，往往只玩一会，幼儿就不感兴趣了，之后更是无人问津了。所以提供的材料应是比较受幼儿欢迎的，比较有"生命力"的，操作性强的。例如，美工区，幼儿园摆放最多的就是白纸和蜡笔，或者剪刀等，但这些材料如果没有集体活动的支持，利用率就很低。因此，可以在美工区创设一个"折纸角"，出示很多折纸分解图，提供彩纸，让幼儿经过观察、思考、反复常试，直到成功折出，哪怕不是很美观，幼儿也会感受到成功的快乐。或在美工区提供花片、毛根等，让幼儿自己动手插花，然后让幼儿用自己做成的盆景装饰自己的教室，不仅发展了幼儿的动手能力，更让他们体会到动手操作、获得成功的喜悦。

> **拓展资源**
>
> 请扫描二维码来获取"人格化玩具促进儿童想象游戏的开展——对'互动式'玩具的实验与反思"的具体内容。

关于材料的层次性，从材料的加工程度来讲，可为同一个活动区提供原材料、半成品和成品。例如，在益智区，提供已经完成的拼图、部分未完成的拼图和一些拼图材料，这样有利于幼儿的操作探索。在美工区，可以提供未完成的图画，让幼儿自己添画和装饰。比如，画了头，画了眼睛，投放进区后，幼儿就可以根据自己的观察和经验，添画鼻子、耳朵、嘴、头发、眉毛等，甚至有的幼儿添画了睫毛和腮红，包括身体、手、脚等。幼儿在添画的同时，会思考和默念，更大程度地鼓励了幼儿的自主学习。

(四)材料的针对性和引导性

活动区域中应根据幼儿不同的年龄特点投放不同层次的活动材料，要体现针对性。例如，在建构区，结合小班幼儿善于模仿的心理特点和小肌肉群不够发达的生理特点，可为他们提供体积大、便于取放、类别相同的建构材料。角色简单、分工明确的“娃娃家”也应设在喜欢模仿、社会经验不丰富的小班，培养幼儿的交往能力。超市购物可锻炼幼儿的分类、计数、交往等综合素质，可设在中班和大班。医院、邮局、理发店等是幼儿日常生活中经常接触到的，便于幼儿的社会性发展，可设在大班。在美工区，中班准备的材料大部分是半成品和一物多用的成品，让幼儿稍做加工即可完成；而大班则要准备大量未加工的废旧物品，幼儿必须自己动手操作，难度明显增加。在生活区，小班就可以设置“我来喂喂你”的游戏，培养幼儿爱的情感，同时设计多种玩法，如根据宝宝嘴的大小，找大小不同的“食物”喂宝宝；在瓶子上贴不同的动物图片，让幼儿找相应的动物喜爱的“食物”进行投喂。

材料的引导性就是指教师提供的材料应能引导幼儿做出“成品”。强调引导性就是要求教师考虑幼儿的实际能力，考虑材料之间的关联，考虑材料所提供的线索对幼儿有什么样的启示，考虑最终要让幼儿获得什么样的发展。使材料具有引导性的关键是找到材料与活动预期结果间的关联。例如，在制作汽车的过程中，教师为幼儿提供的轮子、窗、机身等，可以引导幼儿去制作汽车而不是其他东西。但幼儿会在操作过程中遇到以下类似问题：有很多轮子、很多窗，到底哪个是合适的？要一个一个去试吗？所以这就要求教师把每种汽车的配件分开摆放，如消防车、警车、救护车、火车等。而且这些配件必须有明显的标志，让幼儿一看就知道是什么车，如果都是常见的小汽车，幼儿拼装一辆后就会失去兴趣。体现材料的引导性就是要求教师要找到控制点。关键注意三点：一是控制点的设置因人而异。要了解幼儿的能力水平，了解哪些联系能帮助幼儿获得知识，进而针对不同年龄、不同能力水平的幼儿设置不同的控制点。如果班里个别幼儿能力较弱，那么在美工区的涂色上，教师设置的控制点可以只要求幼儿能涂色均匀，他们参考的范画是单色涂色均匀的；如果个别幼儿能力较强，他们参考的范画就是渐变色涂色均匀的。二是控制点的设置因材而异。不同的材料有不同的控制点设置，所以教师要了解材料与材料间的关系，确定控制点在材料中最恰当的设置方法。三是控制点的设置因“成品”而异。教师要使控制点确实能引导幼儿把“半成品”变成“成品”。

(五)材料的动态性和情感性

材料本身是静态的，但如果我们能细致地考虑材料的呈现方式，就能使静态的材料呈现动态性，体现材料的高效性。

1. 材料的添加

只有新的东西才会带来新的发展、新的提高。当原有材料的目标达成后，教师可以采用添加的方法，拓展游戏的内容和目标。例如，教师在小班上学期时，在生活区投放了穿珠材料，当幼儿掌握了简单的穿线方法后，在小班下学期，教师就可以投放与之类似的穿珠材料，只是将珠子换成了水果、汽车、动物等，这就拓展了游戏的内容。

下面是一个教师通过增加游戏材料来提高游戏质量的教学案例。

教学案例

玩沙游戏

玛丽安，一位幼儿教师，在感知游戏桌上倒满了沙子，并且在沙子上放了小型的塑料铲子和容器。她觉得幼儿会用这些东西探索沙子的量，并且估计多少铲沙子能填满某一容器。"从第一天开始，幼儿在感知游戏桌玩游戏时就不太积极，但当幼儿越来越用力挖沙子时，安全问题就出现了。沙子被弄得到处都是，有的弄到了幼儿的眼睛里，有的弄到了地上，幼儿在撒了沙子的地上行走还很容易滑倒。幼儿的声调很高，挖沙子的动作很大，笑声和叫声变得歇斯底里起来。"玛丽安和她的同事尽量站在一旁提醒幼儿行动温和一些，并且向幼儿描述沙子的外观和触感，但都起不到什么作用。这样的行为每天都会发生。

教师增加游戏材料后，玛丽安和她的同事认为她们需要向幼儿清楚说明让他们挖沙玩的理由。她们去图书馆借了一些关于考古学的书。她们将这些书念给幼儿听，让他们知道人类是如何在土壤中发现动物遗体的以及这些动物遗体可以为科学家提供哪些信息，让他们了解不同历史时期地球上的生命。然后，她们将小动物和小恐龙玩具埋到沙里，鼓励幼儿小心地将它们挖出来，就像是书里的考古学家所做的那样。她们将玩沙用的铲子和容器等换成了小刷子和勺子，这样可以让幼儿更为仔细地挖沙，并且能够更多地运用小肌肉群的动作技能。一旦在沙里发现了小玩具，幼儿会将它们按照动物的类型、体格大小、生活的时代分类，并且制作表格记录自己的发现。每天都有一名教师在幼儿的"挖掘地"附近，协助幼儿对自己在沙中的发现进行分类和记录。教师增加了这一活动的复杂性，提高了幼儿在活动中认知性的参与以及体能方面的挑战，平息了幼儿过激的行为，产生了许多积极的结果。①

2. 材料的组合

区域里应随主题活动的变化而不断投放新的材料，这些材料有的是教育活动的

① [美]盖伊·格朗兰德：《发展适宜性游戏：引导幼儿向更高水平发展》，严冷译，16页，北京，北京师范大学出版社，2014。

延伸和升华，有的是根据幼儿的年龄特点和发展需求精心制作的。比如，小班“夏天来了”主题活动中，幼儿从家中带来了各种空调、电扇模型和扇子。这些材料可以投放在美工区，引导幼儿观察，并且画一画空调、电扇，可以用小手折折简单的扇子，或者制作一把扇子；可以投放在科学区，引导幼儿说一说在什么时候或者怎样使用这些电器，使用这些电器应该注意什么问题等。

3. 材料的回收

各种废旧材料都能在幼儿手中变成创意作品。用烟盒做成汽车，用饮料瓶盖做成轮胎，用纸杯做成五彩的花，用碎纸片装饰图画，用废报纸做娃娃的头发或者做成衣服、裙子，用一次性碗装饰成可爱的帽子，用橡皮泥做成糕点……这些作品都是幼儿辛勤劳动和智慧的结晶，更是幼儿自主自信的表现。如何尊重幼儿的作品，如何鼓励幼儿的创造劳动？就是将这些幼儿的作品归放于幼儿的平时生活中，为环境和区域游戏活动增添绚丽的色彩。“娃娃家”摆放幼儿做的“糕点”，美工区张贴五彩花，建构区搭建高楼大厦，为烟盒汽车做条宽宽的马路……这些都可以成为班级环境的一道道亮丽的风景线。所以，材料的回归不仅充分利用了资源，还能美化教室环境，更重要的是将环境还给幼儿，使活动延伸，给幼儿创造出更多与环境互动和交流的机会。不仅如此，为幼儿提供作品展示的平台，幼儿之间可以自发地相互学习、评价和反思，这样促进了幼儿的后续发展，使活动走向开放，而不是完结。幼儿看到自己的作品展示在区域环境中，还能满足幼儿的成就感，让幼儿从中体会到游戏的快乐，从而逐渐建立班级归属感。

三、区域活动组织与实施

活动区虽然是幼儿自由活动、自主学习的场所，但不等于教师可以放任不管。教师对活动区的活动进行积极关注、悉心指导，才能使其教育功能充分地发挥出来。从创设活动区到完全开放活动区，使幼儿达到自由选择、自主活动、自我教育的水平有一个过程，这个过程大体分为三个阶段。

（一）准备阶段

这是幼儿尚无活动区活动经验的时期。对于该阶段的幼儿来说，活动区新鲜又刺激，他们很愿意进入活动区活动，但往往不清楚该怎样做，于是，容易出现游离或不知所措的现象。所以，教师应在活动开始时，甚至是提前用一次集体教学活动或一天的教学活动向幼儿介绍各活动区的内容、材料和使用方法，帮助他们建立起活动规则，使幼儿熟悉活动区域，促进他们自主选择、自定活动计划、自觉遵守活动区规则。

介绍活动区时，通常可以采用以下做法。

第一，先介绍，后开放。介绍一个区，开放一个区，以提高活动区的功效，增强有序性。

第二，开始时最好以小组教育活动的方式进行，以保证每位幼儿都能熟悉各区的内容、材料和工具的使用方法。

第三，每天每组只介绍一个活动区。这样循序渐进地进行，有助于幼儿很好地领会和掌握。

第四，介绍的同时，就可以给幼儿提供实际练习的机会。

(二)自主阶段

这一阶段，幼儿不再按组进入活动区，而是按各自意愿有序地进入活动区。活动区不一定要一次性全部开放，教师可以结合主题活动内容和目标，开放部分活动区。在幼儿自主活动的过程中，教师的角色、工作重点、指导方法都必须做出相应的改变。其主要任务：一是观察幼儿的活动情况，根据幼儿需要及时调整活动区；二是了解幼儿的发展水平，有针对性地进行指导。可见，这两个任务的完成都必须以观察与评估为前提：一方面是对活动区设置情况的观察与评估，另一方面则是对幼儿活动状况的观察与评估。教师在区域活动中具体的观察和指导策略见本章第四节。

(三)讲评阶段

区域活动中的个体建构行为并不是孤立的，它必须依赖于环境与同伴的支持，因此，幼儿在整个活动中如何取得对更大层面上群体的了解、获得他们的认可并与之互动，交流讲评无疑起到了重要的桥梁作用。从理论上讲，讲评是为了激励，为了导向，也是为了因材施教；而在具体的实践中，则表现为师生共同参与，汇集活动信息，在共享快乐、交流经验、解决困惑中进一步引发活动兴趣。因此，它是促进幼儿个体与群体共同发展的一个良好途径，是不可忽略的重要环节。

区域活动讲评环节对教师的挑战也是巨大的。区域活动的讲评是在幼儿近一小时的个体操作活动后的集体谈话，一方面以针对个别的方法，用“迁就”幼儿的姿态，另一方面本着渗透教育目标的动机和面向全体的意图，以“集体”的形式存在的教学环节。它是教师通过对幼儿活动的观察，发现能体现自己教育目的的内容，快速地进行一定的组织后开展的。有一部分是即兴的，对教师的灵活机动性要求比较高。

因此，区域活动讲评不同于一般意义上的集体教学活动。首先，区域活动讲评的目标和内容都带有生成的和借机渗透的特征；其次，区域活动讲评中的教学设计不是根据教材和大纲进行的预先设计，而是对幼儿操作活动的反应；最后，区域活动讲评也有别于前面的区域活动，它是集体进行的，学习活动方式和幼儿的心理活动成分不同。

区域活动讲评效率可以从以下几个方面来衡量。①

---

① 田喆、朱细文：《区域活动讲评的性质与类型》，载《学前教育》，2001(10)。

1. 师幼互动的特征

区域活动讲评中的师幼互动，由于区域讲评本身的功能要求，而具有十分特殊而丰富的结构。其中常见的有如下几种。

第一，教师让其中一名幼儿向其他幼儿介绍、讲解、示范(如引进新材料和推广某些值得强化的操作方法)。

第二，教师让其中一名幼儿介绍，并以此为契机，对其中的某一问题进行展开的、主题式的讨论和交流。

第三，教师让两名以上幼儿进行合作介绍、讲解、示范。

第四，教师让多名幼儿合作介绍，并以此为契机展开讨论。

由上面的互动形式可以看出来，区域活动讲评中的师幼互动在结构上既不同于集体教学活动或主题讨论活动，也不同于区域操作活动或游戏指导活动。它的特殊性在于，它总是由以下三个必不可少的环节构成的。

第一，作为组织者、引导者、反馈者、评价者的教师。

第二，阐述操作经验的幼儿(内部暗含一个事件、一种现象、一次过程)。

第三，其他多数的幼儿——作为欣赏者、模仿者、批判者、附议者等。

整个流程的关键是被举荐或被任命上台“表演”的幼儿，以及导致该幼儿之所以被指派的某个操作现象。所以这里面互动的性质，是由教师发起的师生互动和生生互动，并且是一种有主题的、认识性而不是交往性的互动。教师对于这些事件、主题的内容和性质的恰当决策与计划，是区域活动讲评成功的关键。

2. 活动参与者的心理特征

虽然不能排除语言和表象的参与及辅助作用，但是区域活动中的个别或小组的活动主要是一种外部动作的操作活动。而区域活动讲评中的学习，就其本身而言不再是动作的操作，但是又与动作的操作直接相关。

如果没有积极的建议和批判性的反馈，没有展开的讨论，那么区域活动讲评对于被指派者而言，只是一种实物联想的有关动作记忆的练习，单纯强化了他的动作经验和操作体验罢了；对于群体多数幼儿而言，则只是机械的记忆和单纯的感知，知道了有这么一回事而已。

如果有展开的讨论，那么区域活动讲评对于任何一位幼儿都会产生多种可能的学习与发展价值：如果直接操作实物，则涉及在反思基础上对原有动作图式的改造，使它更适合于情境或客观现象；如果不仅涉及实物，还涉及其他，则意味着一种对于眼前实物的不诉诸直接动作的、内化了的表象操作。抛开动作经验，在主题事件的意义上，它对于每一位参与的幼儿而言都是一次促进语言和思维发展的活动机会。

3. 活动在整个一日活动环节中的作用

区域活动讲评对于教师的综合设计而言，无异于一个修整和“碎片整理”的时机，实则相当于各种教学活动、各种课程内容之间的一个中转站(其他讲评也是如此，如游戏讲评)。

区域活动讲评能够便于教师生成某个新的目标、介入某一学习过程，以及协调整理各种教与学的活动方式。它既是一次协调整理的总结活动，又是寻找新目标的切入点，是产生新的灵感的“良好场所”。

从这些性质特征来思考区域活动讲评的功能，可以归纳为以下三个方面。

第一，发展幼儿的语言能力、思维能力和各种认知策略。

第二，平衡教师的课程安排和教学手段，整合和协调幼儿的学习经验和活动方式。

第三，发展教师的现场设计能力和各种临场应变能力，并且反过来对于教师在区域活动环节中的表现提出反馈要求。

右边为一个幼儿园主题区域活动设计案例，请看一看，并评析此活动案例的优缺点。

教学案例

请扫描二维码来获取“大班主题区域活动‘雨’”的具体内容。

第四节　幼儿园区域活动指导

区域活动看似是幼儿的自由游戏，但实际上却离不开教师的支持和有效的指导。如果幼儿在区域活动中是完全自由的，那么幼儿实际上无法积累游戏所必需的经验，幼儿有时会感觉到在游戏中碰壁而难以前进或者不自由。[①] 因此，区域活动离不开教师必要的支持和指导。教师在区域活动时需要理解教育情境中的每一位幼儿，重视其自发性和创造性，实现和幼儿的心理沟通，与幼儿之间形成连带感。

一、区域活动中教师指导的时机策略

游戏是幼儿的工作。幼儿喜爱游戏是因为游戏本身是有趣的和有益的。游戏是一种他们可以自由地做出选择和发现新事物的活动。游戏可能是嘈杂的或安静的，混乱的或有秩序的，简单的或复杂的，需要付出努力的或容易的。无论是什么样的形式，幼儿总能从游戏中学到许多东西。

教师要关注幼儿的活动，了解当前幼儿已有的经验是什么，观察幼儿对什么感

① [日]河边贵子：《以游戏为中心的保育——从保育记录出发进行解读》，朱英福、熊芝译，5页，上海，华东师范大学出版社，2009。

兴趣，考虑应在哪些方面给予帮助和支持。尤其是在幼儿活动时，教师不能急于用自己心目中的标准去要求幼儿。幼儿在游戏中应有自由选择与自主决定的权利和可能。学会观察幼儿在游戏中的言谈举止及行为表现，学会等待，寻找适宜的介入时机，在幼儿真正需要的时候给予恰当的指导。幼儿带着自己的种种设想试验、观察，寻找答案、发现秘密。在其与同伴的交流探讨中，教师要不断地向幼儿提出新的挑战，继续引发幼儿新的思考。

在幼儿游戏的过程中，教师要重点做好两方面的工作。

第一，观察、理解幼儿的游戏。

幼儿在游戏的时候会告诉我们许多关于他们自己的信息。所以，理解他们的游戏是非常重要的，包括游戏的复杂性和意义。幼儿会做多种游戏，在探索性游戏中，他们使用材料以了解它们的性质，而不是使用它们来制作东西，如在游戏中，幼儿会挤压和连续拍打橡皮泥。建构性游戏涉及建造一些东西，如一个木头房子。角色扮演游戏是假装并扮演一些角色。大一点的幼儿还会玩规则游戏，不过在开始阶段，他们制订的规则可能会不断变化。

第二，和幼儿一起游戏。

充满热情地加入幼儿的游戏。坐到地上，爬到滑梯的顶部，把你自己“关在奇妙屋中”，被医生“打一针”，或者和其他“小猫”一起舔“牛奶”。当本能地和幼儿游戏时，大部分教师必须有意识地做出选择以便让自己变得好玩。一旦教师这样做了，他们就可以体会到和幼儿分享这种重要学习活动的极大满足感。通过成为活动的一部分，教师还可以进一步了解幼儿的想法和需要。

在教师与幼儿共同游戏时，教师要格外注意介入或干涉幼儿游戏的时机。教师可以选择以下时机适时介入幼儿游戏，给予幼儿适当的指导。

(一)将要放弃时

区域活动中，幼儿在游戏中出现了问题时，有的幼儿会利用自己已有的经验和方法来解决，有的幼儿会在同伴的帮助下来解决问题，有的幼儿在找不到解决的方法时就会放弃活动。这时教师要进行适当的指导，帮助他们解决困难和问题，提升幼儿在这方面的经验。

一位教师在反思日记中写道：“区域活动开始了，我发现微微在‘理发店’里独自一个人玩‘电吹风’。我向她走过去时，她便向我说理发店里没有生意，不想做理发师了。我说我们一起来告诉小朋友们，今天理发店大减价哦！只要来就有礼品送。随后我们一起吆喝，并赠送给每个顾客一根头绳。”

(二)发生争执时

每位幼儿都是一个独立的个体，尤其在游戏活动时，个人独特的想法得不到别人的认同时，就会发生争执。例如，一位教师在进行“宝贝天使”照相馆区域活动时，发现两个幼儿为了做摄影师争个不停，教师便请他们分别为教师拍一张照片，并请幼儿帮教师设计造型，于是两名幼儿配合得很默契。可见，只要有意识地为幼儿创造互动学习的条件和机会，幼儿就会在活动中培养友好、互助的良好品质和合作精神。

(三)有求于师时

在区域活动中，教师要经常参加幼儿的探索活动，成为幼儿探索、发现过程的目击者和共同参与者，发现他们的能力。因此，在活动中教师不是一个教导者而是一个促进者。当幼儿的游戏未能向前发展时，教师要及时提出合理化的建议，帮助幼儿更好地开展游戏。例如，在制作“灯笼”时，教师引导幼儿大胆地想象，运用多种方式进行制作，幼儿在思想碰撞的过程中思维越来越活跃，想出来的“灯笼”制作风格越来越多。随后，教师又与幼儿讨论看过的灯笼，并且商量着让幼儿回家问问爸爸妈妈，或从网上查找相关信息。

二、采用有效的指导策略，有效推动活动开展

区域活动中教师能否采用有效的指导策略，关键在于教师的观念是否发生了转变，因为观念是实践的先导，教师只有进一步树立了正确的教育观、儿童观、游戏观，并使教育观念转变为教育行为，幼儿才能真正成为游戏的主人。首先，指导的前提是要基于幼儿的生活经验及幼儿现有的发展水平。其次，根据活动的价值取向及现有水平采用不同的指导方式，只有这样才能促进幼儿能力的发展，提升幼儿的水平。

(一)巧妙运用情境性的语言，师生合作开展游戏

在区域活动的过程中，幼儿往往会产生很多困难和问题，面对这些困难和问题，教师要以活动合作者的身份加入幼儿的自选活动过程中，以施加教育影响，要和幼儿平等地对待所面临的困难和问题，但仍然由幼儿自主掌握活动的进程。合作活动方式常常运用于幼儿自选的扮演活动过程中。合作活动的关键在于把握介入游戏的契机。因此，需要更加情境性的语言，这符合幼儿的年龄特点，也在潜移默化中让幼儿自然而积极地获得成功。例如，一位教师组织“公交站台买票上车”活动时，看到班里面幼儿拥挤着去买车票，教师没有直接以局外人的身份告知幼儿买票的规则，而是将自己变为活动中的一员，挺着自己的“大肚子”说：“哎呀！碰着我的小宝宝啦！你们能不能按着顺序排队买票呀！”于是幼儿们马上排好了整齐的队伍。

(二)教师适度的等待，给予幼儿自主探索的机会

在看到幼儿出现问题时，很多教师都忍不住直接介入幼儿的活动，剥夺了幼儿自主探索的机会。其实，当教师看到幼儿出现问题时，教师不妨先观察幼儿的认知发展水平，给幼儿更多的自由空间和探究的时间，不要因急于求成而越俎代庖。对于能力发展较慢的幼儿，教师适当运用鹰架策略，即逐渐完成“我做你看—我做你帮助—你做我帮助—你做我看”的过程。

(三)有效促进师生互动、生生互动

在活动中，教师应根据幼儿的活动情况不断分析、调整和反思，善于利用与捕

捉教育机会调整幼儿的活动方式，促进全体幼儿在实践中获得发展，更好地引导幼儿在区域活动中自主探索、体验、学习和发展。具体策略如下。

1. 教师和幼儿分享控制

在支持性氛围中，分享控制意味着幼儿和教师可以轮流担任领导者和被领导者、讲话者和倾听者、老师和儿童。每个人都有机会发表自己的观点并试着做一些事情。在分享控制中，教师可以运用以下教学策略。

第一，应幼儿的要求参与他们的活动。

教师按照幼儿的提示进行游戏和交流，分享幼儿的兴趣，从幼儿想象的事情中获得乐趣，赞赏幼儿创造性的想法和行为。进入幼儿的游戏时，要接受幼儿分配的角色，并遵循他们的指导。

教师去了“娃娃家”，很多幼儿正在那里玩。幼儿甲对她说：“我是医生，现在大家都患了流感。你最好也打一针。”教师说：“医生，我有点不舒服，我应该怎么办呢?”幼儿甲回答说：“躺在垫子上，卷起你的袖子。”教师躺在了垫子上，幼儿甲把一个戴帽的彩笔当作针给她“打了一针”。

第二，向幼儿学习。

不应该把自己视为一个无所不知的权威人物，而应该把自己也当作一个学习者。有时候，幼儿有能力教我们。例如，在用电脑方面，他们比我们更好。在其他时间，幼儿也能告诉我们一些我们不知道的有关他们需要和情感的东西。通过这种方式，幼儿的成就动机得以增强。

第三，有意识地给幼儿支配权。

安排一些事情和时间让幼儿自己管理，以便他们能感觉到自己想法的力量，如给幼儿大量的时间，让他们自己创作歌曲并演唱，或者让他们轮流分发糕点或餐具等。

2. 关注幼儿的优点

在自身目标和兴趣的激发下，幼儿的学习效果最好。在教育教学中，我们不赞成“缺陷模式”，在“缺陷模式”中，成人将注意力集中于幼儿不能做什么，并试图纠正他们的缺点。幼儿感到的压力越大，他们就变得越焦虑。实际上，紧张的情绪会干扰幼儿的学习。以幼儿能做什么和他们的兴趣为出发点，幼儿的学习动机才能被真正激发起来。

教师可以通过以下策略将注意力放在幼儿的优势方面。

第一，密切关注幼儿的兴趣。

幼儿更愿意去尝试一些建立在已有知识经验基础之上的新事物。有时候我们认为幼儿在反复做相同的事情，但是如果我们仔细观察，就会发现随着时间的推移，他们在改变，或在活动中增加了一些东西。提供幼儿感兴趣的新材料和新信息，会增加额外的学习机会。

第二，从幼儿的角度看问题。

想想幼儿是怎样学习自己吃饭的。可能会有更多的食物弄到幼儿的头发上，而不是填进了他的嘴里，并且在清理东西时也会很麻烦。但是，不管怎样，幼儿对他能自己吃饭这件事非常满意。要以开放的心态来承认这个事实，并且要鼓励他做更多的独立的尝试。

第三，与幼儿的父母和其他员工分享幼儿的兴趣。

当我们和幼儿的父母或同事谈论时，我们要把注意力集中在幼儿的优势上。例如，不要抱怨“今天远远还是不和其他小朋友一起玩”，而应该谈论一下他的进步，“远远今天玩卡车时非常开心。他还给了乐乐一辆卡车，让乐乐把卡车从他搭建的车道上推下来”。如果确实出现了问题，分享重点应是幼儿真正做了什么，并和其他成人一起努力找出大家一致同意的解决办法。

第四，围绕幼儿的优势和兴趣制订计划。

因为每位幼儿的兴趣和能力都是独特的，所以将注意力放在幼儿的优势方面是进行个性化教育的主要方式。教师应该每天都记录一些幼儿所做的趣事，然后将这些观察记录用到他们每天的教学计划中。这意味着教师在教学过程中应该有意识地思考怎样促进每一位幼儿学习。同样，应该确保每位幼儿每天能在活动区域中找到他们感兴趣的东西并进行学习。

3. 和幼儿建立真实的关系

在这种环境中，真实意味着教师和幼儿的关系是真诚的。因为学习是一种社会性的活动，幼儿必须相信教师是诚实的和开明的，然后才有教和学的双向活动。因为教师和幼儿一样是独特的，每位教师都能找到自己的方法去和幼儿真诚地相处。教师可以运用下面这些策略去建立以激发幼儿学习动机为主的有效的互动关系。

第一，与幼儿分享教师的兴趣。

如果教师喜欢弹吉他和唱歌，可以让唱歌成为早上问候时间的一种惯例，这会使得一天的幼儿园生活变得轻松且充满乐趣。幼儿会把在课上所学习的歌曲教给他们的父母，并且也会经常带来一些新歌和教师分享。

第二，专心地回应幼儿的兴趣。

教师应把所有的注意力都放在幼儿的行为和语言上。幼儿能感觉到教师的心不在焉，或者仅仅是做出听和看的姿势。相比之下，当教师渴望分享幼儿的快乐时，他会传递出这样一种信息：活动和学习是重要的。

第三，给每位幼儿具体的反馈。

概括化的陈述表明教师并没有注意此时此刻在幼儿身上发生了什么，或者教师没有考虑幼儿做的哪些事情是重要的。相比之下，具体的评论表明教师的注意力是集中在幼儿身上的，并且参与了幼儿的活动，同时也肯定了他做出的成绩。假如幼儿给你一幅画，你没对色彩做模糊的评论，而是说：“你在上面画了个很宽的红条，下面画了两个小的绿条。在这个角落里，我看到你还运用了蓝色和黄色。”后者产生的效果会更好。

第四，诚实地提出问题并回答。

一个诚实的问题是发问者也不知道答案的问题。多数情况下，教师会问封闭式的问题，幼儿为这些问题寻找“正确答案”。相比之下，开放式问题有很多种可能的答案。所以教师应该问一些幼儿真正想知道答案的问题，也应该认真地回答幼儿的问题。

下面是一些诚实的问题。

“你是怎样把这块积木稳稳地放在木桩的顶部的？”

“你用什么材料做火箭飞船啊？”

下面是一些诚实回答幼儿问题的例子。

当幼儿问明天是否外出远足时，教师说：“我们今天晚上才能知道天气预报，要是下大雨就不去了。”

第五，限制问题。

除了对提问类型有所选择外，实践者和研究者都认为应该限制问题的数量。当教师问很多问题以至于幼儿感觉他们是在被盘问时，幼儿可能会完全停止讲话。当你和幼儿交谈时，最好做出一些评论，就像你很自然地和另外一个成人交谈。为了取得好的交流结果，有一位高宽课程的教师为幼儿家长示范了这种提问方式，并且取得了好的效果。

4. 运用鼓励而不是赞扬

许多教师运用赞扬，因为他们认为这有助于幼儿对自身乃至工作建立起自信。他们也可能把赞扬当作一种行为管理手段，帮助幼儿平静下来，并且使幼儿表现得像“好孩子”一样。

然而，研究表明，赞扬是有害的。① 当成人运用赞扬时，幼儿学会了依靠成人来判断对错，而不是运用自己的能力来判断是非。使用赞扬同样会使幼儿为了获得外部奖励而好好表现，而不是出于自我奖励而欣然学习。幼儿可能会变得害怕去尝试新事物，因为他们担心得不到别人的赞扬，或者更糟糕——受到批评。有些幼儿甚至会把不赞扬视为批评。

我们支持教师运用鼓励的方法而不是赞扬的方法。通过鼓励儿童，教师认可他们的努力和成绩。鼓励的关键是幼儿的行为和他们学到了什么，而不是幼儿是否会让教师满意。试着运用以下策略来鼓励幼儿，而不是赞扬他们。

第一，参与幼儿的游戏。

参与幼儿的游戏是一种鼓励形式，因为它让幼儿感到他们的活动和想法是重要的和有意义的。这样也提供了机会让教师来为幼儿引进新经验，扩展幼儿的知识和技能。思考下面的例子。

教师坐在活动室的桌子旁，许多幼儿在那儿玩“饭店”的游戏。教师问菜单上有什么，

---

① ［美］安·S. 爱泼斯坦：《学前教育中的主动学习精要》，霍力岩等译，55页，北京，教育科学出版社，2012。

幼儿回答道："我们做汤。"教师说她想要一个"西红柿米饭汤"。幼儿就放了一些红色的积木和泡沫小球在锅里，搅拌了一下，然后盛在碗里。教师说她还想要些饼干泡在她的汤里吃，于是一位幼儿剪了一些美术纸片作为饼干给了她。一会儿，其他幼儿也坐到了桌子旁，开始要各种各样的汤，包括"巨兽汤"和"巧克力花生彩笔汤"。"厨师们"从教室的各个地方找材料来满足"顾客"的要求。角色游戏一直持续到第二天。饭店里坐满了"顾客"，一位幼儿决定记下他们的要求，并请教师帮助记录每个人点的汤和价钱。

在这个例子中，如果教师在她第一次去吃饭时就说"喔，你们做的汤味道很美啊"，游戏就可能不会有如此多的创造性发展方向了，也不会继续进行甚至持续到第二天了。通过完全进入幼儿游戏，教师启迪幼儿去解决问题，让其他人参与到角色游戏中，创造了一个学习语言和数学技能的机会。

第二，鼓励幼儿描述他们的努力、想法和成果。

不要告诉幼儿他们做了一件好事或是做了漂亮的东西，而应该给他们具体的建议，鼓励他们讨论做了什么、是怎样做的以及具体的过程，这些对他们是重要的。注意力要集中在幼儿的行动上，而不是结果上。比如，不是对幼儿说"那幅画很可爱"，而是指着画说，"我想知道你是怎么在这个角落画出这么多彩色线条的"。这样的陈述表明你是感兴趣的，并能鼓励幼儿思考和描述他所做的事情。这样会促成一次关于该活动的自然的交流，也能帮助教师和幼儿建立一种真实的师生关系。

第三，重复和重述幼儿的话。

通过重复和重述幼儿的话，教师可以让幼儿知道你是真的在听他们说话，并且你认可他们的活动和努力。这个策略能帮助教师明白幼儿所说的话，为幼儿创造学习新词汇的机会，改正或示范幼儿正在学习的单词的发音，也能避免教师问太多的问题。思考下面的例子。

幼儿在"娃娃家"进行角色游戏，她说："我需要 niǎng（两）个奶瓶。"教师问幼儿："你需要 liǎng(两)个奶瓶是吗?"幼儿说："对的，liǎng(两)个。"教师没有直接纠正幼儿不正确的发音，而是在游戏中通过自然对话示范了正确的发音，并检验了幼儿的发音。

三、区域活动中教师的观察

区域活动的观察、评估和指导是一种富有创造性的工作，在实际操作中，需要教师具备敏锐的观察能力、决策能力和随机应变能力，适时适宜地介入幼儿的活动，使区域活动真正成为幼儿自主探索的学习活动。

教师在区域活动过程中的观察主要有两个方面。一是对活动区的观察与评估，主要对象包括各个活动区的使用频率、活动材料的数量和难易程度、幼儿间的冲突与环境的关系、事故与环境的关系。二是对幼儿的观察与评估，主要对象包括幼儿的兴趣、活动参与情况、社会交往水平、认知发展水平、遵守规则的情况。

观察是活动准备工作的基础，是介入幼儿游戏的前提。在区域活动开展过程中，教师需要掌握一定的观察策略。

(一)观察从材料出发

一种新材料的投入前期，最为关注的就是这一材料是如何引发幼儿的兴趣的，寻找到幼儿与材料两者之间的兴趣碰撞点。观察到的材料能与幼儿良好互动，能让大部分幼儿参与其中，这就是适宜的材料。

(二)观察从幼儿出发

1. 制订观察要点，明确观察方向

观察要将全班幼儿与个别幼儿相结合进行综合观察，同时可在某一区域中对某一材料进行定点观察。例如，观察幼儿行为发生的背景，观察、倾听幼儿的兴趣和需要，观察、倾听幼儿的情绪情感，观察、倾听幼儿的发现……

有了这些观察的方向，能够让教师把握整体，有目的地进行观察，从而及时地获得第一手资料，并从中分析产生的原因，及时做出调整。强化发现问题、分析问题、解决问题之间的成效，使幼儿在一个高效、互动的环境中得到最大化的发展。

2. 落实观察目标，推进观察进程

教师的观察直接影响着教师的思考和分析。利用观察资料，根据观察内容，对幼儿行为的性质做出正确判断，得出结论，并对幼儿出现的行为的原因进行分析，以此能够横向和纵向地进行观察、比较和分析。例如，在区域活动开展中，材料与幼儿的“合作互动”中往往会出现很多教师没有预料到的情况，如材料不合适、材料缺失等情况，这时我们可以从幼儿的行为表现上进行分析观察。针对幼儿不同的行为表现分析材料可能出现的不同状况，寻找对策，有针对性、合理地进行调整，以此来推动区域活动顺利开展。

第五节　高质量区域学习环境创设的实践困惑和原则

区域环境创设与指导包括空间物理环境和社会情境的创设与指导。这两个维度要求教师既要思考区域静态环境的支持策略，还要学会如何提供区域活动时动态的社会情境的创设策略。实践中，很多教师在这两方面存在困惑，或遇到过很多障碍，本节内容将针对当前我国幼儿园教师在设计和指导区域活动中存在的疑难问题进行梳理和反思。

一、区域活动中物理环境创设的实践困惑和原则

困惑一：区域活动中，幼儿能否自由“走区”或“跨区”活动？

原则 1：考虑良好的“交通”流动情况和活动地点从一个区域向另一个区域的灵活、不受制约的变化

建构性课堂的重要特征之一就是不用要求幼儿，他们有自由选择和从一个区域到另一个区域活动的能力。在理想的课堂上，如同我们后面将描述的，教室的物理

空间允许幼儿将一个区域的要素融合进另一个区域中；因此在设计教室时，我们必须考虑如何使这种流动成为事实。同样也要从幼儿的角度考虑这个问题——有时候对于成人来说很明显的一条通道，而对于一个不足一米高的幼儿来说却是根本行不通的。

重要的是，教室中"交通"的流动不能破坏正在进行的活动，这对于任何班级也都适用。例如，一条宽阔的通道不应该侵占积木区。这在一个建构性的班级中也是尤其重要的。为什么呢？因为当"交通"流动破坏了活动时，就会发生冲突，而这种冲突常常被成人所监管。既然我们的目标是让幼儿自己处理问题，我们就希望减少不必要的冲突，也减少成人不必要的干涉。

在计划"交通"流动时还需要考虑到有特殊需要的幼儿。例如，一个坐轮椅的幼儿和其他幼儿有权利使用同样的实验材料。因此，对于坐在轮椅中的幼儿，他们开展活动时，教师需要考虑到诸如轮椅的宽度、转动范围及高度这些问题。有神经损伤或者情感问题的幼儿在识别"交通"流动的通道时也会有困难，他们可以从地板的彩带中得到帮助，这些彩带能指定从一个区域到另一个区域的路径。

困惑二：区域空间创设好后，应该固定吗？

原则 2：在使用物理空间时尽可能考虑到灵活性

不管你用什么材料，都应让它灵活地适用于一些不同的用途，使它可移动并且可变化。因为建构性的课堂将对幼儿正在做的事情做出回应，因此很难准确预测在特定的时间里教师会需要什么。所以所有的物品必须是可变化的，从而能够对教师和幼儿改变了的需要做出回应。

例如，可以将戏剧游戏区域与班级中的其他区域用一个间隔物分开。这就提供了使用空间的灵活性，因为房间的间隔物是可移动的。因此戏剧游戏区在需要时就能够根据不同的戏剧类型在不同的时间变大或者变小。在一段时间内，戏剧游戏区可能是一个运输区，需要相当大的空间安排加油站、修理区，以及穿插于其中的银行；在另一段时间内，当戏剧游戏区是一个饭馆时，它就可能需要更小一些、更舒适一些。

如果墙的数量少，且房间分隔物可移动，房间的某些部分可以移来移去，那么就能够提高物理环境的灵活性。例如，大的油毯粘贴在工业地毯上面制成的厚平板就能够在需要时拿起来移动到任何地方。

记住，这些原则只是目标——在特定的环境限制下可能无法达到。但是即使是最受局限的房间也有一些地板空间是可以利用的，你会为孩子们的放松和高兴而感到吃惊，即使是那些已经习惯了整天坐在桌子旁的二年级学生也可以在地板上学习。环顾你的教室寻找任何适用于建构性活动的地方并尽量灵活地使用它们！

困惑三：集体教学活动区和区域空间能否同时段利用？

原则 3：在使用设备时要体现灵活性

灵活性的原则对于教室里的各种设备而言也是非常重要的，但有独立课桌椅的教室很少提供使用这些物品的空间。更糟糕的是，我们还发现一些教室里的桌椅是固定在地面上的，还有个别的班级里摆着一些大桌子，尤其是那种特别大的桌子，不具有多种用途。

在学前班中经常会看到一种大的、圆形的或者长方形的桌子。这种桌子大约可以坐六个孩子，他们通常在桌子上完成活动，因此桌上就有六个单独的部分或者装置，如一小团游戏用的生面团、一些工具、智力测验玩具等，这些都放在桌子的各个位置上。这种桌子本身非常宽阔，幼儿在桌面上很难发生互动。因此，大的桌子适宜个体性的活动，常常是那种平行性的游戏，幼儿之间的互动只能在相邻的两个人之间发生。大规模的合作或者联合的活动很少能在那样的桌子上看到。

那种小一些的、能坐不超过四个孩子的桌子，或没有桌子的教室环境对于本书所描述的这类活动可能更好。在需要固体表面或者需要绘画空间的情况下，那种可以堆起来或者扔掉的纤维板片就可以放在铺好的地面上使用。

在选择教室的设备时，多功能性是一个重要因素。例如，在戏剧游戏区里可以使用木头的玩具炉子和冰箱，可以选择两个大木头箱子，它们不仅能够代替炉子和冰箱，还可以在想象性游戏中有许多其他用途。用小长凳代替椅子也适合其他用途(能用作架子或者小桌子)。以不同方式组合的物品在建构性的课堂中尤其具有一定价值。

困惑四：能否跨区域使用物品或材料？

原则 4：学习区域间的互惠要能够推动幼儿创造性地解决问题

互惠——被定义为“相互依赖、相互作用或相互影响”——在这里是指鼓励跨区域之间物品和材料的使用。尽管我们鼓励互惠，但仍旧也要考虑到一些合理的限制，如不能允许幼儿往书本上涂抹。互惠原则只能部分地决定如何使幼儿适应班级，哪些是允许的、为什么是允许的，以及如何安排物理空间并使材料可利用。

总之，我们认为互惠原则在合理的地方应该得到最大化，也应该以多种方式来刺激和鼓励互惠。为什么这么说呢？因为互惠原则是一种能够促进幼儿自主解决问题的方式。

他山之石

一位美国教师的观察记录①

5 岁的珍妮弗用手沿着一个长的滑轮移动一个弹子。几分钟以后，她使滑轮的

① [美]克里斯汀·夏洛、劳拉·布里坦：《儿童像科学家一样——儿童科学教育的建构主义方法》，高潇怡等译，99 页，北京，北京师范大学出版社，2006。

一端倾斜，将弹子放到顶端并让它滚下来。这么做的时候，她试图在弹子滚动时使弹子停留在滑轮上。但是每次弹子都从滑轮边上掉下来。珍妮弗又拿来两个长的滑轮，想要把它们与另一个结合在一起以给弹子组成一个槽。由于她既没能设法把它们弄在一起又不能找回弹子，所以她停止了自己的实验，去了另外一个学习区。

现在想象珍妮弗来到另外一个鼓励互惠的环境中。

这一次，因为没办法做一个槽，所以不能滚动弹子，珍妮弗来到了图书区并拿回一些枕垫。她用这些枕垫支撑住长的滑轮使滚木槽能够不用依靠支撑物。但是，当她去取弹子的时候，她突然撞到了枕垫，滑轮就分开了，弹落下来发出噼啪声。旁边已经搭建了一个木塔的博比停下来看着这一切。了解了所发生的事情后，他去拿了一些胶带，并递给珍妮弗说："你可以把它粘上。"博比和珍妮弗两个人一起把滑轮粘在一起使木槽很稳固。他们沿着木槽滚下弹子，这样玩了几分钟，接着他们决定扩展他们的计划，在滑轮区周围组成一些木槽。由于整理时间到了，珍妮弗跑到书写桌上拿回一些纸板、钢笔和棒冰棍子。珍妮弗和博比两个人一起做记号并把它们固定在滑轮上。标记上写着："请不要动它们。(PLEZ Du NT MVE.)"

由于第二种环境适合幼儿的探究需要，珍妮弗和博比能够一起按照他们的想法进行操作，并且能够把他们的探究扩展到包括语言在内的其他领域。

二、区域活动中社会情境创设的实践困惑和原则

困惑一：是否允许有"噪声"和"骚动"？

原则1：应该允许有合理的"噪声"和"骚动"

创设建构主义社会情境的第一步是允许课堂中发生合理的"噪声"和"骚动"。对一些教师而言，这是非常困难的。在某些课堂中，幼儿被明确地要求现在"可以"或者"不可以"说话。而在一些课堂中，幼儿没有直接指向问题答案的语言会被认为是他们"分心"的表现。

而兴奋的、真正投入活动中去的幼儿往往是多话且主动的。当幼儿与他人交往时，他们通常会有很多语言，有时候甚至会很大声地交谈，在教室里叫喊，打断对方的活动，互相争辩、讨论。他们经常会从教室的一个位置迅速地换到另一个位置，在教室里跑来跑去找他们需要的材料。如果教师限制幼儿的这些交往活动，幼儿便很难在活动过程中主动进行行为的自我监控。

如果幼儿产生了交往行为，那么教师就要允许幼儿发出合理的"噪声"。通常情况下，这些噪声并不会影响他人，也并不具有伤害性。当然，对于那些具有破坏性的且真正影响到了他人的噪声或行为，教师还是应该限制的。

但是，我们还需要仔细分析这种噪声对他人的干扰是如何造成的。有时候，物理空间布置得不合理会导致不合理的噪声出现和幼儿出现骚动。例如，教室中专供幼儿开展剧烈游戏的区域不应该和安静的图书区直接相邻，否则，图书区里的幼儿

肯定会受到干扰。作为教师，必须能够做一些合理的布置，这样在某种情况下可能不合理的噪声在另一些情况下会变得合理；也可以对幼儿不合理的噪声和活动做一些引导。如果幼儿在玩游戏的时候大声尖叫，使整个教室都充满了噪声，也影响了其他人活动的展开，教师就需要建议幼儿到户外或其他单独的房间进行他们的游戏活动，以避免影响到他人。

如果幼儿自发地、积极主动地投入某项活动中，无论他们是否被要求要安静、专心地完成，他们都有可能对他人造成干扰。但是，教师不能让一大组幼儿都进行一项单调的活动，比如一部分幼儿在看书的时候，而在教室的另一角落其他幼儿却发出激动的声音。有时候，幼儿分心恰恰可以告诉教师，他们找不到他们正在进行的活动的挑战点和兴奋点，或者说，他们根本不觉得活动是有趣的。

困惑二：区域活动应该尊重幼儿“各玩各的”，还是鼓励社会交往?

原则 2：教师设计和提供的区域活动直接影响幼儿社会交往的性质和程度

鼓励幼儿社会交往的关键是要提供一些幼儿独自完成时有一定难度，或没有什么乐趣的活动或材料。积木，是幼儿既可以独自玩也可以与他人一起玩的玩具，它有助于鼓励幼儿的社会交往。而其他的大型的建构性游戏、假装游戏，还有一些诸如滑车和杠杆这些要求两到三个幼儿一起玩的大型玩具，要求幼儿搬运材料的活动都有助于鼓励幼儿产生社会交往。

有时候，缺乏足够的材料能够鼓励幼儿在一起合作。例如，如果教室里车轮数量有限，可以鼓励幼儿一起来完成拼插自行车的活动；又如，水池边只有一个水杯可能要比放置多个水杯好，因为这样可以鼓励幼儿合作和分享。

可以设计整合的活动来要求或鼓励幼儿进行社会交往。让我们继续把例子延伸一下，教师可以向幼儿提供很长的水管和通道，让幼儿尝试运水。但是长水管不是一位幼儿单独就能够放置好的，这样孩子们就会迅速集合到一起共同来运水。同样，装配一个悬浮的滑车也需要两个人一起进行，一个人放置下端的材料，另一个人放置上端的材料。教师放置这些材料的方式可能会影响幼儿决定是单独还是大家合作来完成某项活动。把材料放在桌子的中间，显然意味着幼儿可以共同分享这些材料，讨论如何应用这些材料，并关注其他人的活动。

需要注意的是：我们并不是说幼儿的独自游戏是消极的。幼儿在活动中有独自操作的机会同样非常重要。教师所提供的大多数活动应该能够整合幼儿的独自游戏和合作游戏过程。但是，我们的经验是，很多课堂低估了幼儿的社会交往，甚至因为向幼儿提供了过多的材料或未向幼儿提供必然引起他们合作行为的活动，而完全忽视了幼儿社会交往的作用。

困惑三：如何合理干预幼儿活动，促进其自主建构式的学习?

原则 3：设计良好的物理和人际环境有助于鼓励幼儿的自我导向行为

无论幼儿是独自操作材料还是与他人发生了社会交往，在一个建构主义的学习环境中，自我导向行为都是至关重要的组成部分。具有自我导向行为的幼儿应该拥有足够的资源和能力来引导他们自己的行为；他们不会依赖他人告诉他们该做什么、怎么做或者不要做什么。自我导向行为是基于幼儿的视角而创设的学习环境的产物。自我导向行为同样是幼儿社会化的产物，它告诉幼儿他们能够为自己的行为做决定。幼儿需要榜样、策略和鼓励，来帮助他们发展自我导向行为。在建构主义的课堂中，自我导向行为的社会化应该受到重视，它从多个角度反映了课堂环境。

他山之石

关于沉浮的探究

五名没有学过识字的幼儿和一位教师围着一张桌子坐在一起。每个位子上都有一张纸，上面写了一些语句，还画着各种各样的物体。纸上留着一些空间，让幼儿选择这些物体到底是会“沉下去”还是会“浮起来”。桌上还有专门的图片，画着代表“沉下去”或“浮起来”的符号，可以用来作答。桌子的中间，是一个装满水的盆子。盆子的旁边放了各种各样纸上画的物体：一块石头、一个软木塞、四个大塑料球、一个大头钉，还有一个棉球。教师手里拿了五根铅笔，等所有幼儿的注意力都集中到她身上时，才开始把铅笔发给每位幼儿。教师解释说，每个人都有机会把一个物体放到水里，所有的人都要在他们自己的纸上标出这个物体到底是会下沉还是会漂浮在水上。当第一个孩子玛丽把石头放到水里以后，孩子们就开始坐立不安了。科里是第二个尝试的孩子，他想把大头针放在石头上再放到水里去。但是教师重复强调，他们每次只能把一件物体放到水里去。科里只好毫无热情地把大头针放到了水里。①

困惑四：创设何种班级文化能够发展幼儿社会性问题解决的能力？

原则 4：对于班级文化持尊重和鼓励的态度有助于发展幼儿社会性问题解决的能力

本书中介绍的绝大多数课程内容都聚焦于幼儿的问题解决行为。问题解决是幼儿在生活中会自发遇到的，也是教师会在活动或材料中强调的内容。因为我们认为幼儿能够从他们的教育经验中获得的绝大部分内容都是有助于支持和鼓励他们进行问题解决的工具或材料。在幼儿将来所要生活的世界里，他们可能会碰到我们今天所没有遇到的，甚至难以想象的问题。因此，一个聪明的人应该能够为他所没有经历过的问题或情境找到适宜的解决办法。按照皮亚杰的定义，智力实际就是一种适应能力。

这个道理无论是对于幼儿在物理世界中碰到的问题，还是对于他们在人际社会中所碰到的问题来说都是适宜的。因此，教育经验所能给予幼儿的一个重要内容是处理不可避免及不可预测的社会问题的方法，以及如何在一个支持性的环境中运用这些方法。幼儿必须通过他们的社会经验建构起这些方法，就像他们建构他们各种类型的知

---

① [美]Warren R. Bentzen:《观察儿童——儿童行为观察记录指南》，于开莲、王银玲译，153 页，北京，人民教育出版社，2009。

识一样。但是，我们并不要求他们以牺牲其他学习内容为代价而建构起这些方法。

因此，有助于社会性问题解决的社会环境应该是建构主义课堂的重要组成部分。通过创设包括幼儿可能会遇见的冲突，以及能够以无伤害的方式解决这些冲突的社会情境，能够为促进积极、创造性的社会交往扫清障碍，这对于幼儿的概念产生和改变都是必要的。

广义上说，有很多种方法可以做到这一点。一种方法是创设一个公平、合理的环境——在这样的课堂中，教师要清晰地向学生解释必要的课堂规则。为了做到这一点，教师要做的第一步是要问自己："为什么要制订这样一条规则？对于我所面对的年龄段的孩子来说，这些规则是合理和现实的期望吗？"例如，期望学龄前的幼儿在教室里走动是非常现实的。但是，允许幼儿在多个教室里活动就是一个不合理的规则，因为幼儿可能会滑倒、撞到物品，还可能与其他幼儿相撞。因此，"只能在教室里走动"是一个合理的规则。接下来，教师必须让幼儿明确这些规则，并帮助他们理解制订这些规则的原因。这可以通过幼儿自发的以及教师计划的讨论进行。一个适宜的问题比单纯的陈述更有助于帮助幼儿加深对规则的理解。例如，教师可能会制止幼儿在教室里跑动，这时候教师可以指着桌角，问幼儿："如果你跑的时候磕到了桌子会怎么样？"小组讨论的时候，幼儿喜欢与教师在一张大纸上讨论"规则"，需要的时候，可以把这些规则张贴出来，用于进一步的说明和引用。

另一种创设建构主义社交情境的方法是积极的干预——更多的时候称之为"指导"而不是原则。不要错过任何一个利用幼儿之间冲突开展教育活动的机会——帮助幼儿学会如何处理冲突。幼儿，尤其是年纪小的幼儿，可能需要教师介入幼儿之间的冲突，并为他们解决这些问题提供支持。而年纪较大的幼儿，无论是在家里还是在教育机构里，可能同样没有通过运用语言或者解释感受解决问题的经验。因此，不要期望他们仅仅通过交往就能够学会问题解决的方法；我们需要为他们学习如何处理冲突提供支持。同样，教师可以从中发现哪些幼儿拥有帮助他人的能力，而哪些幼儿没有。

在幼儿早期，或某一特定问题发生的时候，让整个小组成员都一起思考某个问题和解决问题的方法是非常有效的。一个很好的方法是让玩偶重演冲突产生的过程。幼儿通过讨论玩偶应该采取的行为，逐步了解不同行为反应造成的可能后果。这个方法之所以有效是因为问题解决的策略不是仅仅来自成人，同样也来自幼儿。

创设一个合理而又公平的环境的另一个重要方法是成人的示范。通过成人和幼儿之间的交往活动，成人告诉幼儿他们同样会面临困难，需要找到方法去解决这些难题。他们也可以告诉幼儿，不知道该做什么是很正常的事情，可以把他人的经验作为自己解决问题的资源，这样我们就会发现结果的多种可能性。成人可以很大程度上通过与幼儿交流，分享他们的想法、观点和预测的结果，继而告诉幼儿尊重他人并聆听他人想法的重要性。示范是向幼儿说明(而不是告知)处理矛盾、冲突或不确定问题时其他可能方法的有效工具。在第四章中，我们将会进一步讨论与幼儿交谈、提问的具体方式，这与成人的示范应该是一致的。现在，我们先来看一个关于成人如何与一位处于冲突情境中的幼儿进行交往的例子。

他山之石

积木区的冲突

假设一群四岁幼儿发生了冲突。威利和马克正在积木区用大块的、交叉式的积木搭建一个城堡。一直在旁边看着他们的凯茜，想要和他们一起搭。为了和他们一起玩，凯茜到积木区做了一个标志，并把标志放到了城堡的旁边。威利误解了凯茜的意图，大声地喊道："嘿，不要破坏我们的城堡!"接着，他踩到凯茜的标志上。凯茜也因为威利的误解而非常生气，到积木区把城堡的一面城墙推翻了。马克动手推了凯茜。教师看到了这场冲突的最后一幕，过来对三位幼儿说："看起来我们需要谈一谈。"凯茜捂上了耳朵，想要走开。"凯茜，你这么做让我很伤心。我们要好好地交流一下，听听大家的想法。"教师继续说，"让我们一起来看看上周小组活动的时候一起画的图表。"幼儿和教师一起过去看张贴的规则说明。规则说明的标题是"别人对你不友好时的解决办法"，威利还记得图表的含义，说："要用你的语言，而不是你的身体。"教师转而对凯茜说："凯茜，你能告诉马克他推你时你的感受吗?""我觉得我都要疯了。"凯茜回答说。马克说："但是你把我们的城堡弄塌了，我们也被你气疯了。"凯茜接着解释说："是的，但是你把我的标志弄坏了。"接着，教师通过让每位幼儿都表达他们的感受，讲述让他们气愤的原因，并一起决定他们刚才可以用怎样的语言来解决问题，从而帮助幼儿进一步展开讨论。

在接下来的小组时间里，教师用玩偶重演了刚才破坏城堡的那一幕。很明显，教师的目的是鼓励幼儿讲授别人踩坏了自己的标志或者破坏了自己的建筑时的感受。加勒特非常激动地跳起来说："我知道，我来举一个例子。"他跑过去拿了一张纸，在上面画了一个标志，接着把它弄成一团。加勒特接着问其他孩子："这就是刚才发生的事情。如果这是你的纸，你会怎么想?"

这位教师能够承认幼儿的感受，鼓励他们说出自己的想法，并将这些问题与幼儿遵守的规则联系起来。①

总之，教师在重视课堂的物理环境的同时，也应重视人际环境。教师指导的方法、班级文化和崇尚的社会交往的本质都是幼儿进行探索和问题解决的学习环境的重要组成部分。(表 **3.1**)

---

① [美]阿林·普拉特·普莱瑞:《幼儿园科学探究教学——科学、数学与技术的融合》，霍力岩等译，101 页，北京，教育科学出版社，2009。

表 3.1　幼儿园区域游戏活动评价指标

<table>
<tr><th rowspan="2">一级指标</th><th rowspan="2">二级指标</th><th rowspan="2">三级指标</th><th colspan="3">评价等级</th><th rowspan="2">备注</th></tr>
<tr><th>A 符合</th><th>B 较符合</th><th>C 不符合</th></tr>
<tr><td rowspan="22">区域游戏活动</td><td rowspan="5">1. 区域活动空间场地、时间安排</td><td>活动区类型多样，涉及五大领域课程的整体性目标</td><td></td><td></td><td></td><td></td></tr>
<tr><td>活动区数量充足，基本满足全体幼儿的兴趣与需求</td><td></td><td></td><td></td><td></td></tr>
<tr><td>有明显的交通要道便于全班幼儿互动交往</td><td></td><td></td><td></td><td></td></tr>
<tr><td>无教师观察上的死角</td><td></td><td></td><td></td><td></td></tr>
<tr><td>幼儿进入区域后的游戏时间不低于半小时</td><td></td><td></td><td></td><td></td></tr>
<tr><td rowspan="5">2. 区域活动材料投放</td><td>材料与物品丰富多样，具有层次性、可操作性</td><td></td><td></td><td></td><td></td></tr>
<tr><td>材料具有对幼儿活动的暗示性，能物化教育目标</td><td></td><td></td><td></td><td></td></tr>
<tr><td>充分利用废旧物品及乡土资源</td><td></td><td></td><td></td><td></td></tr>
<tr><td>针对幼儿实际需求进行及时调整更换</td><td></td><td></td><td></td><td></td></tr>
<tr><td>材料摆放有序，便于幼儿取放</td><td></td><td></td><td></td><td></td></tr>
<tr><td rowspan="3">3. 区域活动设施安全、卫生</td><td>区域内设备及材料与室内空间大小相匹配</td><td></td><td></td><td></td><td></td></tr>
<tr><td>区域的性质与其所处的位置相匹配</td><td></td><td></td><td></td><td></td></tr>
<tr><td>区域内没有锐利、有毒、易破碎、易对幼儿造成身体伤害的物品</td><td></td><td></td><td></td><td></td></tr>
<tr><td rowspan="3">4. 区域活动前的准备</td><td>引导幼儿熟悉所有活动区的材料及功能</td><td></td><td></td><td></td><td></td></tr>
<tr><td>引导幼儿共同制订和理解活动区的基本行为规则</td><td></td><td></td><td></td><td></td></tr>
<tr><td>使用灵活多样的方法鼓励并尊重幼儿自主选择区域，必要的时候进行适当引导</td><td></td><td></td><td></td><td></td></tr>
<tr><td rowspan="4">5. 游戏过程中教师的观察与指导</td><td>教师有重点地观察幼儿的区域游戏，并能兼顾其他幼儿的游戏活动</td><td></td><td></td><td></td><td></td></tr>
<tr><td>在对幼儿观察的基础上进行介入和指导</td><td></td><td></td><td></td><td></td></tr>
<tr><td>引导幼儿专注、持续的活动，培养幼儿良好的活动习惯和心理品质</td><td></td><td></td><td></td><td></td></tr>
<tr><td>对幼儿区域活动中的游戏表现能在当天及时记录、分析、反思并依此对游戏进行调整</td><td></td><td></td><td></td><td></td></tr>
</table>

续表

一级指标	二级指标	三级指标	评价等级			备注
			A 符合	B 较符合	C 不符合	
区域游戏活动	6. 区域活动后的讨论与分享	在幼儿整理完游戏材料后设有讨论与分享环节				
		幼儿是讨论分享环节的主人，教师要多问几个“为什么”，不要急于将问题的答案或方法直接告诉幼儿				
		形式上忌教师“一言堂”，少一些面面俱到的总结概括，而以解决问题和分享经验为主要形式				
		讨论与分析的目的在于整理和提升幼儿的已有经验，并使幼儿在同伴中乐于分享自己的经验				
	7. 幼儿游戏表现	幼儿能自主选择活动区域，情绪愉快地参与到所选活动中				
		幼儿能够独立或者与同伴共同努力探究活动，遇到问题愿意运用多种方法尝试解决，具有一定的坚持性				
		活动结束能自觉或在提醒下将材料正确归位，并乐于分享自己的游戏经验				

本章小结

区域活动是20世纪70年代，从美国引入中国学前教育界的新名词，对我国产生了较大影响。区域活动即教师根据幼儿的发展现状和发展目标，创设丰富有趣的、多样的学习环境(活动区)，提供有深度有层次的活动材料，幼儿根据自己的兴趣和能力，自愿地选择活动材料，在环境中有效、系统地进行活动，从而得到全面发展。

现阶段幼儿园室内环境设计中有多种多样的区域，大致有以下三种类型：一是常规区域，如美工区、表演区、角色区(如娃娃家、理发店、超市、商店、医院、餐馆)、益智区、语言区、科学区等；二是特色区域，体现地域特色或园本、班本特色的活动区域；三是主题区域，伴随主题教学活动的开展，主题目标、主题活动内容物化在区域材料当中，引导幼儿在区域的自主活动中实现主题目标。

来自各种各样不同家庭的幼儿差异性很大，采用集体教学，无法满足每位幼儿的要求，而幼儿自选的活动会更接近个体的水平和兴趣，能够让每一位幼儿选择适合自己的学习水平开始学习，并以适合自己的节奏和方式学习，因此区域活动能有效地缓解个体学习差异的问题。另外，幼儿阶段的学习更多的是采用模仿性学习、感官学习，多样化的区域活动能为幼儿提供一手经验。

作为教师，在设计区域环境时首先要做的就是合理布局区域环境。第一步，确定集体教学空间和区域创设的空间；第二步，确定各个活动区的空间位置；第三步，确定各个活动区的空间面积和隔断高度；第四步，根据幼儿年龄特征逐一布置各个活动区，设计区域的内部环境，避免出现各种安全隐患，材料呈现要便于幼儿接近。

虽然区域活动以幼儿自由选择和操作为主，但也离不开教师精心的设计，教师需要根据主题活动目标，预设区域活动的目标和内容，为活动创设相应的情境和材料，预设活动的过程，这样才有可能保障区域活动有效的开展。

区域教学活动组织与实施通常经历三个阶段，即准备阶段、自主阶段和讲评阶段。在开展区域活动之前引导幼儿关注区域环境和材料，做好活动的心理准备和经验准备，活动过程中，教师要把握好指导和干预的时机，发展幼儿自主解决问题的能力。同时，教师要合理展开师幼互动行为，有效推动活动的开展。值得关注的是，在活动过程中，教师还要不断观察和记录幼儿在活动时的各类行为表现和区域材料与幼儿互动质量等问题，并进行科学分析，为后续开展提供依据。

实践中，教师对创设高质量区域学习环境还存在很多困惑，主要包括区域活动过程中，幼儿能否自由“走区”或“跨区”活动？区域空间创设好后，应该固定吗？集体教学活动区和区域空间能否同时段利用？能否跨区域使用物品或材料？是否允许有“噪音”和“骚乱”？区域活动应该尊重幼儿“各玩各的”，还是鼓励社会交往？如何合理干预幼儿活动，促进其自主建构式的学习？创设何种班级文化能够发展幼儿社会性问题解决的能力？要解决这些问题，不仅需要教师学习区域环境组织与活动实施的相关理论，还需要教师根据区域活动的理念和目标在实践中不断反思。

本章关键词

区域活动；区域环境；区域环境布局；区域材料投放与呈现；区域活动组织与实施；区域活动指导；区域活动讲评；区域活动实施的实践困惑。

思考题

1. 幼儿园为什么要设置区域环境并开展区域活动?
2. 幼儿园区域环境有哪些类型，各有何特点?
3. 幼儿园区域环境如何布局才能有效促进幼儿的学习与发展?
4. 幼儿园区域活动需要设计吗? 设计什么? 如何设计?
5. 如何组织和实施高质量的区域活动?
6. 当前幼儿园区域活动存在哪些困惑? 有哪些解决策略?

建议的活动

目　标:

1. 利用模拟实训室等设施，合理布局区域空间，科学投放区域材料，体验幼儿园室内区域活动从无到有、从整体到局部的设计过程，理解区域活动设计的策略和方法。

2. 通过参观幼儿园区域活动，反思幼儿园区域活动组织与指导策略，进一步学习师幼互动的新理念和方法。

任　务:

1. 利用模拟实训室，自选主题内容，小组合作设计幼儿园室内区域环境。

2. 观察幼儿园区域活动组织的过程，包括前期准备、幼儿进区、指导、评价等过程，并与幼儿园教师现场互动，开展实际教学活动。

拓展阅读

1.[美]蔡伟忠:《跳出传统思维的幼儿园教师实用手册》，北京，农村读物出版社，2010。

该书是一本幼儿园老师喜欢的书。如果你是幼儿园老师，你翻一下目录就会喜欢，如果你不是幼儿园老师，你翻一下目录就已经在学习了！这是一本让老师掌握正确方法的书，是一本让老师寓教于乐的书，是一本让老师圆梦的书。

2.[日]河边贵子:《以游戏为中心的保育——从保育记录出发进行解读》，朱英福、熊芝译，上海，华东师范大学出版社，2009。

该书希望通过解读儿童游戏中各种各样的实践记录，说明以下问题：如何理解幼儿园中儿童的游戏? 如何理解儿童在游戏中的成长? 什么样的保育设计是可行的?

该书指导幼儿园的保育工作者在实践中应学会以下几点：记录日常小事，学会解读；记录和计划儿童的游戏，并每日对教学记录进行反思；将日常生活与活动相联系，探讨“集体中个性的培养”等问题。

第四章　幼儿园一日生活常规活动设计与指导

学习目标

1. 理解幼儿园一日生活常规活动设计的价值和意义。

2. 能说出幼儿园一日生活常规活动的基本内容和流程。

3. 理解一日作息安排的理论依据，并能合理设计幼儿园一日生活常规活动的作息安排。

4. 熟悉幼儿园一日生活常规活动各个环节教师的基本职责和指导要点。

本章导图

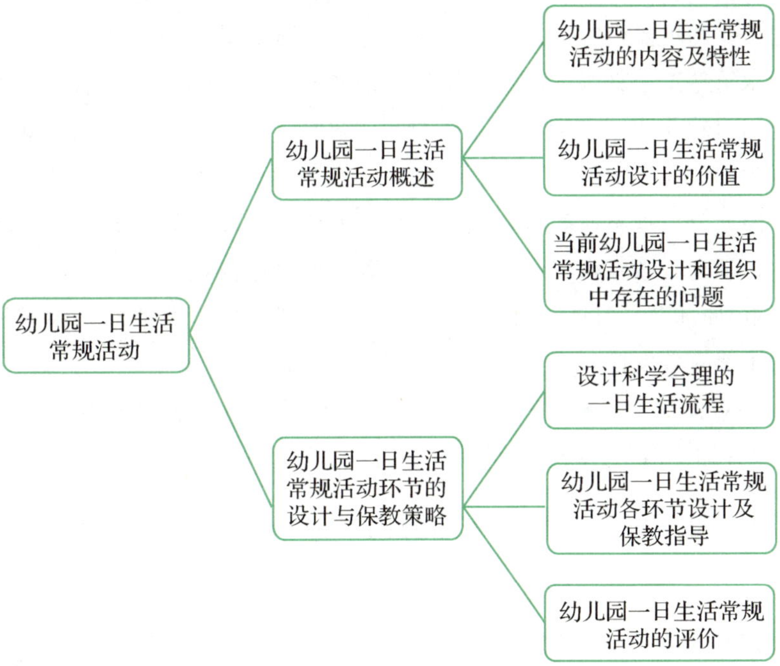

本章导言

与其他年龄段的教育相比较，幼儿教育更能体现生活化，这是由幼儿身心发展的特点决定的。幼儿的身体发展尚不成熟，心智发展处于具体形象和动作性思维发展阶段，幼儿对世界的感知是具体的、感性的、直观的和个人化的。对于幼儿而言，只有生活世界是令他们感到安全的和有节奏的，而成人的世界和科学的世界，对幼儿来说经常意味着陌生、非我的，甚至是死寂的。因此，没有哪个年龄段的教育像幼儿教育那样迫切地需要还原生活，没有哪个年龄段的课程像幼儿园课程那样迫切需要生活化。

幼儿园生活环节的有效组织直接影响幼儿在园质量，注重生活环节是幼儿园教育区别于其他年龄段教育的重要特征，也是幼儿教师专业性的体现。幼儿园的生活环节是具体的，甚至是琐碎的，幼儿生活能力的获得是一个漫长而反复的过程，需要教师不断地提醒、引导和帮助，也需要幼儿园将其作为课程的重要部分，系统安排和设计，使幼儿在园的一日活动充满教育价值。

第一节　幼儿园一日生活常规活动概述

随着人们对幼儿园一日生活常规活动重要性的认识，有专家学者提出："生活管理是幼儿保育工作的重要内容，是幼儿教育工作的前提。幼儿园之所以兼备幼儿之家和幼儿学校的双重特点，其根本原因在于幼儿园有其独特的班级生活管理。"很多幼儿教育工作者对当前幼儿园一日生活中存在的问题进行了一些思考。例如，幼儿教育的整体教育观认为，幼儿在园的一日活动，是一个有机的整体，对之应进行科学设计、合理安排，才能充分发挥整体教育功能。但是，就传统的幼儿园一日生活常规活动组织而言，从教育理念、教育内容、活动组织到活动评价，都或多或少地反映出重"上课"轻"活动"、重"局部"轻"整体"、重"个别"轻"全体"的倾向，致使幼儿园一日活动的整体教育功能不能有效发挥，产生了"教育真空"的现象。

因此，要想体现幼儿园教师的核心价值，就要掌握生活中的教育元素。将生活环节进行"教育加工"，才是幼儿园教育的终极教育目标。

一、幼儿园一日生活常规活动的内容及特性

(一)内容

《幼儿园教育指导纲要(试行)》明确指出："幼儿园应为幼儿提供健康、丰富的生活和活动环境，满足他们多方面发展的需要，使他们在快乐的童年生活中获得有益于身心发展的经验。"这里强调的"生活"与"活动"，就是要求幼儿教育必须关注幼儿一日生活中的所有活动，幼儿一日生活中的每一个环节，都是教育过程中最自然、

最本真、最贴近幼儿成长需要的教育内容。正如杜威所说，教育即生活，教育即生长，教育即社会。

幼儿园的一日生活常规活动通常包括十个活动环节，即入园、盥洗、进餐、喝水、如厕、午休、离园，以及集体教学活动、区域活动、户外游戏或自由玩耍。除此之外，在每个活动环节向另外一个活动环节转换时，还存在若干个过渡环节，这些过渡环节存在丰富的隐性教育价值，幼儿教师也应该将其视为独立的教育环节。在这些环节中，除了集体教学活动、区域活动、户外活动之外，其余环节都充满了浓厚的生活气息，统称为生活常规活动。

(二)特性

生活环节对幼儿的成长发展具有非常重要的意义，这是由其本身的特点所决定的。

1. 生活环节具有基础性

在七个生活环节当中，吃、喝、拉、撒、睡等尽含其中。从需求的角度来看，这些环节的内容是维持幼儿生存的最基本、最强烈的生理需求。如果这些需求得不到满足，幼儿的生存就会出现问题。

2. 生活环节具有独特性

每一个生活环节的内容都是构成幼儿生活的基本要素之一，而每一个要素在幼儿的生命成长中都发挥着独特的、无可替代的教育功能。比如，洗手的教育功能不能代替吃饭的功能，睡觉的功能不能代替运动的功能等。

3. 生活环节具有真实性

七个生活环节都是真实的生活场景，幼儿在这些场景中的所思、所想、所学、所做都是真实的。正是这些真实的收获在不断地推动着幼儿的成长和发展，成为幼儿生命成长中最强大的动力。

4. 生活环节具有多发性

这一特点具体体现在两个方面。一是时间长。一般情况下，幼儿在园一天的时间总和约为 9 小时。其中，集体教学活动约占 1 小时，区域活动占 1 小时左右，户外活动占 2 小时左右，其余生活环节的时间总和约占 5 小时。也就是说，生活环节在幼儿园一日活动中占据了 50%以上的时间。二是频率高。这些活动每天都在重复进行，有些活动如吃饭、喝水、洗手等，一天当中还要重复多次。

综上所述，生活环节所具有的基础性、独特性、真实性及多发性这些特点，充分显示出了它们对于幼儿成长发展的重要性，幼儿教师应高度重视生活常规活动的设计与组织。

二、幼儿园一日生活常规活动设计的价值

(一)幼儿园教育的核心价值——长期固定的生活模式的重要性

与中小学教育相比，幼儿园教育的核心价值是塑造幼儿，塑造幼儿的行为习惯、

能力、价值观等，这些不可能通过一次或是几次集体教学活动就能够实现，只能通过“长期的、稳定的生活模式”进行培养。因此，幼儿教师应打破传统的思维模式，调整课程的方向和结构，改变原有的只注重一次集体教学活动而忽视蕴含更大教育价值的生活活动的理念，以科学的幼儿心理学、教育学为基础，在幼儿园建立有价值的“长期固定的生活模式”，即教师设计并系统化组织生活中的教育元素。这才是一种能够有效体现幼儿教育核心价值的手段。

教师应该思考如何对平时的生活环节进行合理的“教育加工”，即在生活环节里设计一些能够产生教育价值的细节，所谓能够产生教育价值就是能为幼儿提供有价值的经验，以便幼儿在较长的一段时间里按照这些经验生活学习。

(二)生活常规对幼儿发展和教师的意义

稳定的一日生活常规能使我们的生活井井有条并更有效率。当我们按照常规来做事时，我们会觉得对事物更有掌控力，而且不那么容易忘记事情或是出现失误。常规同样会使人感到安慰。我们知道接下来会发生什么，而且我们也不用时常担心会出现不必要的“惊喜”。出于同样的原因，幼儿同成人一样需要常规，尤其是当他们的日常生活中有太多的事件不在他们的掌控之中的时候。当幼儿能够预测到一天中事情的顺序和内容时，他们会感到安心和更有力量。

一日生活常规活动应为幼儿和教师提供所需的连贯性和对行为的可预测性。同时，也应提供足够的灵活性，在活动实施的过程中使幼儿不感到过于仓促或缓慢。最重要的是，幼儿能够在合理的限度下对一天中的任何一个部分做出选择。它能为幼儿创造安全感和掌控感。一个一致的活动常规意味着幼儿知道每天要做什么。由于进入幼儿保育机构或幼儿园对幼儿来说是他们第一次与家人分离，事件的可预测性能够使他们在身体和情感的转换中感到舒适。如果活动常规发生了偶然的变化，幼儿知道他们会被提前告知变化的原因以及进行当前活动的原因，这样，他们就能够为规则中的这些变化做好准备。

同时，稳定的生活模式也能为教师提供观察和计划的框架。一致的活动常规还能够帮助教师了解并满足幼儿的需要。教师可以在每一天的每个环节里观察幼儿，了解幼儿的需要和兴趣并拟定教育计划。

读一读

没有匆忙，幼儿意识到这里有大量的时间做好事情；

没有害怕，幼儿信任每天固定的节奏；

没有失败，失败也是满足，因为幼儿体验到他们被允许玩的快乐；

没有命令，代替的是自我选择，还有模仿的意愿。

——华德福教育理念

当幼儿园提供了家庭所没有的一致性时：

生活在无秩序家庭环境中的幼儿对活动常规的理解很有限，较低的自尊感来自幼儿对事件的无能为力，这也是高宽课程要给予幼儿选择和计划自己活动等权利的原因，因为这些对我们的幼儿来说太重要了，幼儿将逐渐发现他们做出计划的能力，并开始从自己的计划和探索中获得满足感。

——西雅图的一名教师

（三）生活活动对幼儿园课程的意义

1. 生活活动是幼儿园课程的重要组成部分

课程来源于幼儿生活世界，活动来源于幼儿生活。生活活动贯穿一日生活始终，成为幼儿园课程必不可少的一部分。通过生活活动生成各类主题活动，渗透健康、语言、科学、社会、艺术各领域教育内容。在生活活动中，幼儿习得良好的生活习惯，发展生活自理能力、交往能力。

2. 捕捉生活活动的教育契机，能丰富幼儿园课程内容

生活活动中隐藏着许多教育契机。幼儿的生成活动无处不在，无时不有，教师只要关注幼儿、观察幼儿、倾听幼儿，就不难发现幼儿在生活活动中生成的话题与兴趣。例如，有教师观察发现，在盥洗环节，幼儿最喜欢逗留在盥洗室洗手玩水，常常会溅湿衣服，而又忘了关水龙头。为了让幼儿正确认识水，教师生成了关于水的主题活动，像“会变化的水”“水龙头不哭了”“沉浮游戏”等，让幼儿了解水的形成、特征及其与人们的关系等。

三、当前幼儿园一日生活常规活动设计和组织中存在的问题

问题一：重视教学活动，轻视生活活动

在幼儿园活动中，原有的保教分离、重教轻保的价值取向，以及传统的保教模式仍在影响着教师，一些教师仍认为生活活动就是管幼儿吃、喝、拉、撒、睡、穿脱衣服等事务性工作。

幼儿教师首先要转变教育观念。尊重幼儿的主体需要，树立幼儿既是保育对象，又是学习和自我发展的主体的观念，重视生活活动中蕴含的教育价值。其次要善于发现教育契机。生活活动中隐藏着丰富的教育契机，教师要善于发现，并有效利用。例如，针对争抢玩具问题，教师策划“五分钟等待”活动。另外，幼儿教师要善于整合教育内容。例如，在生活活动中加强幼儿自我保护意识的教育，将健康领域的内容整合到生活活动中。同时在生活活动中，也可将科学、语言、社会和艺术领域的内容进行整合。

问题二：把生活活动单纯看作是为了满足幼儿的生理需要而开展的，忽略了幼儿心理的发展

教师对一些生活规则，如吃饭、喝水时同伴之间不要说话，以及对全班幼儿共

同完成生活任务的关注，往往超过对幼儿个体需要、动作表情、体验感受的关注。有调查显示，将生活活动中的教师行为与非生活活动中的教师行为对比，发现前者的正向情感特征显著低于后者，而前者的中性情感特征又显著高于后者。这说明相对于其他活动而言，教师在生活活动中表现出无倾向性的情感特征，往往采用语言提示、肢体动作来回应幼儿。①

问题三：生活活动程序化，缺少灵活性，消极等待现象频出

幼儿园生活活动因其常规化，在实践操作中，易流于程序，出现幼儿消极等待现象。特别是在如厕、喝水等环节教师统一管理，缺少灵活性，导致幼儿缺少主动选择，时间上造成隐性浪费。盥洗、用餐活动环节，消极等待现象尤其普遍。这不仅浪费时间，也在一定程度上削弱了幼儿参与活动的热情。表4.1是某幼儿园对幼儿的做事速度做的调查统计，可以看出幼儿做同样事情所花费的时间相差很大，速度快的幼儿等待时间会很长。

表4.1　幼儿生活活动花费时间统计表②

生活活动	速度较快幼儿所用时间	速度较慢幼儿所用时间	时间差
穿、脱、整理衣服	2分钟	10分钟	8分钟
排队、如厕、喝水	2分钟	15分钟	13分钟
吃点心、喝牛奶	4分钟	14分钟	10分钟
起床、吃点心	12分钟	30分钟	18分钟

问题四：教师管理行为过多，忽视幼儿自我管理的学习

在幼儿园生活活动中，我们经常看到教师要求幼儿“把脱下的衣服折叠好”“把掉在桌子上的饭粒捡起来”“洗手时不要把袖子弄湿”等。调查发现，在生活活动中，教师作为施动者的师幼互动占67%，而幼儿发起的互动只占33%。③ 教师常常将自己和幼儿在生活活动之中的关系看作是照顾与被照顾的关系，习惯以指导者、管理者的角色包办代替，对幼儿生活的照顾多于对幼儿自理能力的培养。《幼儿园教育指导纲要(试行)》中指出，既要高度重视和满足幼儿受保护、受照顾的需要，又要尊重和满足他们不断增长的独立要求，避免过度保护和包办代替，鼓励并指导幼儿自理、自立的尝试。

---

① 沈琴芳：《生活活动中师幼互动的现状分析及建议》，载《幼儿教育》，2009(07)。

② 曾正玲：《生活活动中幼儿消极等待的原因与消解策略》，载《幼儿教育》，2009(07)。

③ 刘晶波：《社会学视野下的师幼互动行为研究——我在幼儿园里看到了什么》，67页，南京，南京师范大学出版社，2006。

第二节 幼儿园一日生活常规活动环节的设计与保教策略

一、设计科学合理的一日生活流程

(一)中外幼儿园一日生活流程安排列举

1. 我国多数幼儿园一日生活流程列举

我国全日制幼儿园一日生活流程见表 4.2。

表 4.2 我国全日制幼儿园一日生活流程列举

时间	内容
7：00—7：45	入园，户外自由
7：45—8：00	早操
8：00—8：30	早餐
8：30—11：20	教育活动，体育活动，各类游戏
11：20—11：30	餐前准备
11：30—12：10	午餐，餐后散步
12：10—14：30	午睡
14：30—15：30	起床，吃午点，室内活动
15：30—16：30	教育活动，体育活动，各类游戏
16：30	离园

2. 国外幼儿园一日生活流程列举

美国、法国全日制幼儿园一日生活流程见表 4.3、表 4.4。

表 4.3 美国全日制幼儿园一日生活流程列举

时间	室内自选活动
6：00—8：00 8：00—9：30	幼儿来园，吃早餐，盥洗，艺术、科学、积木、音乐、戏剧、语言文字等自选活动
时间	**教师直接指导的活动**
9：30—9：45	清扫，收拾玩具，整理活动，如厕，洗手
9：45—10：00	吃点心，休息，恢复和放松
10：00—10：20	讲故事，音乐活动等
时间	**户外自选活动**
10：20—10：30	户外游戏(个别或小组)
10：30—11：15	体育锻炼，玩大型玩具、沙箱、器械等
11：15—11：25	回教室，清洁

续表

时间	进餐活动
11：25—11：40	回教室，如厕，洗手
11：40—11：50	休息，唱歌，讲故事，等待午餐
11：50—12：20	午餐
时间	**午睡活动**
12：20—13：15	吃完饭，如厕，准备睡觉
13：15—14：30	午睡
14：30—15：00	起床，盥洗，户外活动
时间	**自选活动**
15：00—16：00	户外游戏
16：00—16：10	清扫院子
16：10—16：25	下午甜点
16：25—18：00	室内活动，讲故事、唱歌、听录音等
18：00	离园

表 4.4　法国全日制幼儿园一日生活流程列举

时间	内容
8：30—9：00	到校，部分年级混合游戏
9：00—9：20	集体唱歌，玩游戏(游戏室进行)
9：20—10：00	工场活动，分组学习。幼儿在数种不同的活动中选择一种，原则上每位幼儿每天轮流参加不同的活动，各类活动同时进行，由一名教师巡回指导
10：00—10：30	下课休息，自由游戏
10：30—11：15	工场活动，分班学习
11：15—11：20	集合
11：20—13：30	到餐厅午餐
13：30—14：00	午休
14：00—15：15	工场活动，分组学习
15：15—15：30	下课游戏
15：30—16：15	工场活动，分组学习
16：15—16：30	集合
16：30	离园

注：1. 分组学习的工场活动包括机能运动、节奏活动、绘画、撕画、剪贴、手工劳动、阅读、写字、学数学、讲故事等。2. 每周五下午旅行，去林区踏青，拣树叶、石头，捕捉昆虫标本等。

(二)一日生活流程设计和实施的原则

1. 科学合理地设计一日生活流程

(1)设计动静交替的活动环节

根据幼儿身心发展的特点，幼儿园活动设计的流程要注重动静交替。首先，动静交替要体现在户外活动中。教师要能够根据天气情况和幼儿活动量，组织幼儿开展运动和静止的游戏，让幼儿身心得到适当的锻炼和休息。其次，动静交替也要表现在教育活动中，教师要根据教学内容进行切段，让幼儿在充分尝试、操作、激动过后，能有适当的休息、反思，调适情绪。既要能顺利完成教学内容，使幼儿及时展现自己的学习成果并感受到学习的快乐，还要有利于照顾个别差异，使每位幼儿都体验到成功的快乐。

(2)灵活而有弹性地安排作息制度

传统的一日生活计划，从学习内容、组织形式和时间安排上，都有太多的限制，并且要求教师严格执行，根据“周计划”和“日计划”预先订好的教学内容和各环节规定的时间引导幼儿“参与”活动，以保证既定目标的实现，因此教师难以真正根据班级的实际和幼儿的兴趣选择教学内容、安排学习时间、开展自主活动，幼儿始终在教师的指挥棒下被动地活动。我们不难在幼儿园看到排队上厕所、排队喝水、排队进午睡室、餐点统一分好等现象。《幼儿园教育指导纲要(试行)》指出，“时间安排应有相对的稳定性与灵活性”“尽量减少不必要的集体行动和过渡环节，减少和消除消极等待现象”。这与一直以来对幼儿束缚过重的单一模式化的一日生活结构安排形成了强烈的冲突。为了促进幼儿生动活泼、自主有效地学习，目前不少幼儿园改变了幼儿园一日生活计划的设置模式，摈弃了一日生活时间逐段安排制，实行弹性作息制。在一日生活中只规定大段的活动时段，如早操、午餐、午睡、离园，其余的小时段教师可以根据班内的实际情况灵活调整、合理安排。

2. 生活活动内容与主题课程内容整合和渗透

生命是整体的，生活是整体的，因此，幼儿的发展也必然是整体的。这就要求作为一种生命活动的幼儿教育也应该是整体的。幼儿一日生活的课程构建要从幼儿整体发展的需求出发，科学地、全面地统筹规划。从具体操作层面上看，就是要对幼儿教育的各要素进行多样化、多层次的整合。所以，优化幼儿一日生活，一方面是整合幼儿教育内容，另一方面也要通过对幼儿一日生活的各个活动、各个环节的合理组合，使教育渗透于幼儿一日生活之中，建立幼儿一日生活中各活动、各环节的有机联系，达到系统化、综合化的要求。观察、研究幼儿一日生活的内容及其组织形式的特点和内在联系，按照《幼儿园教育指导纲要(试行)》提出的培养目标，对幼儿一日生活的多种活动和各个环节进行系统整合，建立科学、合理的幼儿一日生活运行机制。通过各种组织形式的整合，使幼儿能够在一段时间中浸润在同一个主题中进行连续思考和探索。

3. 以游戏为基本活动

游戏最符合幼儿的心理特点、认知水平、活动能力，最能有效地满足幼儿的需要。《幼儿园工作规程》中也明确提出："以游戏为基本活动，寓教育于各项活动之中。"在幼儿园一日生活中必须安排充分的时间让幼儿进行游戏，教师应根据幼儿的特点和实际经验及兴趣，创设游戏条件，并在游戏过程中给予适当的指导，保持幼儿愉快的情绪，促进幼儿能力和个性的全面发展。例如，针对幼儿不自觉喝水或喝水量不足的情况，有些教师将喝水环节进行游戏化处理，组织"小汽车要加油"，设置"水吧"角色游戏等游戏活动，令幼儿在自然和愉悦的情境中自觉饮水。

4. 尊重幼儿的主动性

生活活动是幼儿园保育任务的一项主要活动，传统的保育观多从保教人员的主观臆想出发，习惯于向幼儿发出指令式、约束式、训斥式等强制性要求，幼儿则被动地遵照幼儿园的既定规则，完成用餐、盥洗、喝水、睡眠等环节，较少考虑幼儿的主动性。科学的保育观强调尊重幼儿，即便在每天必不可少的生活环节中，教师也应充分发挥幼儿的主动性，让幼儿成为生活的小主人。教师应注重为幼儿提供宽松的生活环境，尊重、了解不同年龄幼儿的特点、需要，以真诚的爱心、积极的鼓励，让幼儿主动参与活动。例如，在用餐环节，鼓励幼儿协助教师做好餐前的准备工作，可以每天以小值日生的形式，让幼儿协助擦桌子、添饭、分发餐具等；用餐完毕，鼓励幼儿将餐具放至指定位置，将各自的桌面收拾干净等。教师还可组织幼儿讨论生活活动程序或规则(如如何洗手等)，并用幼儿能理解的图像加以表征，贴在生活活动相应场所，以提醒幼儿主动按程序或规则操作，充分尊重幼儿的主动性。

二、幼儿园一日生活常规活动各环节的设计及保教指导

(一)入园环节

入园环节通常包括晨检、晨间接待、晨练。下面我们来看看这几个环节的工作内容和指导重点。

1. 晨检

(1)晨检的内容

一摸。触摸幼儿额头和手心，如怀疑发热应测量体温。有病情时，用电子体温计进行筛查，怀疑发热时用水银体温计复查。

二看。观察幼儿的一般情况，看有无疾病或传染病迹象，如精神情绪是否正常，有无皮疹、黄疸、肿大淋巴结，有无流涕、流泪、咳嗽、结膜充血等传染病早期症状体征；可疑者隔离观察，进一步确诊。

三问。了解幼儿在家的食欲、睡眠、两便、情绪等情况，了解家庭成员近期的

健康状况，解答家长的保健问题。对委托喂药的幼儿，保健人员应与家长做好药品交接工作，登记幼儿姓名、班级、药名、服用方法等，并请家长签字。

四查。检查有无携带不安全物品(如玻璃片、弹弓、珠子、小刀、玩具枪等)。晨检主要由幼儿园的保健医生进行，程序完成后，应综合分析，判断是否正常，然后分别做出恰当处理。

(2)晨检的指导重点

保健医生的晨检结束后，幼儿回到班上，教师要进一步做细致检查。教师应注意以下几点。

第一，仔细了解幼儿当天的健康状况。有些幼儿园在幼儿晨检后，会通过发放不同颜色的图卡来区别健康幼儿和身体不适幼儿。当班教师要根据幼儿拿的图卡，了解幼儿的健康状况，对于身体不适的幼儿要给予特别关注。

第二，做好身体不适幼儿的用药登记。对于有家长要求，需在幼儿园服药的幼儿，当班教师要做好详细的登记，同时指定专人负责登记及喂药。教师要准备好专用的用药登记本，并请家长写下幼儿姓名、药品名称、服药数量、服药时间、服药次数，并请家长签名确认。也有幼儿园将服药登记及管理统一到保健室，由保健医生统一负责，中小规模的幼儿园可采取这种操作模式，管理上更规范。

第三，协助做好幼儿的安全检查。为安全起见，教师可请家长帮助检查幼儿的衣服口袋等，防止将危险物品带入园内，如小刀、尖针、钉子、玻璃弹珠等。

2. 晨间接待

晨间接待环节虽然短暂，却承载着丰富的教育内容，从师幼见面、进入班级，到如厕盥洗、晨间活动，涉及礼貌教育、健康教育、行为习惯培养等方面。充分利用这一环节对幼儿进行持之以恒的教育，能促进幼儿良好行为习惯的养成。晨间接待的指导要点如下。

第一，礼仪教育的渗透。教师对入园的幼儿和家长应主动问候，笑脸相迎。对内向腼腆的幼儿或是有情绪的幼儿应给予关心问候，尊重幼儿的感受，耐心等待他的回应。

第二，生活自理能力的培养。晨间入园也是幼儿养成良好生活习惯的关键时段。从托班开始，教师就应有意识地培养幼儿的生活自理能力，如自己挂毛巾，自己取放杯子、擦桌椅等，在服务自己的过程中，可让幼儿体会自己的事情自己做的乐趣。对于不同班级的幼儿，教师可以采取值日生的方式，让幼儿自己当小主人，在劳动中培养他们的责任意识。

第三，幼儿情绪的安抚。幼儿来园的情绪各有不同，有的幼儿每天都很乐意来园；有的幼儿因为一点小事闹别扭，不愉快地来园；有的幼儿比较依恋父母，拖拖拉拉地来园。不同的情绪会影响到幼儿在园一天的生活。如何面对不同情绪的幼儿，需要遵循两个原则。一是要遵循幼儿的年龄特点及情绪特点；二是要遵循幼儿的个性特点。这需要教师细心地观察、用心去体会幼儿，知道他需要什么。教师要多关注幼儿的情绪变化，并及时抓住教育契机，运用一些教育策略与家长沟通，帮助幼儿建立并保持良好情绪，愉快度过每一天。

第四，家园沟通契机的把握。晨间接待环节体现了幼儿、家长和教师三方面的互动。一方面教师可以利用这一机会向家长了解、介绍幼儿情况，有针对性地引导家长接纳科学的教育理念，帮助家长改变不当的教育方法。另一方面也是赢得家长信任和支持的窗口，教师展现出良好的师幼关系，让家长增强对教师的信任感，以达到家园合力的最佳效果。

3. 晨练

晨练的指导要点如下。

第一，晨练内容的选择要简单易行。早晨是幼儿园一天工作中比较繁忙的时间段，要组织幼儿，又要接待家长，所以晨练的内容安排要简单易行。晨练时幼儿很可能是陆陆续续来园，不适合安排正规性的体育活动，也不适合组织竞赛类的活动。应主要投放小型、中型的运动器械，如球类、绳类、车类等。要尽量做到人手一件，以减少幼儿等待的时间，保证活动密度。

第二，制订具体可行的晨练计划。首先，要把晨练活动与其他教育活动同等对待，甚至要提高到比其他活动更重要的位置上来。其次，对于幼儿园的晨练活动，教师一定要重视，要制订具体可行的活动计划。要根据本班幼儿的实际情况，在学期初制订每个月的大目标和每周的小目标，在课程进行过程中再根据幼儿的动作发展情况，在周末制订下一周每天的具体活动内容与目标要求。

第三，晨练活动的运动量要适中。早饭前适量运动能促进食欲，但如果运动过于激烈则易引起消化不良。冬季早晨气温低，如果运动量不够将达不到振奋精神、舒展身心的目的；如果运动量过大，幼儿则可能因出汗过多而感冒。所以，教师要控制好运动量。

(二)进餐环节

进餐环节主要是餐前、进餐与餐后活动的组织，三个部分的指导要各有侧重地进行。

1. 餐前活动的组织

用餐时间不免会安排在户外活动等剧烈活动之后。如若幼儿带着兴奋的情绪进餐，不仅不利于食物的消化，也无益于良好饮食习惯的养成，这时教师需要组织安静的过渡活动。

说一说。教师可以根据当天的食谱组织谈话分享活动，引导幼儿说说今日食谱中各种食物的样子和味道，也可让幼儿猜想一下，今天的菜肴中会不会有红色的西红柿、黑色的木耳等。

听一听。为了让幼儿安静下来，教师也可选择一些轻音乐，让幼儿欣赏，让幼儿尽快从兴奋的状态中安静下来，以利于进餐。

玩一玩。进餐前教师也可组织一些小游戏，如手指游戏、传话游戏、接龙游戏等。

2. 进餐活动的组织

(1)营造舒适的物质环境

第一，按需调整桌椅摆放方式。幼儿的年龄特点决定了他们易受外在环境的影响，因此，适时改变桌椅布局，能激发幼儿的进餐兴趣。有的教师将原本独立的桌子拼成两张长餐桌，让幼儿感受到用餐环境与日常活动环境的不同，满怀欣喜地期盼着美味的午餐，同时也可让幼儿和尽可能多的好朋友坐在一起。

第二，保持空间的畅通。在幼儿进餐时，过道要畅通，餐具、餐台要摆放在便于幼儿取放的位置，这样既能避免幼儿因相互拥挤而发生冲突，又能减少幼儿等待的时间，降低幼儿产生消极情绪的可能性。

第三，用音乐营造美好的进餐氛围。为了让幼儿放松心情享受美好的午餐，教师可播放一些节奏舒缓、柔美的钢琴曲。

(2)优化进餐的心理环境

第一，合理组织，形成良好的进餐秩序。教师可以让幼儿分批排队取放食品。对于托班或小班，教师可让幼儿在餐桌前就座，由教师统一分发食品。对于平时用餐慢的幼儿，可让他们先去取食品，让他们有更多的时间来自我调节，不会因为自己落后而自卑、沮丧。

第二，关注幼儿的个体差异。幼儿之间存在个体差异。对于挑食、偏食的幼儿，教师应对症下药，一味强求则不可取。教师应多采取正面的引导，如对食量小的幼儿，可鼓励他们每天多吃一口，对幼儿不爱吃的食物可先让他们少量尝试，再视情况逐渐加量。幼儿有进步时，要积极肯定和鼓励。

第三，满足幼儿的心理需求。可以适当给幼儿自主选择的机会，如幼儿可以自己选择座位，选择适合自己食量的饭菜，提高幼儿的进餐兴致。在进餐过程中，应允许幼儿有适当的交流，这不仅可以增进食欲，也可以让他们体验到进餐的愉快。

3. 餐后活动的组织

餐后的活动是幼儿期待的一个环节，因此餐后活动的顺利开展也会在一定程度上促进幼儿良好进餐行为的养成。餐后活动的组织需要注意两点：一是不能做剧烈运动，以免幼儿消化系统受刺激；二是餐后活动要多变化，创新意。根据这两点注意事项，我们可以开展如下一些安静休闲的餐后活动。

身体放松运动。很多幼儿园喜欢在餐后组织幼儿在园内或户外散步，如植物角、动物角或小区花园等，既可促进幼儿用餐后的食物消化，又能适当消耗体能，为午睡打下良好基础。

语言活动。餐后教师可组织幼儿进行阅读、讲故事、手指谣等语言类活动，可以在午睡前给幼儿创设一个相对安静的环境，让幼儿身心得到彻底放松，以便更好入睡。

音乐放松。餐后教师也可选择一些舒缓的音乐，让幼儿欣赏，使幼儿的情绪从兴奋状态中安静下来，为午睡环节做好过渡和衔接。

(三)喝水环节

1. 喝水环节应注意的问题

第一，幼儿吃饭时不要同时喝水。食物在嘴里混合上唾液，经过牙齿的咀嚼，才能分解、消化，很好地吸收。吃饭时同时喝水，水把食物很快带走，不但影响食物的消化吸收，还对幼儿的咀嚼能力有很大影响。

第二，幼儿剧烈活动后不要马上喝水。剧烈活动后幼儿心脏跳动加快，喝水会给心脏造成压力，容易产生供血不足，所以，大量活动后不要马上喝水。

第三，水温要适宜。过冷或过热的水，都会对幼儿的胃黏膜造成损伤。夏天时不能将冰箱内拿出来的水给幼儿喝，否则容易引发肠胃不适，甚至痉挛；冬天则不能给幼儿喝太热的水，容易发生烫伤。一般来说，幼儿在夏天最好喝与室温相当的水，冬天饮用水温在40℃左右即可。

第四，选择合适的喝水时间。只要幼儿的小便正常，可根据实际情况让他少量多次饮水，如果幼儿出汗多，应增加饮水的次数，而不是饮水量。以下两个时间尽量不要给幼儿饮水。一是餐前不要多喝水。餐前给幼儿喝水，会稀释胃液，影响幼儿的食欲，也不利于食物的消化。正确的饮用方法是，让幼儿在饭前半小时喝少量的水，这样可以促进唾液的分泌，帮助幼儿消化食物。二是睡前不要多喝水，如果睡前喝水过多，会影响睡眠，也可能导致遗尿。

2. 喝水环节的指导重点

喝水环节中教师的指导重点是培养幼儿良好的喝水习惯。

第一，培养幼儿定时喝水的习惯。幼儿的特点是兴奋过程强于抑制过程，活泼好动，注意力不集中，喜欢做自己的事情。玩起来，吃饭、喝水、大小便，什么都顾不得了。所以，每天要安排幼儿定时喝水的时间，早餐和午餐之间大约有3.5小时，是幼儿活动量最大、消耗体能最多的时间，这段时间要让小班幼儿定时喝水两次，中班和大班幼儿定时喝水一次。午睡起床后要定时给幼儿喝一次水。

第二，培养幼儿随渴随喝的习惯。在培养幼儿定时喝水习惯的同时，还不能忽视培养他们随渴随喝的习惯。由于气温不同，幼儿活动量大小不一样，饮食结构、身体状况也不一样，定时喝水未必能满足所有幼儿对水的需求，他们随时有渴的可能。所以，在幼儿活动中、游戏中，要有针对性地提醒他们随渴随喝。

第三，培养幼儿适宜的喝水速度。幼儿喝水不要过快、过多，否则会造成急性胃扩张，出现上腹部不适，而且不利于吸收。

第四，教育幼儿不要喝生水。生水不干净，多有污染，含有不少细菌，喝生水可引起胃肠道传染病。

第五，指导幼儿喝水应循序渐进。刚入园的幼儿，可从如何正确拿杯开始培养。对于年龄小的幼儿，刚开始杯子里的水量占杯子的三分之一即可，避免幼儿将水弄洒或是弄湿衣服。当幼儿拿杯比较稳时，再将水量逐渐增多，最多至大半杯。

第六，注重个体差异。不同的幼儿，因活动量大小不一样，饮食结构、身体状况等不一样，对水的需求量也不一样。教师要对班上的幼儿做到心中有数，有针对性地照顾好每位幼儿。

（四）盥洗环节

1. 洗手环节指导要点

（1）托班和小班教师指导要点如下

➢ 准备色彩不同、大小适宜、形状各异的肥皂，吸引幼儿积极参与洗手活动。

➢ 根据盥洗室的空间大小，将幼儿合理分组，指导其有序地洗手。

➢ 帮助或指导每位幼儿将袖子挽至胳膊肘处，防止溅湿衣袖。

➢ 指导幼儿轻轻打开水龙头调至合适的位置，保持水流柔和。

➢ 参与幼儿的洗手活动，和幼儿一起边说儿歌边用六步洗手法洗手，增强幼儿洗手活动的趣味性。

➢ 密切关注每位幼儿的洗手过程，对搓洗不仔细、冲洗不干净等行为，教师要耐心地给予动作示范和语言提示。

➢ 帮助幼儿洗完手后用正确的方法擦干双手，将衣袖放下，整理平整。秋冬季节还要帮助幼儿涂抹护手霜。

➢ 幼儿盥洗结束后，及时用干拖把擦干地面上的水，等最后一位幼儿洗完手后再离开盥洗室。

➢ 进餐前、便前便后、活动后、手脏时，都要及时帮助或指导幼儿洗干净双手。

（2）中班和大班教师指导要点如下

➢ 教育幼儿懂得洗手对身体的好处，饭前便后、活动后、手脏时主动洗手。

➢ 提醒幼儿分组进行洗手活动，保持盥洗室安静有序。

➢ 提醒幼儿用六步洗手法正确洗手。针对幼儿洗手过程中普遍存在的问题，如挽袖子潦草从事、搓洗不仔细等，及时给予指导。

➢ 教育幼儿节约用水，能控制水流大小，洗完手后要在水池内轻轻甩三下，用毛巾擦干手上的水迹，防止溅湿地板而滑倒摔伤。

➢ 关注幼儿的洗手过程，发现有打闹、玩水等情况，及时给予提醒和引导。

➢ 采用语言鼓励、同伴示范、环境暗示等方式，及时表扬幼儿在洗手过程中的进步表现，促进幼儿良好洗手习惯的养成。

2. 漱口环节指导要点

（1）托班和小班教师指导要点如下

➢ 组织幼儿餐后轻轻走进盥洗室，取出自己的口杯漱口。帮助托班幼儿接好半杯漱口水，指导小班幼儿自己接漱口水。

➢通过有趣的漱口儿歌引导幼儿用鼓漱法进行漱口。提醒幼儿将漱口水含在嘴里鼓漱3～5次，再轻轻吐进水池中，不要把水咽下去。

➢提醒幼儿漱完口后把自己的口杯放回原处并摆放整齐。

➢关注每位幼儿的漱口情况，及时给予个别指导，帮助幼儿养成良好的漱口习惯。

(2)中班和大班教师指导要点如下

➢教育幼儿懂得漱口能清洁口腔、保护牙齿，鼓励幼儿坚持饭后漱口。

➢引导幼儿餐后自己接水、安静有序地漱口。对玩水、打闹、说笑、拥挤的幼儿及时给予提醒和引导。

➢关注幼儿的漱口过程，提醒幼儿按照鼓漱法正确漱口，至少漱3次。发现幼儿的漱口方法不正确时，及时耐心地给予语言和动作提示。

➢采用榜样示范、值日小班长等形式及时表扬幼儿的进步表现，帮助幼儿养成良好的漱口习惯。

3. 洗脸环节指导要点

(1)托班和小班教师指导要点如下

➢鼓励幼儿在教师的帮助下洗脸。

➢引导幼儿知道起床后、脸脏时要把脸洗干净，保证仪表整洁。

➢引导幼儿洗完脸后照照镜子，让其感受洗脸后的干净清爽。

➢帮助幼儿在脸上抹好护肤霜。

(2)中班和大班教师指导要点如下

➢午睡起床后，组织幼儿分组，安静有序地到盥洗室进行洗脸。

➢用轻柔的语调、温柔的动作指导幼儿从下到上、从里向外轻轻用力，依次把嘴巴、鼻子、额头、脸颊、耳朵、脖子洗干净。

➢关注幼儿的洗脸过程，提醒幼儿洗脸时低下头，手放低，以免溅湿衣袖和衣襟。

➢指导幼儿洗完脸后，用毛巾把脸上的水迹都擦干，帮助或指导幼儿用手指蘸取适量护肤霜，均匀涂抹在脸上。

➢引导幼儿懂得起床后、脸脏时要及时把脸洗干净，帮助幼儿养成良好的洗脸习惯。

4. 梳头环节指导要点

(1)托班和小班教师指导要点如下

➢引导幼儿认识梳子和镜子，激发幼儿对梳头的兴趣。

➢引导幼儿学习正确握梳子的方法，右手五指弯曲握住梳子柄，使梳齿朝下。

➢起床后帮助幼儿把头发梳理整齐，鼓励能力强的幼儿尝试自己梳头。

➢引导幼儿梳头后在镜子面前照一照，欣赏头发的整齐漂亮。

➢梳头结束后，将掉落在肩部、地上及残留在梳子上的头发放进垃圾桶，并把梳子刷洗干净。

(2)中班和大班教师指导要点如下

➢为每位幼儿提供专用的梳子。

➢午睡洗脸后，帮助或指导幼儿使用自己的梳子梳头。

➢指导幼儿学习梳头发的正确方法，从上向下，梳整前面、侧面和后面。

➢鼓励短发幼儿照着镜子自己尝试梳理头发，及时关注幼儿是否需要帮助整理，并给予积极的鼓励和表扬。

➢轻柔用力、松紧适度地帮助长发幼儿扎好辫子，戴好发夹，并请幼儿自己照照镜子，欣赏梳理后的整齐发型，感受仪表整洁的美。

➢梳头结束后，指导幼儿将掉落在肩部、地上及残留在梳子上的头发收进垃圾桶，将梳子放回原处。

➢提醒幼儿头发松散、凌乱时及时梳理，保持仪表整洁。

➢定期对幼儿的梳子进行清洗和消毒。

(五)如厕环节

(1)托班和小班教师指导要点如下

➢用接纳、平和的态度对待幼儿的如厕行为，营造宽松、安全、和谐的如厕氛围，及时满足幼儿的如厕需要。

➢做好如厕物质准备，保持厕所地面干燥，空气清新，保持便池洁净、无异味，提供数量充足、大小适宜的手纸。

➢带领幼儿认识男、女厕所环境、器具，了解器具的使用方法。

➢组织幼儿分别进入男、女厕所有序如厕，帮助或指导幼儿便前洗干净手。条件受限的幼儿园可以安排男、女幼儿错时如厕，适时对幼儿进行性别认知和性别认同的引导。

➢全程关注幼儿如厕过程。帮助或指导幼儿学习脱裤子、提裤子、便后擦屁股的正确方法，学会使用坐式、蹲式便池。

➢托班幼儿便后擦屁股要以教师帮助为主，从小班开始逐步过渡到边帮边教，直至幼儿能够自理。指导幼儿学习擦屁股宜从穿衣服少的春夏季节开始。

➢掌握全班幼儿大小便规律，培养幼儿按时、及时排便的习惯。对憋便、尿床、尿频的幼儿耐心引导，及时帮助；对拉裤子、尿裤子的幼儿，要态度和蔼安抚其情绪，消除幼儿的紧张和不安，同时用轻柔的动作帮助幼儿擦洗身体、更换衣服，快速清理有便迹的衣物；秋冬季节，对因衣着增加而穿、脱有困难的幼儿，仔细观察并及时指导帮助，避免其拉裤子、尿裤子。

➢随时将便池内的尿液冲刷干净，观察便池台阶上是否有尿液、地面是否有水迹，及时清理厕所卫生，保持厕所清洁与安全，避免幼儿滑倒或摔伤。

➢提醒幼儿不在厕所逗留、玩耍，帮助或指导幼儿便后使用肥皂把手洗干净。

➢带领幼儿熟悉园内的公共厕所位置、使用方法，使幼儿明白有便意时就近如厕，培养幼儿不随地大小便的习惯。

➢每天下班前对厕所进行彻底清洁、消毒。

➢根据幼儿实际需要及厕所设施条件，在厕所地面、墙面、栏杆扶手、便池等位置张贴图片或标记，如提裤子的方法步骤、擦屁股的流程图、蹲式便池上的脚印等，引导幼儿正确、有序如厕。

➢了解幼儿在家大小便习惯，请家长给幼儿准备1～2套舒适的衣服带到幼儿园，以备幼儿拉裤子、尿裤子时及时更换。

➢及时与家长交流幼儿在园的如厕情况，指导家长重视家庭中的如厕教育。

(2)中班和大班教师指导要点如下

➢请值日生协助做好如厕前地面、空气、便池、手纸等的准备工作。

➢组织男、女幼儿轮流如厕，有序做好脱裤子、提裤子、排便入池、便后自理、便前便后洗手等工作。

➢对幼儿如厕过程中存在的喧哗、嬉戏、聊天、争抢厕位等个别问题及危险行为，及时进行引导和教育。

➢指导能力弱的幼儿独立完成便后擦屁股、整理衣服、冲刷厕所等工作，做好便后自理。

➢指导值日生做好维护如厕秩序、冲刷厕所、清理地面以及检查便后洗手等工作。

➢采用多种方式鼓励幼儿节约手纸、手纸入桶、便后冲水等良好行为，培养幼儿良好的如厕习惯。

➢注重引导幼儿了解大小便与身体健康的关系，培养幼儿具有初步的健康生活方式。

➢引导幼儿主动做好集体活动、户外活动、进餐、午睡等活动前的如厕准备。

➢带领幼儿讨论制订班级如厕常规、如厕文明公约等规则，以多种形式记录，并张贴在厕所或其他区域内，提示幼儿自觉遵守。

➢及时与家长交流幼儿在园如厕的情况，重点指导便后自理能力较弱的幼儿的家长，加强对幼儿的引导。

(六)午休环节

幼儿园午睡活动是一日生活常规活动的重要环节，幼儿午睡质量的好坏直接影响活动的流畅性。因此，幼儿园午睡活动的指导显得尤为重要。幼儿园午睡活动的步骤和指导工作包括睡前的准备、睡前的组织、午睡的组织、午睡的管理、醒觉的整理工作。

第一步：睡前的准备工作

(1)为幼儿创设一个良好的睡眠环境

卧室内环境应保持清洁、优雅、安静，光线柔和，周围色彩以冷色为主，配天空、星星、月亮的背景为佳。室温一般以20℃～22℃，湿度以40%～60%为宜。

(2)保教教师每天应坚持在幼儿午睡前一小时打开门窗，交换室内外空气，使午睡室空气清新

第二步：睡前的组织工作

(1)午睡前宜安排安静的活动

如果睡前安排过多或强烈的运动容易引起幼儿兴奋、神经紧张。因此，在午饭后，宜为幼儿安排一些安静放松的活动，如听歌、看书、折纸、玩娃娃家等，使幼儿入睡时情绪安定。

①开放部分活动区让幼儿自主选择。引导幼儿选择一些安静的活动，如看图书、系扣子、穿珠子等。适宜开放的活动区有语言区、益智区等安静的活动区域，建构区、角色区、美术区等活动性较强的区域则不适宜在午睡前开放。

②睡前谈话活动。教师照看幼儿进餐的同时，可与吃完饭的幼儿个别交谈，谈一些幼儿喜欢的话题，如幼儿最近关注的电影、图画书等。这样可以加强幼儿和教师的关系。

③散步活动。领着幼儿自由地到户外观察、散步，一方面，谈论自然景象，丰富幼儿的感知觉，另一方面有助于幼儿食物的消化和吸收。

(2)睡前如厕工作

午睡前10分钟，做好提醒幼儿大小便的工作，使幼儿轻轻松松上床。

(3)位置安排

一方面，避免传染性的疾病(如感冒)产生交叉感染。另一方面，让邻床的幼儿掉头睡，以免幼儿之间相互说话、逗闹；较活跃、不爱睡觉的幼儿旁边安排较内向、睡眠良好的幼儿，使其没有交流的对象。

第三步：午睡的组织工作

(1)轻声走进卧室

此时，可以利用小游戏，告诉幼儿走路要像小猫，轻轻走路没声音，比一比谁拖鞋换得快还不出声音。

(2)按顺序脱衣服并放在固定位置

睡觉时，不适宜穿太多的衣服。午睡前要求幼儿先脱裤子，折叠方法是裤腿对折；后脱上衣，折叠方法是："扣子找扣眼，袖子找袖子，两个好朋友，见面握握手。"最后再对折一次，将衣服放在床的右侧。

(3)盖好被子准备入睡

为了使幼儿养成正确盖被子的习惯，可以利用儿歌进行教育："掀开一扇小门，轻轻慢慢钻进，再把小门关紧，快快闭上眼睛。"这样幼儿在儿歌中学到了盖被子的方法。

(4)幼儿入睡

一般来说，幼儿躺下后15分钟左右入睡的占75%，20分钟左右入睡的占21%，40分钟入睡的占4%。

第四步：午睡的管理工作

(1)教师要检查幼儿是否拿着具有安全隐患的物品上床，如按钉、铅笔及坚硬的小物品

(2)午睡时间，值班教师及工作人员应保持安静

教师切忌在幼儿午睡时窃窃私语，影响幼儿睡眠质量。

(3)定期巡视幼儿午睡，细心观察幼儿的举动

幼儿身体不适或生病时常会表现在睡眠上，教师要善于观察发现。例如，幼儿在午睡以后，神情呆滞、面带潮红、呼吸急促，预示着幼儿可能发病。教师要克服幼儿睡觉时不会有事的麻痹思想，一般来说，每隔15分钟巡视一次，及时发现问题、处理问题，杜绝意外事故的发生。

(4)针对中午不愿午睡的幼儿，需要与家庭配合，帮助其建立良好的睡眠习惯

实在无法入睡的幼儿，应避免让其消极等待或者影响其他幼儿入眠，可安排其在专门教师的照顾下进行一些安静的活动。

(5)及时做好午睡记录，并与值班教师密切配合，有针对性地采取相应的措施

例如，幼儿有时睡前喝水喝得太多或个别有尿频的，教师就要有意识地对其加以观察，耐心地督促，在一定的时间轻轻地提醒，提高幼儿的睡眠质量。

第五步：醒觉的整理工作

(1)醒觉前10分钟开始放音乐，可使睡醒的幼儿欣赏音乐，没睡醒的幼儿渐渐从睡梦中醒来

这样做幼儿下午就会精神饱满，还可以防止幼儿因睡眠突然中断而产生恐惧心理。

(2)幼儿醒觉起来，不宜马上叠被褥

应该把被子翻个面，平摊于床上，打开窗户，让屋内空气对流，使被子中的湿气和气味自然排除，过20分钟再叠。

(3)针对不同年龄班的幼儿，整理被褥的要求不同

对于托班、小班需要特殊照料的幼儿，可由保教教师帮助或辅助完成床铺的整理工作；对于中班的幼儿，可以在日常教学活动中渗透叠被褥活动，使幼儿学习自行整理被褥；大班的幼儿，要求能够自己完成床铺的整理工作。

(4)醒觉整理后，幼儿如厕，喝水

(七)离园环节

离园活动是指幼儿放学前由教师组织进行的一项活动，具体内容包括离园前教育教学活动的组织、离园前幼儿整理活动的组织、离园时家园沟通工作的开展等。

离园活动是幼儿园一日保教活动的重要环节，也是幼儿园一日生活的重要组成部分，起承前启后的作用。实际操作中，由于离园环节处于一日活动的末尾，许多教师并没有正视这一环节的组织，以为把幼儿送回家就等于结束了离园活动，浅化或窄化了离园活动的内涵。问题主要表现在两个方面：一方面是出于对幼儿安全方面的考虑，教师在离园环节要求过多，给幼儿自主选择的机会少，导致幼儿缺乏应有的放松和自由；另一方面表现为教师对离园环节过度放任，离园活动缺少必要的组织和管理，环境和材料不能很好地吸引幼儿投入，幼儿无所事事，就容易出现冲突、磕伤或走丢等情况。因此，我们要十分重视离园环节的组织与指导。

幼儿教师应从一日活动的整体、幼儿发展性目标等宏观层面去把握离园活动，它不是一日活动的结束，而是一日活动的新开始。通过帮助幼儿完成整理活动，使幼儿养成良好的生活习惯；通过与幼儿共同回顾一日生活，帮助幼儿梳理和提升经验，帮助幼儿用更为积极的态度来园，告别今日是为了更好地迎接明天，离园活动的丰富内涵正在于此。

离园活动的指导重点如下。

第一，离园前的物品整理。离园前帮助幼儿将玩具、图书、衣物以及需要分发的学习材料或物品提前放置好，指导幼儿收拾好相关物品，必要时对家长进行书面温馨提示。

第二，离园前的仪表整理。离园前帮助每位幼儿整理仪表，让家长看到的是衣着干净、整齐的孩子。

第三，离园前的家长沟通。离园活动是家园联系的重要枢纽，教师要利用这个环节，针对不同年龄段的幼儿，就家长所关心的问题，以简单明了的形式告知家长，让家长清楚地了解幼儿在园一天的情况，加强家园合作。

拓展资源

请扫描二维码来获取“离园时回忆活动的组织”的具体内容。

请扫描二维码来获取“使用活动卡片促进幼儿回忆”的具体内容。

第四，离园活动的组织。离园环节作为一日生活不可或缺的部分，教师要有计划地组织好每天的离园活动，如引导幼儿回忆一日活动，或选择一些受空间、时间、材料、人数等因素限制较小的游戏，教师容易组织，幼儿也乐意参与。

（八）过渡环节

过渡环节应该被视为独立的活动并受到足够的重视。过渡环节就是一日生活常规活动中各环节之间的空隙。过渡环节被教师认为是需要快速度过的时间，以便开展一日活动中下一个“真正”的活动。最糟糕的情况是，过渡环节变为幼儿和教师之间的“权力斗争”。幼儿抗拒转换活动，而教师却强制幼儿按计划进行下一个活动。因此，教师要重视过渡环节的组织，将过渡环节看成一个真正的、有意义的教育机会。例如，与幼儿一起探索如何保留正在进行的工作。

过渡环节其本身是教育、教学活动的组成部分，应与教学活动相结合，共同实现教学活动目标。过渡环节应纳入幼儿园整体课程体系中，成为教学活动的重要组成部分，这需要教师精巧的设计。合理地设计和实施过渡环节，做到预先设计、并行管理，不仅能减少幼儿问题行为发生的频率，避免幼儿被动等待，还能辅助集体教学活动目标的达成，实现幼儿园一日活动目标的一体化。

1. 幼儿园活动过程中的过渡环节

两个活动进行过渡转换时，概括起来主要有如下几点需注意。

①位置的转移(如从“娃娃家”到美工区)。

②材料的变化(从点心时间的饼干到小组活动中的容器)。

③穿着的变化(穿上或脱下户外衣服)。

④照顾者的变化(两个教师轮班)。

⑤玩伴的改变(由小组变为全体)。

右边为某幼儿园过渡环节组织行为的观察及分析，请认真阅读并说一说其中的优缺点，再对照案例评析，看看自己的分析视角有何不同。

教学案例

请扫描二维码来获取“某幼儿园过渡环节组织行为的观察与分析”的具体内容。

2. 幼儿园过渡环节组织存在的主要问题

第一，幼儿被动等待，教师消极控制。

在上述的案例中，每个过渡环节都存在幼儿被动等待的问题。幼儿无所事事地游走在教室中，而教师只是消极控制幼儿，避免出现安全问题。其根本原因在于教师的幼儿教育观念陈旧、教育意识淡薄，教师将教育教学工作“任务化”，以“保姆式”的方式作用于幼儿。

第二，过渡环节缺乏教育性。

上述案例中，过渡环节处于教育“真空”状态，幼儿无法在这一环节中获得身心的发展。其主要原因在于教师缺乏教育意识，不能抓住过渡环节的教育契机，特别是不能将过渡环节与主题教学活动相结合，并为主题教学活动目标服务。另外，教师追求教育活动的高效率，没有真正建立起以幼儿为本的教育理念。例如，教师在午休后独自忙着整理幼儿的床铺，却没有意识到整理床铺是一个教育契机。有些教师也曾尝试让幼儿自己叠被子，可是这样做不仅秩序很乱，而且最终幼儿也叠不好被子，还得教师自己重新整理，反而加重了工作量，因此放弃了这种尝试。幼儿园的效率化使许多幼儿园片面追求外在的效果，而没有把幼儿本身的发展看作最重要的问题。我们应当适当淡化外显效果，把幼儿的内在发展放在首位。

第三，过渡环节无法与主题教学发生联系。

在幼儿园一日生活活动中，包括集体教学、过渡环节、户外自由活动等都应该经过教师精心设计并形成系统化的方案。这些设计应该具有一个共同的目标，所有活动应该为这一目标服务。但是，很多教师在设计和实施单元活动目标时，只注重集体教学活动目标的设计和达成，而忽视了过渡环节的处理，未将过渡环节也纳入整体目标中。其主要原因在于幼儿教师习惯于为了过渡而过渡，把过渡环节看作一个可有可无的过程，认为它不是“正规”的活动，本身没有什么意义，因此对其不够重视，更谈不上紧密结合集体教学活动内容了。

3. 教师支持幼儿过渡环节的活动策略

第一，调整过渡环节的时间以适应幼儿发展的需要。

一般而言，过渡环节的数量越少越好。幼儿能记住有较少组成部分的一日生活常规活动，从而从可预测中获得舒适感和掌控感，也能尽可能少地改变活动的位置。假若幼儿从早餐开始他们的一天，他们就可以在同一张桌子上进行计划活动。在这种一致性的工作框架中，用教师的创造力把过渡环节变得更有趣——比如，加入各种不同形式的动作、童谣和儿歌等。幼儿能在此期间过渡得更加流畅。

第二，在计划过渡环节时将每位幼儿视为独立的个体。

上述策略能够对整个集体发挥较好的作用，但是个别幼儿也仍有可能认为在一天中的某些时候进行改变十分困难。在这种情况下，给予幼儿充分的提示和最大的选择权并提供额外的支持是十分有效的。如果在过渡环节，一位幼儿有退缩的倾向或表现出对同伴的攻击性，教师可以在这个时间走到这位幼儿的旁边，加入他的活动中，这样就能让他参与到过渡环节中。

第三，为最长的过渡时间——清理时间做好准备。

对于很多教师而言，清理时间是一天中压力最大的过渡时间，幼儿在此时很自然地倾向于继续玩。为了让清理时间过得顺畅，教师首先要认识到，幼儿想要继续玩并不意味着他是坏孩子或是有反抗的消极行为，相反，他们很有积极性且参与的是有目的的活动，教师要将此阶段看成是学习的机会，进而引导幼儿结束活动，如教师可视清理环节为：

- 解决问题的机会。“我在想我们应该把这个东西挂在哪里晾干。”
- 学习经验。“如何摆放材料更便于以后使用？”
- 游戏、乐趣。创编一个整理游戏，背诵童谣等。

三、幼儿园一日生活常规活动的评价

一个好的课程方案效果，取决于幼儿园班级高水平的一日活动质量；而一位幼儿在园的每一天的生活质量取决于班级教师一日生活常规活动中的保教水平。所以幼儿的一日活动质量直接影响课程的实施和幼儿的发展，而幼儿园一日生活常规活动评价就是解决这一问题的很好途径。

在幼儿园，教师是一日生活常规活动的具体实施者。所以，一日生活常规活动质量评价主要应以教师自评为主，通过教师自评发现自己在活动中的经验和有待于改进之处。园长要在教师自评的基础上组织教师互评，并进行具体的指导，以达到提高活动质量的目的。另外，幼儿园也要在评价的过程中，有目的地引导家长有效地参与，使家长了解幼儿的学习、生活情况，以达到家园共育的目的。

具体的一日生活常规活动评价包括以下几个方面。

1. 是否有宽松民主的心理氛围

陶行知先生说："只有民主才能解放大多数人的创造力，而且使最大多数人的创造力发挥到最高峰。"因此在教学中应创设良好的师幼关系。也有研究表明，幼儿只有在身心放松的状况下，其学习效果才会变得最好。为此，教师要努力与幼儿沟通，拉近师幼之间的心理距离，尊重幼儿的人格、幼儿的选择、幼儿的个性，关心每一位幼儿，而不在幼儿中人为地划分等级。在彼此的交往中，不仅要给予幼儿更多的言语鼓励，而且要用微笑、点头、注视、肯定的手势以及关怀性的接触方式进行鼓励。例如，摸摸头、拉拉手等，一系列动作都能把教师和幼儿的距离拉近，消除幼儿的心理障碍，给幼儿以心理上的安全感和精神上的鼓舞或慰藉，使幼儿思维更加活跃，积极主动地参与到学习活动中。

2. 是否遵循自主自愿的活动原则

在一日生活常规活动中，要充分考虑到幼儿是活动的主体，要给予幼儿充分的自由。可以让他们自由地选择材料、选择玩伴、选择玩法，教师的指导应是宽松的、随机的。但是自由宽松并不代表放任，而是教师要通过有针对性的指导，激发幼儿活动的兴趣，让他们在自愿的活动中体验成功。

3. 是否有动静交替的活动组织

首先，动静交替要体现在户外活动中。教师要能够根据天气情况和幼儿活动量，组织幼儿开展运动和静止的游戏，让幼儿身心得到适当的锻炼和休息。

> **教学案例**
>
> 请扫描二维码来获取"一日生活常规活动案例——搭玩具（小班）"的具体内容。

其次，动静交替也要表现在教育活动中，教师要根据教学内容进行切段，让幼儿在充分尝试、操作、激动过后，可以适当地休息、反思，调适情绪。这样既能顺利完成教学内容，使幼儿及时展现自己的学习成果并感受学习的快乐，还有利于照顾个别差异，使每位幼儿都体验到成功的快乐。

4. 是否有适宜有效的保教指导

幼儿园一日生活常规活动的目标不是仅仅靠教师就能完成的，需要保教人员的共同协作、配合。教师主要负责各类活动的计划制订、组织与领导，使幼儿一日生活常规活动安排合理，活动内容丰富，活动状态愉快。保育员也并非被动地受支配，更不是随行管理纪律的“民警”，而应当是教师教学过程中的助手，其主要责任是观察幼儿学习过程中的行为和需要，并及时地参与，对幼儿进行引导和支持，甚至是直接帮助幼儿解决困难。因此，在活动中，保教人员是否能及时抓住各种有利时机对幼儿进行教育，通过生活条理化帮助幼儿梳理已获得的零散的、片段的生活经验，并使之系统化、整体化，是评价幼儿园一日活动质量的重要内容之一。

5. 是否有井然有序的常规养成

在常规培养中，教师不是严格的领导者、控制者，如果幼儿一旦有违反常规的行为便大声呵斥，过分强调常规，把大量的时间和精力都投放在幼儿的常规提醒上，对于教师的精力消耗很大。应更多地在活动中渗透要求，“在共同的生活和活动中，以多种方式引导幼儿认识、体验并理解基本的行为规则，学习自律和尊重他人”。成功的幼儿园一日生活常规活动中应该没有教师提醒的痕迹，教师随时针对活动中的问题，与幼儿讨论共同制订规则，如环境提示规则，监督评比等，规则的建立应给人以行云流水式的感受，这样的一日生活常规活动才是优质的。（表 4.5）

表 4.5　幼儿园一日生活常规活动评价指标

一级指标	二级指标	三级指标	评价等级			备注
			A 符合	B 较符合	C 不符合	
生活常规活动	1. 场地的安排利用	不存在安全隐患				
		没有卫生问题				
		入园、离园、午睡等场地安全，方便幼儿活动，没有视觉盲点				
	2. 生活用具配备及摆放	生活用具配备齐全、卫生、安全、有特色				
		生活用具整洁卫生，便于幼儿取放				
	3. 各环节之间的整合和关联性	有整体教育意识，注重根据教育目标将各类活动灵活地进行有机联系和作用，而非孤立脱节，仅注重局部效应				
	4. 执行生活作息制度	认真执行活动流程和环节，能根据幼儿需求灵活和有弹性地处理时间				
		常规活动的流程和环境相对固定				
		保障各班活动质量，统一协调园内各班各项活动时间，不冲突，不影响				

续表

一级指标	二级指标	三级指标	评价等级			备注
			A 符合	B 较符合	C 不符合	
生活常规活动	5.生活活动环节和流程的合理性	户内、户外活动相结合				
		动静交替				
		各环节衔接紧凑、转换自然				
		不存在幼儿被动等待现象				
	6. 生活常规活动组织方式	关注并能灵活处理幼儿生成的活动				
		生活活动组织方式适合幼儿年龄，形式灵活多样，强调游戏性，幼儿愿意参与				
		能够根据季节、节气、节日等灵活设计活动形式				
	7. 教师支持与互动	能照顾多数幼儿，并能关注个别幼儿需求和特殊幼儿的需求				
		教师坚持正面教育，鼓励幼儿，无斥责、体罚和不公正等待遇				
		为幼儿自主活动提供机会和条件，幼儿能按照自己意愿选择活动方式和伙伴等				
		教师对待幼儿的态度自然、亲切，有感情交流，能理解和尊重幼儿，并对幼儿有积极的引导				
		教师示范自然，注重自己的言行举止				
		注重引导幼儿自主、自理，使幼儿学会积极探索和解决问题				
	8. 常规、行为习惯及处理能力的培养	坚持要求，指导行为方法，幼儿基本形成良好习惯				
		常规、行为习惯等教育方式灵活多样，注重以游戏为主，不教条和刻板				
		生活环节中幼儿有较多的自由交往机会				
	9. 幼儿状态	幼儿有机会发表意见和建议				
		幼儿情绪积极愉悦、自然放松，不紧张、不压抑、不焦虑				

以下链接的资源是一些幼儿园一日生活常规活动各环节可用的儿歌，请你读一读，学一学。

拓展资源

请扫描二维码来获取“幼儿园一日生活常规活动各环节可用的儿歌”的具体内容。

本章小结

幼儿园与小学的显著区别在于幼儿园会对幼儿的行为进行塑造。行为的塑造需要为幼儿提供稳定的生活模式和重复的学习机会。因此，幼儿园要为幼儿提供“有节奏的”“会呼吸的”生活，即有规律、可预见、能自主且自然的生活模式。幼儿园的生活活动安排直接影响幼儿园的教育质量，因此教师需要合理安排幼儿园一日生活流程，使生活流程和结构自身充分发挥教育价值；同时，教师还要科学、高效组织各个生活环节，包括过渡环节，使各个环节发挥最大的教育价值。

当前幼儿园一日生活常规活动设计和组织中存在一定的问题，主要表现在：重视教学活动，轻视生活活动；把生活活动单纯看作是为了满足幼儿的生理需要而开展的，忽略幼儿心理的发展；生活活动程序化，缺少灵活性，消极等待现象频出；教师管理行为过多，忽视幼儿自我管理的学习等。如何避免这些现象呢？首先，需要设计一个科学合理的一日生活流程，各个活动环节能够动静交替，作息制度要灵活，有一定的弹性，保障幼儿的活动既不轻易被打断，幼儿又能自主安排活动。其次，要注重生活活动内容与主题课程内容的整合和渗透，发挥教育组合的功效。再次，坚持以游戏为基本活动，体现游戏是幼儿的基本生活方式的理念。最后，尊重幼儿的主动性，满足幼儿自主选择活动内容、活动方式等的要求，提高幼儿的自我管理和服务能力。

幼儿园主要生活环节包括：入园环节、进餐环节、喝水环节、盥洗环节、如厕环节、午休环节、离园环节和若干个过渡环节。每个环节都有相应的保教指导策略。教师必须熟悉各个环节幼儿保教的基本职责和要求，才有可能在实践中做到游刃有余。

对幼儿园一日生活常规活动的评价主要从五个方面来考虑：是否有宽松民主的心理氛围，是否遵循自主自愿的活动原则，是否有动静交替的活动组织，是否有适宜有效的保教指导，是否有井然有序的常规养成。

本章关键词

一日生活常规活动；有节奏地生活；生活活动的教育价值；一日生活流程；入园环节；进餐环节；喝水环节；盥洗环节；如厕环节；午休环节；离园环节；过渡环节；一日生活常规活动的评价。

思考题

1. 何谓“幼儿园一日生活常规活动”？
2. 设计幼儿园一日生活常规活动有何价值和作用？
3. 幼儿园一日生活常规活动各环节有哪些设计策略？
4. 幼儿园一日生活常规活动各环节的组织中教师的基本职责是什么？
5. 如何评价幼儿园一日生活常规活动？

建议的活动

目　标：通过观看各国幼儿园各个生活环节的视频，对比、讨论和分析视频中的生活流程、生活环节、师幼行为等，深入思考幼儿园一日生活常规活动的组织和实施策略；通过参观和访问幼儿园生活活动，明确幼儿园各个生活环节中教师的职责和保教指导要点。

任　务：

1. 观看各国幼儿园一日生活常规活动视频，并比较、讨论、分析和交流。(参考资料：《重访三种文化中的幼儿园》)

2. 参观访问幼儿园，了解幼儿园一日生活常规活动，访问之前做好观察和访谈提纲，参观时做好详细记录。

拓展阅读

1. 宋文霞、王翠霞：《幼儿园一日生活环节的组织策略》，北京，中国轻工业出版社，2012。

该书针对幼儿园一日生活环节的组织与优化，阐述了幼儿入园、盥洗、进餐、喝水、如厕、自由活动、午睡和离园的常规要求、指导要点、教师应注意的问题，以及解决方法，有教案、有故事、有图片、有儿歌，方法多样、内容实用，可以帮助新教师很快掌握一日生活环节的工作技巧，适应工作岗位要求，也可以为老教师解惑，帮助老教师获得专业上的成长。

2.［美］安·S. 爱泼斯坦：《学前教育中的主动学习精要——认识高宽课程模式》，霍力岩等译，北京，教育科学出版社，2012。

该书是对高宽课程深入而全面的介绍，揭示了高宽课程教学实践、课程内容、儿童评估、项目评估以及教师发展等多方面的内容，展示了高宽课程在为儿童提供主动参与性学习经验时使用的多种策略，描述了高宽课程关于学习方式、语言和交流、社会性和情感发展、身体发展和身心健康、艺术和科学五大领域的内容，以及每个领域内的关键性发展指标，可供所有学前教育工作者使用。

第五章　幼儿园整合课程实践模式

学习目标

1. 理解幼儿园整合活动设计的必要性和价值，愿意尝试设计整合活动。

2. 理解幼儿园整合活动设计的基本思路和策略。

3. 能根据主题灵活设计幼儿园整合活动方案，会绘制主题网络图并能合理生成幼儿园月计划和周计划。

本章导图

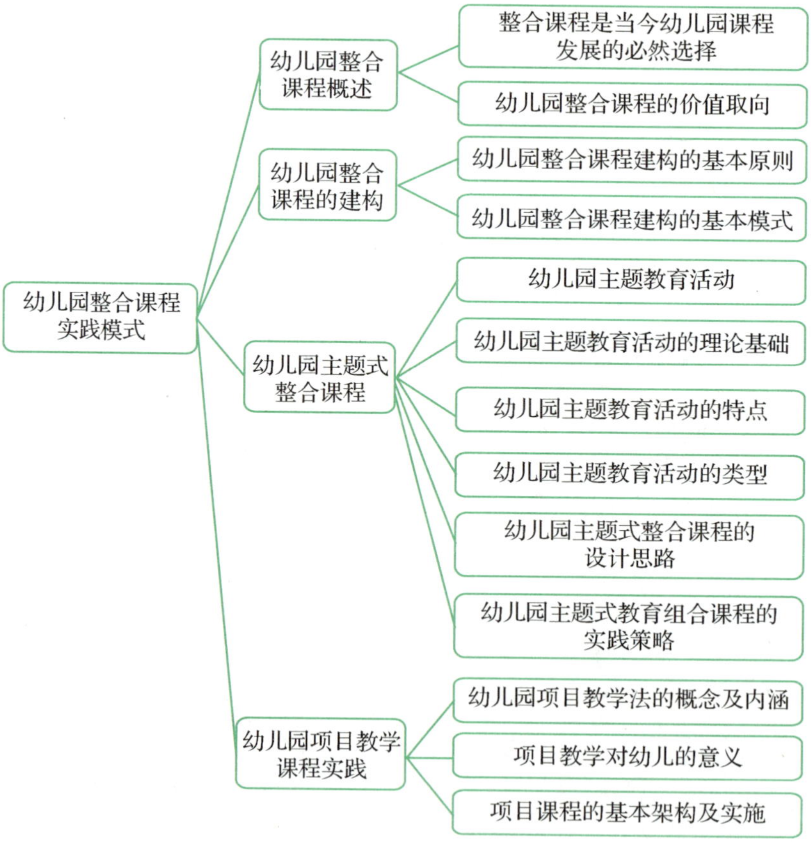

本章导言

整合性课程已经成为当今幼儿园课程的发展趋势。所谓整合课程，一是课程内容的整合性，即着力建设使课程要素形成有机联系和有机结构的“整合课程”；二是形成“由上而下”的新整体视角，即整体地把握住幼儿园课程这一有机集合及其组成成分的各个领域，避免“由下而上”的片面视角和把课程看成分离的一门门科目；三是课程实施者的整合性，即教师、幼儿和家长等都是课程决策的共建者，每一个具体的活动内容都是从强调幼儿的发展出发，由教师、幼儿和家长共同讨论制订出来的，并由他们共同实施；四是课程组织方式的整合性，即发挥教育组合的力量，将幼儿园一日活动进行有机整合，把幼儿园一日生活常规活动、集体教学活动、区域活动、户外活动等多种组织形式的活动整合起来完成同一个主题。

我国目前大多数幼儿园所实施的健康、语言、社会、科学、艺术五大领域课程，尽管在形式上仍以学科或较综合的学科为中心来组织课程内容，但学科知识的分类并不严格，而是把相关的知识囊括在一个相对综合的领域内，各领域的内容相互渗透，如幼儿园的科学领域就包括了地理、物理、环境、生物等学科的内容。因此有不少人将整合课程理解为相关联的学科课程。但是，将幼儿园整合课程理解为相关联的学科或领域课程，仅是在“教学中加强联系”，只有“联合”的意义，而没有“整合”或“融合”的意义。“相关课程”只是从分科课程的内容中撷取部分要素并对其进行整合，因此，“相关课程”是介于分科课程与综合课程之间的一种课程开发模式。因此，“相关课程”并非真正意义上的整合课程。而且，这样理解更容易导致幼儿教师在课程实施中的“拼盘”现象，即将学科领域整合认为是几门学科或是领域的简单综合，忽略领域间内在的融合。

当前，要想实现幼儿园真正的课程整合，我们必须考虑以下几个问题。

第一，如何构建新的课程价值观念？课程价值观念是课程整合的核心，只有确立了课程价值观念，课程整合才会成为实质性的而非形式的。

第二，如何重构课程内容？重选内容的实质是重构课程的开放性。

第三，如何重构课程模式？课程模式是保证整合性课程内容能否最后落实的关键。一般来说，如果重构课程模式并不是一件难事，而且并不需要多长时间的话，那么要使重构的模式代替已有的课程模式则是一件相当困难的事，并且需要相当长的时间。怎样培养能够操作新课程模式的教师？任何课程，一旦投入实施，就必然要由教师来操作。因此，新的整合课程的实施能否成功，起决定性作用的是新课程与教师之间是否互相适应，要完成这种适应，学前教育专业学生和在职幼儿教师就必须及时调整和学习，准确把握我国幼儿园课程的发展方向。

第一节　幼儿园整合课程概述

一、整合课程是当今幼儿园课程发展的必然选择

幼儿教育是以 3～6 岁的幼儿为对象的教育，幼儿的身心发展特点和学习特点决定了幼儿教育必须是整体性的教育，幼儿教育需要高度的整合。学习的逻辑是生活的逻辑，而不是系统知识的逻辑。社会是整体的，学习是整体的，发展也是整体的。幼儿的心智是一个整体，对幼儿而言，所有的事物都是一个不可分割的整体，在这里，思维是一种身体的知觉，而身体则同时也就是精神，这就是他们几乎从生命开始的那一刻起就有的学习过程和学习方式。在幼儿的学习过程中，语言、思想与行动是一体的，认知、情感与个性是共同参与的。人为地割裂生活经验对幼儿的学习和发展有害无益，如果各种因素不能和谐配合，就会妨碍幼儿知识的获得和心智的发展。整体的学习有利于知识经验以及相应的学习策略的迁移，有利于提高学习效果，所以幼儿教育只能以整合的方式进行。只有这样，幼儿才能获得整合性的知识和整体性的发展。因为一切发展的层面、一切学科的知识都应通过整体性的教育加以体现，而整体性的教育必须有整体性的课程来支持。

幼儿园整合课程即是一种将幼儿园课程的各个部分、要素有机地组合在一起形成的一个整体的课程。它作为一种新的课程形态，既超越了学科课程，又超越了幼儿中心课程；既克服了学科课程的弊端，使不同知识之间、知识与技能之间、认知与情感之间形成有机的整体，又克服了幼儿中心课程的弊端，强调课程的本体价值与社会价值的整合，社会文化与幼儿的整合，学科知识、技能与能力的整合，幼儿认知发展与情感发展的整合；既考虑了幼儿的特点，也考虑了学科知识；既注重幼儿的认知，也注重幼儿的情感、态度；它更能让幼儿全面和谐地在自主的活动中发展，有计划、有步骤地培养幼儿成为主动、积极、有效的学习者。

在《幼儿园教育指导纲要(试行)》精神的指导下，依据幼儿学习是综合的、整体的这一特性，幼儿园课程改革践行基础教育课程改革理念，强调课程的综合化(整合性)。要求课程基于整体有机论视野，注重课程内部统整，使各门学科通过相互联系和渗透而趋于统一，形成一个有机整体。同时，要求在教育过程中应依据幼儿已有经验和学习的兴趣与特点，灵活、综合地组织和安排各方面的教育内容，使幼儿获得相对完整的经验，以应付日常生活中所遇到的问题。此外，当今社会个体价值日益凸显，多元智能理论深入人心，这些都要求我们幼儿园实施的课程是经过整合加工的。

二、幼儿园整合课程的价值取向

(一)课程目标的全面性

整合课程的目标是使幼儿成为一个完整的人，在身体、社会性、情感和认知等几个方面都获得发展，并使这几个方面相互促进，以提高幼儿的整体发展水平。具体来说包括四点。一是在知识与方法上，使幼儿掌握经过整合的学科性知识以及经验性知识，形成自己完整的知识体系。此外，方法性知识的价值在当今社会日益凸显，如果说通过掌握学科性知识获得的是学历的话，那么掌握方法性知识形成的则是学力。学会学习、学会做事，恰当地运用方法性知识对个体未来的发展越来越重要。二是在情感态度上，培养幼儿热爱生命、热爱自然、热爱科学，并形成自觉保护自然和珍视生命的意识以及社会意识、集体观念和尊重与宽容他人的态度。三是在行为习惯上，使幼儿养成良好道德行为习惯和劳动习惯，遵守社会的基本规范，履行自己的社会义务并行使权利。四是在能力方面，培养幼儿成为学会学习的人，形成终身学习的能力，并且善于思考，有全面分析、把握和解决问题的意识和能力。此外，作为社会人，要有与他人主动合作的能力和意识以及交流与沟通的能力。

(二)课程内容的整合性

整合课程的理论基础是赫尔巴特(J. F. Herbart)的统觉理论，统觉理论认为幼儿的认识和理解力不是绝对孤立的，而是相互渗透的，应在事物的彼此联系中发展理解力，学习者若仅针对“部分”或“片段”进行学习，不易看出其意义，只有把部分放在“全体”的脉络中去观察和思考，才能看出部分与部分以及部分与全体的关系，从而真正了解其意义所在。因此，幼儿园整合课程从整体出发，统整同一领域不同方面的内容和不同领域相同方面的内容。内容的选择与组织涵盖人、自然与社会、身体、语言、认知、技能与情感等各个方面内容，把它们视为不可分割的整体，充分挖掘和利用各领域内部及各领域之间的内在联系，并通过学科领域的整合、发展方面的整合、主题的整合和幼儿园环境的整合等方式，对课程内容进行合理的、有效的整合，实现幼儿的整体教育，帮助幼儿形成完整的学科性知识、体验性知识和方法性知识。这符合幼儿的认识特点，更有益于幼儿的认知发展。或许人们可以概括出或列举出许多的整合课程的内容，但是无论在此方面做出多大的努力，都难以周全且周延地陈述整合课程的全部内容。尽管如此，我们仍可以对整合课程内容的属性、边界做出周全或周延的概述，那就是整合课程的内容是未分化或被整合过的。

(三)课程实施途径的多样性

《幼儿园教育指导纲要(试行)》指出：“各领域的内容要有机联系，相互渗透，注重综合性、趣味性、活动性，寓教育于生活、游戏之中。”整合课程的实施途径是多样的，各种类别的游戏、集体教学活动、劳动以及日常生活中的活动各有其特殊的教育作用，在运用时尽可能互相配合，发挥各自的独特性。游戏是学前阶段的主要活动，也是幼儿发自内心的需要，因为游戏活动本身并没有学科的界限，同时它又是现实生活的反映，所以通过游戏活动可以实现幼儿园课程的整合。无论是教师设计的还是幼儿自发的游戏活动，都可以将各领域内容融入其中，幼儿通过与材料、玩具相互作用，与同伴、教师相互交往，学习相关经验，感受生活，享受快乐，得到各方面的发展；课程的生活化也是幼儿园整合课程的有效途径，幼儿的生活是完整的，丰富多彩的，在园内的一日生活活动包含了丰富的教育内容，而且融合了多领域的内容，来园、晨间锻炼、用餐、盥洗、离园等，各个环节都可以实现课程的整合。

(四)课程评价的发展性

整合课程有助于实现教学评价的多元性，评价不再是延续传统教学中的诊断性评价和终结性评价，而是注重幼儿的身心健康发展、认识能力提高、实践能力增强等维度的发展性评价和生成性评价。在本质上，它突破和瓦解了传统教学中单纯以知识传授为唯一目的的教学理念及以考试、考核、测验为手段的评价理念。取而代之的是以幼儿的整体性、全面性发展为根本目的，是对幼儿整个人生历程的动态性、质性的评价，其体现的是一种富有创生性的意义指向。

第二节　幼儿园整合课程的建构

幼儿园课程建构是指为了完成一项课程计划而进行的整个过程，它包括课程主题的分析、课程目标的确定、课程内容的选择与组织、课程实施和课程评价等阶段。整合课程的建构是幼儿园教师面临的一大挑战，需要教师明确整合课程建构的基本原则和方法。

一、幼儿园整合课程建构的基本原则

(一)幼儿园课程整合的中心是幼儿而不是客观知识

幼儿园课程的启蒙性特点，使得幼儿园的课程整合相比中小学和大学具有天然的优势。即使在更高层面的学校课程设计上，分科和整合、客观知识和人性的争论还将继续下去，但对幼儿园课程而言，我们面对的教育对象已经决定了幼儿园课程整合的中心是幼儿，而不是客观的知识体系。虽然，我们今天中小学乃至大学的课程体系中的主导精神是科学精神，几乎所有的课程都是以客观知识为中心进行整合的，但我们不应忘记，幼儿园培养的绝对不是“既懂自然科学又懂社会科学”和“勇攀科学高峰的人”，幼儿园的教育目的是培养富有个性、身心健康、和谐发展的人。幼儿园课程内容应选择那些幼儿易于理解的知识，而不是具有学科逻辑性的“客观知识”。幼儿园课程的实施也要根据幼儿的生理和心理发展特点，引导他们主动探究，激发和维持学习兴趣，而不是采用端坐静听的方式在短时间内传递大量知识。对于

幼儿园的课程评价而言，我们主要的评价指标是幼儿是否能够健康、快乐、和谐地度过学前阶段，打好人生的基础，而不仅是幼儿到底习得了多少知识和技能，打好入小学的基础。可以看出，以客观知识为中心的课程整合和以幼儿主体为中心的课程整合在课程体系的各个方面都有重大区别，这两种课程整合方式到底如何取舍，有没有共存的办法依然是课程整合面临的重大课题。

(二)课程的整合性不仅体现在宏观上更体现在微观上

幼儿园课程整合体现在宏观和微观两个层面上。从宏观上看，幼儿园课程是以幼儿为中心的课程，与中小学的课程整合不同，幼儿园的课程不是努力将几个学科整合在一起，也就是说，幼儿园课程整合不是以学科为中心的整合，而是以幼儿经验为中心的整合。《幼儿园教育指导纲要(试行)》中五大领域的划分，绝对不是将原来的六科教学合并为五科教学，在这其中，领域和学科的概念有质的差别。许多人认为，领域是学科合并的结果，实际上从领域到学科的变化体现出从客体到主体经验的变化。因此，领域不是简单的学科合并，而是课程整合中心的彻底变革。从微观上看，幼儿园课程最终的落脚点是一个个具体活动，可以想象，如果宏观的整合目标落实到具体活动中又成为美术课、科学课、音乐课，那么“整合”这个抽象概念对幼儿又有什么意义呢?《3—6岁儿童学习与发展指南》中的艺术领域分为两个目标，分别是感受与欣赏、表达与创作，而不是按照学科分为音乐和美术等目标。这就是一种整合思想的体现。因此，课程整合不仅是宏观的布局，同时更重要的是具体活动中体现出的整合性。只有使一个活动能够达到不同的目标，体现课程内容的多样性，才能最终落实以幼儿经验为中心的课程整合。也许有人会说，幼儿园课程不同于中小学课程，在六科教学时期，每个具体活动就可以达到不同的发展目标。我们也认同这种观点，但毋庸置疑的是，以前的课程以学科知识的习得为中心，有些课程内容的多重教育价值没有得到真正体现，而在以幼儿为中心的课程整合过程中，教学目标是幼儿的发展而非知识的习得，以幼儿发展为中心，课程中的各种要素会协调一致形成完全不同于过去的课程形态。同样这种变化是质性的，而不只是量的变化。应该指出的是，我们所谓整合，终极目的不是幼儿园课程在形式上的整合，具体来说，课程整合的过程不是在形式上追求主题教学、建构网络等，而是要通过课程整合最终使幼儿的经验发生整合，促进幼儿发展。所以整合最终要达到的目的不是课程整合而是幼儿经验整合，这也是评价一种课程整合结果的最好指标。

(三)幼儿园课程整合的多样性和层次性

课程整合在幼儿园教学实践中呈现多种形态，以至于在同一种教学用书中也存在多种整合类型。多样性使课程整合充满生机，但课程整合在某个教学时间段(如一学期中)应该保持稳定性。有的教学用书中在一个月时间内出现了许多不同形式的主题和网络组织方式，频繁地更换主题内容不仅不利于幼儿充分地体验，也增加了教师的工作负荷。多样性也指课程整合在实际教学中是可变的、灵活的，一个好的主题不仅自身概括水平高，包容性好，同时也应该具有拓展的可能性，这种课程在不同的幼儿园会展现出不同特点，而且由于已经有编写成熟的课程内容作为先例，幼儿园可以根据本园幼儿特点和教育资源建构园本课程。

课程整合的层次性在这里不仅指同一年龄班课程目标、课程内容的递进，也指幼儿园三个年龄班之间课程目标和内容的递进。在课程的编写过程中，经常出现这种状况，即在为不同年龄班设计的主题中，有相同或相近的内容出现。例如，小班、中班、大班都有以季节为核心的主题，但在不同年龄班，这个主题有不同目标和不同内容。小班强调对季节的体验，中班重点是对周围事物的观察，大班则强调事物随季节发生变化的内在规律。相对而言，侧重点和课程目标的确定比较简单，但如何在主题中体现这种变化则比较难，特别是这种衔接要掌握好“度”，三个年龄班内容既不能重叠又不能脱节。实际上，我们在课程整合过程中力图让课程的发展呈现螺旋形结构，而不是以前那种线性结构，力求让相同内容在不同时间段中体现出不同的深度和广度。

二、幼儿园整合课程建构的基本模式

(一)领域整合课程模式——以幼儿各领域学习与发展目标为导向的整合

这种类型的整合课程是指将两个或者是两个以上领域进行整合，甚至包括全部领域的整合。如图 5.1 所示，领域整合课程是目前幼儿园中使用较为广泛的整合课程，尽管它在形式上仍以学科或较大的学科为中心来组织课程内容，但学科知识的分类并不太严格，而是把相关知识囊括在一个相对较大的“领域”内。

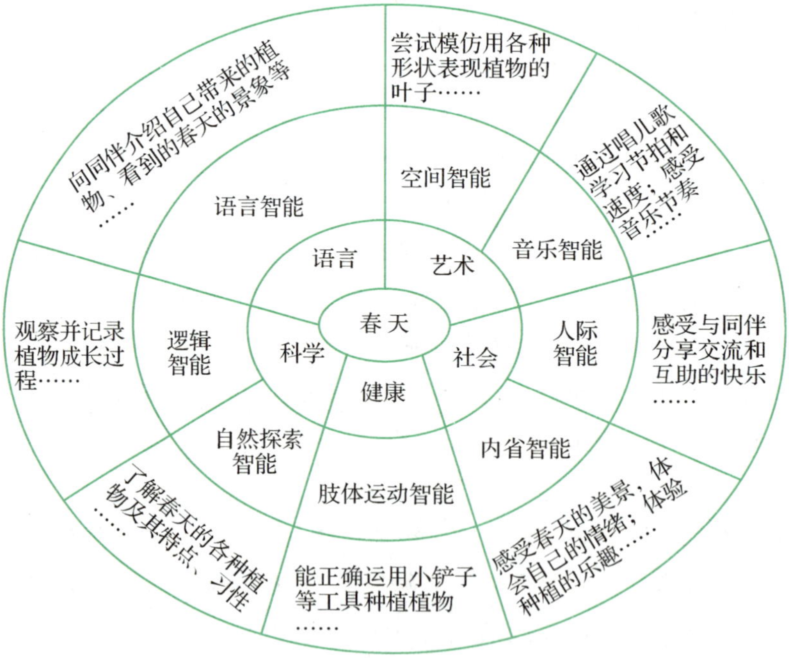

图 5.1　领域整合课程模式——以幼儿各领域学习与发展目标为导向的整合

(二)主题式整合课程模式——以主题内容(或概念)的关联性为导向的整合

如图 5.2 所示，这种课程建构模式是指在一段时间内围绕一个中心内容，即主题，来组织教育教学活动。主题来源的方式是多元的，既可以来自幼儿生活，也可以是教师预设的，同时还可以是教师与幼儿在互动过程中生成的，而单元主题课程的主题大多是事先设计好的，陈鹤琴的“五指活动课程”和南京师范大学出版社出版的《幼儿园活动整合课程》中涉及的课程都属于这类课程。

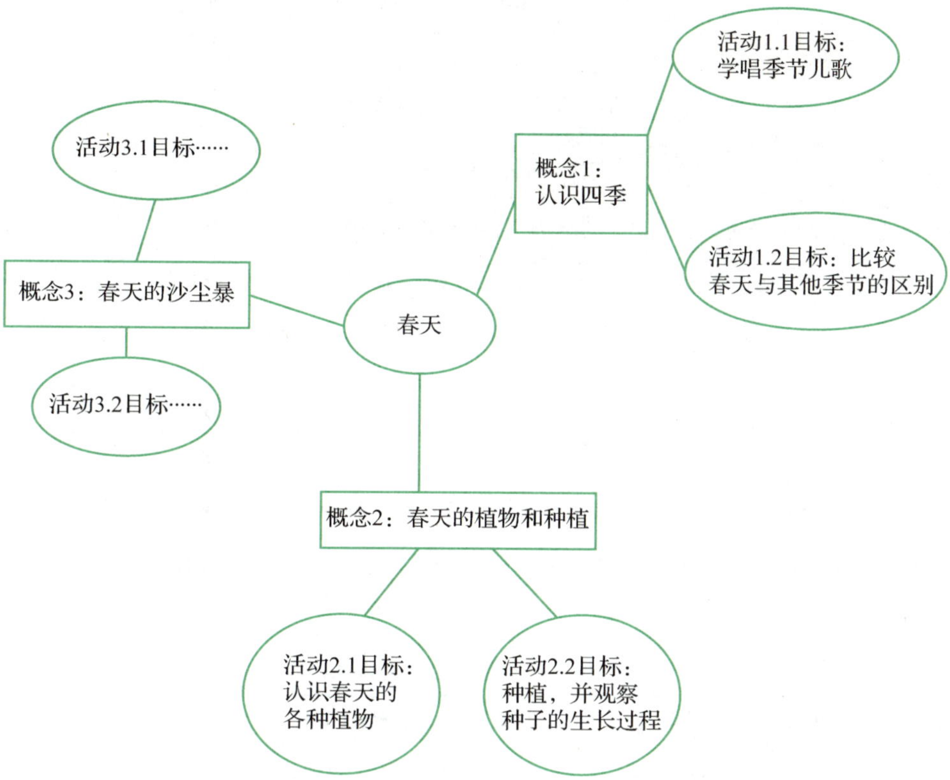

图 5.2　主题的整合——以主题内容(或概念)的关联性为导向的整合

(三)项目整合课程模式——以幼儿的兴趣和经验为导向的整合

如图 5.3 所示，项目整合课程模式主要是指教师与幼儿在生活中围绕一个大家感兴趣的课题共同谈论，在师幼合作研究中发现知识、理解意义、建构知识的一种整合课程模式。它强调幼儿的兴趣与经验，主张以完整的学习促进幼儿的整体发展。项目整合课程与主题式整合课程的区别是，主题式整合课程大多是事先设计好的，而项目整合课程则更强调在师幼互动中根据幼儿的反应对主题及时做出调整、修订，强调课程的弹性设计，它也是一种生成课程。

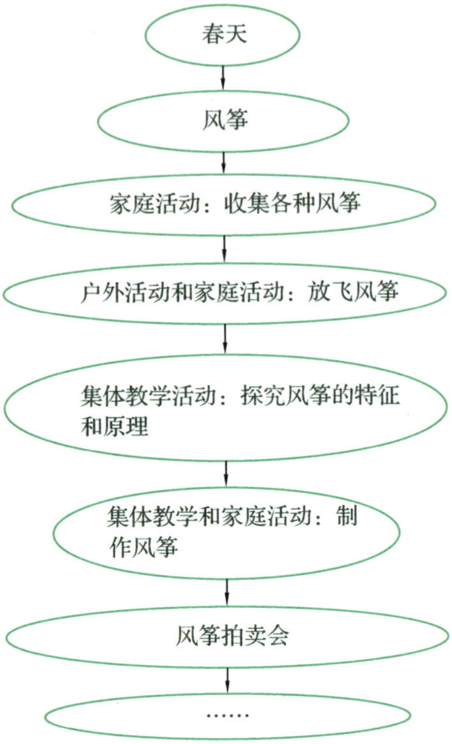

图 5.3 项目整合课程模式——以幼儿的兴趣和经验为导向的整合

以上三种整合课程建构模式各有其优点和局限性，以下是对其做出的具体分析。(表 5.1)

表 5.1 三种整合课程建构模式比较

比较内容	领域整合课程模式	主题式整合课程模式	项目整合课程模式
设计思路	以幼儿学习与发展目标为框架拓展课程	根据内容的关联性设计课程	以幼儿在活动过程中经验的连续性为线索生成课程
课程性质	突出教师依据目标主导教学的全面性	突出教师控制的相关性	注重幼儿建构的连续性
优点	幼儿所学知识和经验体系性强，学习领域相对均衡，能较全面地落实幼儿学习与发展目标	幼儿所学知识和经验体系性强	幼儿学习的连续性和主动性得到尊重；有利于幼儿对自己的事情承担责任，能够使其追随自己思维和行动的线索，而不会遭受阻碍形成对成人的过分依赖；课程发展的结构隐含丰富的教育价值，可促进幼儿学习品质的发展

续表

比较内容	领域整合课程模式	主题式整合课程模式	项目整合课程模式
局限	不能为幼儿提供整合性的经验，而是把课程按照学科界限分解成不同的领域，不能满足幼儿学习和思维发展的连续性要求	不能为幼儿提供整合性的经验，而是把课程的内容分解为特殊的概念片段，不能满足幼儿学习和思维发展的连续性要求	由于同一年级甚至同一个班的幼儿经验差距大，生成的课程很有可能仅适合个别幼儿学习。教师若处理不当就可能完全追随个别幼儿的意愿走，有可能造成其他幼儿经验缺失，且造成幼儿所学知识零散
对教师的核心要求	教师需熟悉幼儿园五大领域内容架构及其内涵、目标	教师需具有比较广泛的科学文化知识	教师能观察并记录幼儿行为，挖掘其行为背后隐性经验的发展情况，从而整合经验，并能提供相关的新课程，增加幼儿的经验；做好观察和记录，将幼儿园生成的活动放进长期的指导计划中

上述三种课程建构模式各有其优点，但其局限性更值得幼儿教师理解和关注。其局限性主要体现在三个方面，即思维上、空间上和时间上，这些使得课程无法满足幼儿学习和发展的需求。

局限之一：在教师控制的课程中，虽然幼儿所学知识和经验系统性强，但学习过程无法体现出幼儿参与课程建构；以幼儿经验为导向的主题课程虽能尊重幼儿学习的主动性和连续性，但无法顾及处于不同经验水平的幼儿，且会造成幼儿所学知识零散。

局限之二：课程在空间上是封闭的而不是开放的，教师多聚焦于集体教学活动的主题式课程探索，狭隘地将课程设计理解为集体教学课程设计。

从目前国内幼儿园教材以及教师教育观念来看，教师普遍认为幼儿园课程设计主要解决的是集体教学活动设计的问题。在绝大多数幼儿园中，基本看不到集体教学活动与区域活动、一日生活常规活动、自由游戏、户外活动之间的关联与互动。

但是，从幼儿发展的角度考虑，一个教学目标，不是用一个教学环节或是一个教学手段就能实现的。比如，教师教幼儿解一个数学题、唱一首歌或画一幅画，如果只开展一次教学活动，效果就会受到限制，幼儿需要在一天内的不同环节中，甚至一段时间内反复练习。其原因是幼儿园教育和中小学教育最大的区别在于幼儿园教育以行为的塑造为主，而行为的塑造往往需要建立在比较长期而稳定的生活模式基础上，一次简短的集体教学不能满足幼儿的反复练习和学习，无法给幼儿提供更多的整合经验和发展相关经验的机会。

另外，教师应当为幼儿的学习提供“一致性”的情境。所谓“一致性”的情境，即幼儿园无论是集体教学，还是环境创设、区域活动等其他一切活动都应该体现一个相对独立和一致的主题，一致性的情境更加有助于幼儿成为主动的、独立的学习者。

因为，幼儿只有“知道他们在哪里”“他们能做什么”，才有可能在幼儿园充满自信、更加有效地开展行动。教师为幼儿提供一致性的情境有助于幼儿从新的、往往令人迷惑、不安和具有挑战性的经历中学习，从而建立自信，形成自主、自治的学习习惯；一致性情境有利于满足幼儿的安全感，知道什么时候将要发生什么，将要如何面对；一致性情境更有利于发挥环境的暗示作用，幼儿在思考主题的基础上更容易识别教师提供的材料和情境的含义，并进行有效的学习。

因此，真正的整合课程应当是集体教学、区域教学、一日生活常规活动、自由游戏、户外活动、家庭教育等多个方面形成的教育合力，使课程在时间、空间和思维上无限延展。

局限之三：课程在时间上的局限性无法满足幼儿学习的连续性要求。

连续性是指幼儿能够持续数周保持住对一个主题的兴趣。事实证明，幼儿的学习和发展需要幼儿在一定时间段内连续地、反复地接受刺激，这就需要课程在时间上体现出连续性。一次集体教学活动结束，并不意味着学习就结束了，教师需要给幼儿提供可以进行连续学习的机会，如继续在区域活动中验证集体教学时的观点和经验，或在家庭活动中延伸。

事实证明，若要幼儿持续数周对一个主题感兴趣，这个主题必须源于幼儿自己的想法或经验，教师要引导幼儿自我建构课程，使学习发生在真实的和现实的情境中，教师要能为幼儿提供整合性的经验而不是把课程内容分解为特殊的概念片段。这种建构课程的方法是以幼儿的兴趣为基础的，因而能为幼儿创造动态的、有价值的学习机会。而目前我国的课程多数表现出来的是教师控制的连续性。

基于课程实施的局限性，幼儿园教育整合能够体现课程在空间上的延展性和在时间上的连续性，可以以幼儿为课程的主体，提高幼儿的课程参与性。

由此可见，以上常见的幼儿园课程建构模式都存在一定的局限性，那么，要突破这些局限，我们的出路在哪里呢？本章第三节和第四节，将与大家一起深入探讨。

第三节　幼儿园主题式整合课程

“主题”一词对于我们而言并不陌生，在日常生活中，“主题”是指我们讨论的话题、讨论的中心思想。《现代汉语词典(第7版)》对“主题”一词的界定包括以下几个方面：①文学、艺术作品中所表现的中心思想，是作品思想内容的核心；②泛指谈话、文件、会议等的主要内容；③主标题。与我们通常理解的“主题”含义或是词典中解释的含义不同，在课程领域中“主题”一词有其特殊含义。但是，理论界关于课程中的“主题”并没有明确的界定，关于“主题”的概念，专家、学者们观点不一，各有侧重。例如，吉姆·比恩(J. A. Beane)把“主题”看作课程的组织中心。① 有宝华认为：“在学校教育中，主题是指教育和教学活动的中心议题，在课程内容的组织中，主题是指不同内容共同指向的核心问题。”②虞永平则认为：“在幼儿园课程这个研究领域，使用‘主题’一词，意指课程的某一单元、某个时段所要讨论的中心话题，通过对这些中心话题的讨论，对中心话题中蕴含的问题、现象、事件等的探究，使幼儿获得新的、整体的、联系的经验。因此，幼儿园课程中的主题，往往不只是中心议题本身，它还包括中心议题蕴含的或与中心议题相关的问题、现象及事件等。”③

综上所述可以看出，在幼儿园教育课程领域中，“主题”一词更加强调其作为教学内容的意义，多指以某个话题为中心辐射开的相关问题，是教育活动开展的中心，在单元主体活动中“主题”起着统率作用。

一、幼儿园主题教育活动

在我国百余年学前教育发展史中，具有代表性的幼儿园课程改革有三次，而其中第一次和第三次都与单元主题活动密切相关。因此，随着幼儿园课程改革的进行，幼儿园主题教育活动也成为近年来在幼儿园普遍流行的一种教育组织形式。幼儿园主题教育活动是指在一定的时间里，围绕一个中心内容(主题)组织的教育教学活动。主题教育活动打破了学科之间的界限，将各种学习内容围绕一个中心有机地连接起来，从幼儿的兴趣和需要出发，紧密跟随现实生活发生的新变化和新形势，围绕着一个主题展开一系列的活动，让幼儿通过对这一主题的探索和学习，获得与该中心相关的比较完整的经验。④ 朱家雄在《幼儿园课程》中认为通过主题的方式开展的教育活动是综合性课程实现的一种方式，他指出：“通过主题的综合而形成的综合性课程，在结构上也可以有不同的结构化程度，较高结构化的综合性主题课程，旨在以主题为载体，将各种情况下的知识和技能融为一体。而较低结构化的综合性主题课程则是以幼儿自我探索和发现式学习为主的课程，旨在以主题为点，拓展与主题有关的问题和概念。”⑤

总之，主题教育活动是在近年来课程改革中随课程结构一体化和综合化的趋势而产生的一种教育教学组织形式，是现今大多数幼儿园综合课程或者活动课程建构中普遍采用的一种基本设计思路。主题教育活动不再以单一的学科为主线，而是将各门学科融合到同一个主题的范围下，设计成一系列的主题活动，以主题为核心，辐射开来，在几天或是几周的时间内进行集中的学习，从而在学习方式上实现由“以

---

① [美]布鲁纳：《布鲁纳教育论著选》，邵瑞珍、张渭城等译，99页，北京，人民教育出社，1989。

② 钟启泉：《现代课程论》，205页，上海，上海教育出版社，1989。

③ 北京市教育科学研究所：《陈鹤琴全集》第三卷，103页，南京，江苏教育出版社，1990。

④ 王坚红：《学前教育评价》，102～103页，北京，人民教育出版社，2001。

⑤ 朱家雄：《幼儿园课程》，231页，上海，华东师范大学出版社，2003。

学科为中心”向“以幼儿为中心”的转变。

二、幼儿园主题教育活动的理论基础

2001年以前，我国一直用的是1981年颁布的《幼儿园教育纲要(试行草案)》。在旧纲要的指导下，我国幼儿园实行健康、语言、科学、艺术和社会这五大领域的分科教学，注重知识的系统性和循序渐进的教学方法。伴随着2001年7月新的《幼儿园教育指导纲要(试行)》的颁布，幼儿园的教育指导思想转变成教育内容的选择要“贴近幼儿的生活”“选择幼儿感兴趣的事物和问题”“要避免仅仅重视表现技能或艺术活动的结果，而忽视幼儿在活动过程中的情感体验和态度的倾向”等。自此，全国上下大力开展幼儿园主题教育活动。其实，主题教育活动有较长远的历史。

我国最早的主题教育活动思想，当属20世纪二三十年代我国教育家陈鹤琴先生所创的五指活动课程中的“整个教学法”(又叫“单元教学法”)的教育思想。他指出，这个教学法就是将幼儿应学的东西整体地、有系统地来教给幼儿，就是把各种功课打成一片，所学的功课是无规定时间的；而所用的教材是以故事、社会、自然为中心的，或者是以“做”为出发点的。进一步说，“整个教学法”就是指将健康、社会、科学、艺术、语文五个方面的内容结成一个完整的教育网，以单元的形式进行编排，每个教育活动单元都有一个活动中心，各种教育活动围绕着活动中心进行，构成一个完整的教育体系。20世纪80年代以来，南京鼓楼幼儿园在陈鹤琴研究的基础上，继承和发展了单元教学，把五指活动内容扩展到了13个方面，将单元细化，形成每周一单元，增加单元数量，增强了单元的灵活性和系统性。“整个教学法”通常是由一系列幼儿教师预先设定的课或者中心组成。其中幼儿对教师设定话题的影响较小，也没有多少机会去参与、决定所进行的活动或者与同伴进行讨论，其所要做的只是对教师设定以及组织开展的活动做出一定的反应。① 可见“单元”是一种课程组织形式，而现今主题教育活动的“主题”就是单元教学的“中心”。20世纪20年代到40年代，陈鹤琴先生单元教学模式的影响几乎覆盖了整个中国。

20世纪80年代，南京师范大学与南京市实验幼儿园合作进行的“幼儿园综合主题教育”研究项目，开始掀起了我国幼儿园综合课程改革的浪潮。学者唐淑在对幼儿园课程体系的研究中，提出幼儿园课程综合化的本质为：“幼儿的发展是一个整体，是认知、情感态度和能力技能在经验层面上的整合；各学科知识在幼儿园是以一种综合的形式出现的；幼儿园的活动是教学与生活、游戏的整合，是集体、小组和个别活动的整合。”她还提出了三种幼儿园课程综合的思路：从整体课程入手，以幼儿发展的某一方面为线索整合幼儿的相关学习领域；从几个领域出发，整合部分关系密切的课程领域；从某一课程领域出发，将其他领域的部分内容整合到这一领域的

---

① 联合国教科文组织总部中文科：《教育——财富蕴藏其中》，19页，北京，教育科学出版社，1996。

活动中来，同时，将这一领域的部分内容整合到其他领域中去。20 世纪 90 年代以来，随着幼儿园课程改革的不断推进，幼儿园主题教育活动的理论呈现出开放性特征，主题教育活动开展的形式也呈现出多样性的特点。

19 世纪末 20 世纪初，美国教育家杜威提出，幼儿的发展是在先天本能与冲动的基础上，通过与环境的相互作用而不断地增加经验意义的过程。他强调教育要尊重幼儿自己的兴趣，强调幼儿自主生成的问题，并在兴趣和已获得经验的基础上，自己通过操作来探究，进而自主地构建知识。他反对传统教育中的背离幼儿主体地位、以“课堂、书本、教师”为中心的教育方式，提出以“活动、经验、幼儿”为中心的新型教育。杜威强调“做中学”，但是这里的“做”不是简单的、机械的操作，而是边操作边动脑思考，他强调行动中反思的作用。杜威在批判传统学校教育的基础上，提出了“教育即生长”“教育即生活”“教育即经验的改组与改造”为教育本质的观点，并且提出了著名的“五步教学法”，即情境、问题、资料、方法、检验。其思想体系中对“做”“生活”“情境”“问题”“儿童中心”等的重视，都对后来出现的设计教学法有深远的影响，同时也影响了当代主题教育活动的形成和发展。

“方案教学”也叫“项目活动”“设计教学”，出现于 20 世纪初，是美国教育家克伯屈在发展了杜威“做中学”教育思想的基础上，创造出的一种教学组织形式和方法。他认为，有机体是通过活动来进行学习的，学习的结果是获得一种新的行为方式。他建议取消分科教学，取消现有的教科书，由幼儿根据自己的兴趣决定学习目的和学习内容。主张教材应该来源于实际生活，要给幼儿提供足够的自由和机会，让幼儿在教师的指导下，练习确定目标、选择目标、制订自己的计划、执行计划，并且做出判断和评价。他认为，学校课程的设计类型可分为四种：生产者的设计、消费者的设计、问题的设计和练习的设计。同时，他指出了设计教学法的四个步骤：决定目的、制订计划、实践计划和评定。方案教学是一种倍加强调学习者主动性和自主性的综合课程模式，围绕幼儿某个感兴趣的主题进行深入研究，从而在活动的过程中构建知识，活动计划的弹性较大。在设计教学法中，学习者具有主体地位，以幼儿的活动为主，教师只是具有重要的指导作用。

建构主义理论代表人物皮亚杰的“相互作用论”及“认知发展阶段论”，也为主题教育活动的发展奠定了理论基础。皮亚杰认为，影响幼儿认知发展的四个因素分别为：机体的成熟、物理环境、社会环境、平衡。他认为，发展就是主体在与环境的不断的相互作用中的一种建构的过程，其内部的心理结构是在不断变化的。① 他认为，心理发展就是个体通过同化和顺应日益复杂的环境而达到平衡的过程，并在此基础上获得认知的发展。皮亚杰认为人的认知发展经历了四个阶段，分别是感知运动阶段、前运算阶段、具体运算阶段和形式运算阶段。这四个阶段的划分为更好地

---

① 施良方：《课程理论——课程的基础、原理与问题》，25 页，北京，教育科学出版社，1996。

了解幼儿的身心发展状况提供了理论支持，同时，也为更科学地开展幼儿园主题教育活动提供了客观依据。皮亚杰的主客体相互作用论，强调了机体的主观能动性和对知识的自主建构的过程。

新皮亚杰主义认为，幼儿的许多知识概念，不必进行有组织的教学，因为它们在幼儿成长的过程中会自发地建构起来，这些知识主要是指一些社会生活常识及某些自然常识。而现代主义课程专家多尔则指出："为适应复杂多变的21世纪的需要，应构建一种具有开放性、整合性、变革性的新课程体系。课程不再是特定知识体系的载体，而成为一种师生共同探索的发展过程；课程发展的过程具有开放性和灵活性，不再是完全预定的、不可更改的。"多尔的观点为幼儿园主题活动的开展提供了理论支持。

正是因为有上述丰富的理论背景，才使得主题教育活动在现今的幼儿园课程中占据着重要的地位，无论对教师、幼儿还是对学前教育事业都发挥着深远的影响。

三、幼儿园主题教育活动的特点

主题教育活动有一般性和普遍性的特点，这些特点也是主题教育活动区别于其他形式的教育活动的原因。而相对于一般的主题教育活动，在幼儿园这个特殊教育阶段中的主题教育活动又有着自己的特点，主要表现在以下几个方面。

(一)纵横交错，形成系统

所谓纵横交错，指的是幼儿园的主题课程不仅在纵向上具有时间上的连续性，即主题活动短则几天，长则可以是几个星期，同时前后主题间具有关联性，即后面的主题要建立在前面已经开展的主题所获得的经验的基础上，前后主题的关联性，也更加有利于幼儿知识的连续系统化以及对已有经验的强化。在横向上，幼儿园主题教育活动在组织形式上，融合了集体教学、日常生活、游戏活动等各种可能的组织形式；在活动空间上，不再局限于园内而是放眼于园外社会这个大的教育平台。无论是纵向还是横向的系统性，都是为了更好地进行主题教育活动，提高教育的影响效果。

(二)内容综合，临近生活

幼儿园主题教育活动是脱离了以"学科"和"教材"为中心的传统教育模式，取而代之以"生活""幼儿"为中心的现代新型教育形式。中心的转变，扩展了幼儿教育内容选择的范围，任何有利于幼儿生活经验积累、有利于幼儿成长、幼儿感兴趣的、对于幼儿来说有教育价值并具有操作性的内容都可用来作为主题活动开展。由上文对"主题"的界定可知，主题活动不一定非是中心议题，也可以是与主题相关的一系列事件、问题和现象。幼儿是处在家庭生活中、幼儿园生活中以及社会生活中的，并且幼儿天生是一个探索者，这也就注定了幼儿园主题活动内容的综合性和生活性。学习内容源于生活，幼儿在生活中学习，为了生活而学习。

(三)师生合作，共同探究

幼儿园主题教育活动的来源可以有多个方面，而以幼儿为中心就要求主题活动的内容主要依靠幼儿自己在活动中生成。无论是教师自己预设的、师幼共同生成的，还是幼儿自己生成的，主题活动的开展都是一个教师和幼儿共同合作交流的过程。因为，主题教育活动中，主体是具有动态意识和发散思维的幼儿，这就决定了活动的不确定性，也就意味着随时都可能有新的内容生成。主题教育活动是一种相对低结构的教育活动，具有一定的柔韧性和弹性。① 其弹性特征就要求师生在共同合作的过程中，幼儿在教师的辅助下去观察、实验、访问、收集资料、统计、计算，去认识问题、分析问题和解决问题。每一个主题活动的开展不仅对于幼儿来说是一个新的探索之旅，同时对于幼儿教师来说也是一个新的经历、新的成长。

(四)情境学习，重视感受

“环境是幼儿的第三任老师”，这是瑞吉欧教育思想的主旨。瑞吉欧教育思想对中国教育影响的日益加深为主题教育活动的开展提供了理论基础。幼儿园主题教育活动一方面源于生活和幼儿的兴趣，它本身具有存在以及展开的情境性，庞大而且真实的生活情境为主题活动的开展做好了铺垫；另一方面，如若没有真实的情境，教师在进行主题活动时，也应为幼儿尽量地创造模拟的情境，注重幼儿自身的感受。从亲身经历和感受出发，主题活动才能更容易被幼儿接受和理解，才能使幼儿有更多的机会去将感受和所获得的经验运用于生活，从而实现促进幼儿发展的宗旨。

四、幼儿园主题教育活动的类型

在划分主题教育活动的类型之前，我们首先要明确主题教育活动和幼儿园综合课程的关系。两者既有相同之处也有不同之处，主题教育活动是幼儿园综合课程的一部分，它隶属于幼儿园综合课程的范畴之内。幼儿园综合课程的实施是一个由理念到实践、由宏观到微观的过程，而幼儿园的主题教育活动即是其实践和微观化的途径。

(一)从主题结构化程度来看

结构化程度较高的主题活动偏向于教师的预设，而结构化程度较低的主题活动偏向于幼儿自己的生成或是教师和幼儿的共同生成。现今，我国幼儿园中的主题教育活动的结构程度是多样的，两种结构化程度同时存在，有时候需要相互补充，二者没有好与不好之分，只有适宜与不适宜之别。主题教育活动的结构化程度，一方面取决于设计开展主题教育活动的教师的综合素质。高素质、有丰富的教学经验，

---

① 王春燕：《幼儿园课程概论》，169 页，北京，高等教育出版社，2007。

并且清楚地了解本班幼儿发展水平的教师可以选择结构化程度较低的主题活动。另一面，也取决于幼儿的年龄特点和经验的储存量。对于小班的幼儿，则更适合采用结构化程度高的主题活动，并随着年龄和经验的增长，逐渐过渡到结构化程度低的主题教育活动。

(二)从主题生成性的程度来看

幼儿园主题教育活动可分为预设型、半生成型和全生成型。所谓预设型是指幼儿教师预设的主题教育活动，其在活动之初就已经被教师计划好了，其中幼儿对活动主题的选择几乎不产生任何影响。半生成型是指在教师开展的预设的主题教育活动中，幼儿产生了新的兴趣，教师关注幼儿的兴趣点并生成新的主题。全生成型即依据幼儿在其日常生活中所发现的感兴趣的点或是生活中所需要解决的疑问，进而生成一个主题，这完全取决于幼儿自己的生活和自己的兴趣，同时要注意幼儿兴趣点的价值性和操作的可能性。然而，无论是预设型、半生成型还是全生成型，其划分都是相对的，现实的幼儿园主题教育活动中，三者相互联系甚至可以相互转化。

五、幼儿园主题式整合课程的设计思路

由于幼儿园教学内容丰富，且设计形式灵活多样，即便是同样的课程内容也可能有多种课程设计思路。因此，在实践中，并不能轻易将主题课程设计思路全面地概括。一般而言，可归纳为两种设计思路，一是以幼儿发展为中心的设计思路，另一种是以客体为中心的设计思路。下面将举例说明两种设计思路。

思路一：以幼儿发展为中心设计主题

1. 以幼儿发展水平为基本维度(图5.4)

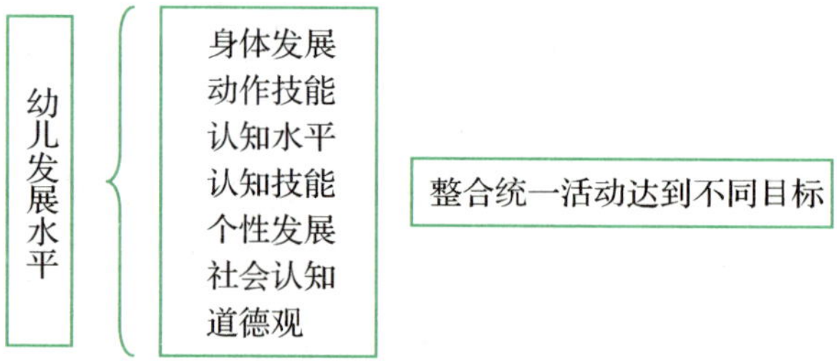

图5.4 以幼儿发展水平为基本维度

举例：(图5.5)

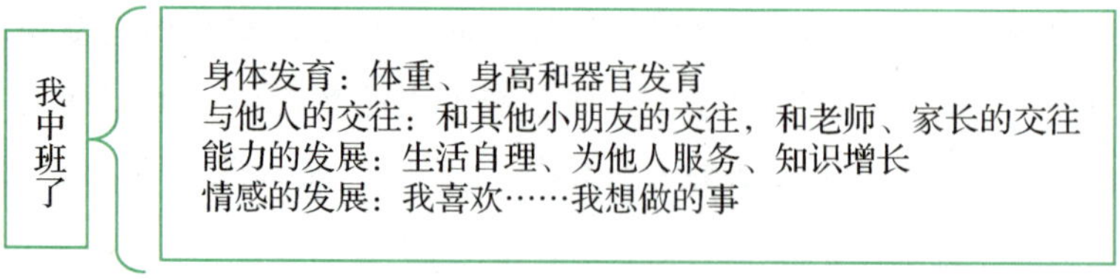

图5.5 以幼儿发展水平为基本维度列举

2. 以幼儿对客观事物的认识为基本维度

举例1：平行模式(图5.6)

对客观事物的认识
- 感官感知的客观事物性质(数量、颜色、形状等)
- 与客观事物相关的其他概念(如“马路”和“汽车”)
- 该事物与幼儿生活的关系

图5.6　以幼儿对客观事物的认识为基本维度的平行模式列举

举例2：渐进模式(图5.7)

我爱我家
- “营造”：快乐一家人
- ⇩
- “体味”：我有一个幸福的家
- ⇩
- “抒发”：我爱我家
- ⇩
- “回报”：我为家里做贡献

图5.7　以幼儿对客观事物的认识为基本维度的渐进模式列举

思路二：以客体为中心设计主题

1. 以事物的某种特性为中心进行整合(图5.8)

客观事物
- 种类
- 数量
- 发展历史
- 特点
- ……

图5.8　以事物的某种特性为中心进行整合

举例：(图5.9)

豆豆家族
- 种类：黄豆、蚕豆、豌豆、红豆
- 生长：过程（发芽、成苗、成长、成熟）、条件（温度、湿度、水）
- 特征：形状、颜色、大小
- 用途：颜料（肥皂、油漆、人造纤维、橡胶）、食用（酱油、豆油、菜肴、豆浆）、工艺品

图5.9　以事物的某种特性为中心进行整合列举

2. 以事物的共同性质为中心进行整合(图5.10)

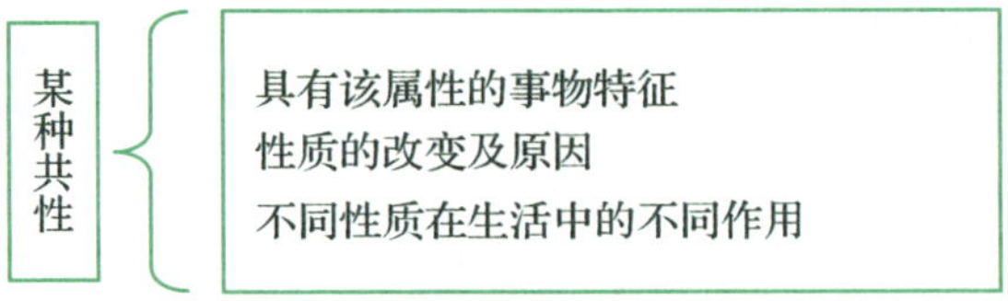

图5.10　以事物的共同性质为中心进行整合

举例：快快慢慢

快快慢慢的汽车：快慢不同的汽车；数汽车(感知2以内的数量)；影响玩具汽车速度的因素。

小动物的快和慢：动物的不同行进速度；控制自己动作的速度。

生活中的快和慢：长方形；快和慢的不同作用。

3. 以虚拟物为中心进行整合

以虚拟物为中心进行整合就是将虚构物体为主题，如快乐城堡、童趣天地等，这些主题中的“城堡”“天地”是虚构的，主题的目的不在于让幼儿了解城堡、天空和地面，而是借它们开拓一个想象的空间，将一些可能在现实中没有必然关联的内容整合在一起。(图5.11)

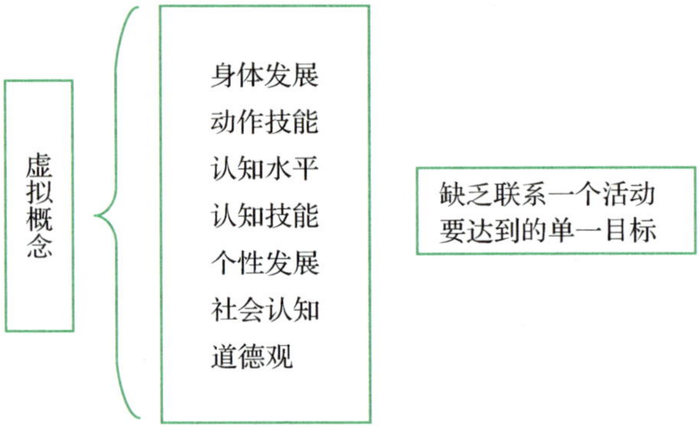

图5.11　以虚拟物为中心的整合模式

举例：快乐城堡

南瓜城堡：测量身高。

七星瓢虫城堡：认识方位、观察和判断。

游乐场：我喜欢的玩具，制作玩具。

橘子城堡：认识教师节。

西瓜城堡：手影游戏。

苹果城堡：废旧材料制作。

大嘴蛙城堡：生活自理，小肌肉发展。

快乐城堡：认识中秋节、国庆节。

刺猬城堡：走迷宫(观察力)跳房子(单脚跳，发展平衡能力)。

六、幼儿园主题式教育组合课程的实践策略

所谓主题式教育组合，即教师在进行幼儿园课程设计时，以适合幼儿发展的活动主题为载体，将集体教学、区域活动、一日生活常规活动、自由游戏、户外活动，以及家园互动、环境创设等作为课程元素，以教育组合的形式进行整体设计。如何有效地运用教育组合，并将其转化为可操作的幼儿园课程呢？应当明确三个方面的问题：一是主题式课程内容是由幼儿和教师共同编织而生成的；二是教师要明确幼儿园不同环节的教育作用，通过整合使其达到最优化；三是通过合理的主题课程设计和备课体现主题式教育组合课程。

(一)主题课程内容来源于教师和幼儿共同编织的生活

实践困惑：只要是幼儿感兴趣的主题，教师都要编制成课程吗?

整合课程的编制特点之一在于编制课程人员的多元化，幼儿只是课程的参与者之一，教师不能完全跟着幼儿的兴趣开展教学。好的课程应该是教师和幼儿共同编织的生活。所谓编织的生活，即有纵线和横线，且没有边界，是一个开放的系统，如图 5.12。编织生活的横线就是幼儿感兴趣、某一阶段每天都想玩的游戏，同时也可能是教师的兴趣所在，这些游戏是幼儿的直接兴趣所产生的学习外显行为。但是，如果教师仅仅着眼于幼儿游戏的乐趣如何变为这类外显行为，难免会导致短视和局限的教育支持，幼儿在游戏中体验的价值正是幼儿成长所必需的经验，所以，教师应该将其设计为后续的教学内容。

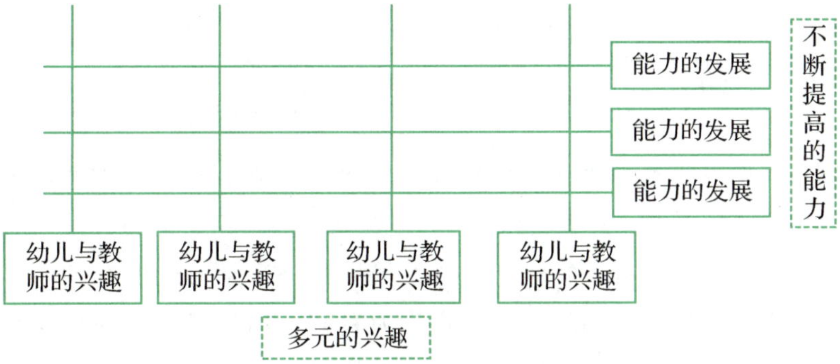

图 5.12 师幼共同“编织”的课程图示

一个活动有其外显的含义和内隐的含义。所谓外显的含义是指通过这个活动才能产生的经验，如接力比赛能够体会运动的乐趣，这个活动是语言活动无法提供的。而内隐的含义是指同伴关系是否稳定，能否体会实现自我的喜悦等这些超越具体活动本身的特性，能使幼儿内心发生变化的东西。因此教师需要透过幼儿具体活动本身的表象行为，解读出幼儿内在经验成长的连续性和潜在性，以此为线索生成与幼儿共同编织的生活的纵线。对幼儿行为表现的解读不同，教师给予幼儿的支持策略就不同，因此教师需具备观察和分析幼儿的能力，把握幼儿成长的规律和方向，拥有长远

的眼光，将幼儿即时生成的课程纳入长期的课程计划中，与幼儿共同编织生活。

下面我们分享一个案例。①

在一次自然观察中，幼儿发现了蜗牛的卵，并由此引发了争论，也吸引了更多的幼儿参与到观察蜗牛、研究蜗牛的活动中。幼儿提出以下各种问题，例如：

蜗牛是什么样子的？

蜗牛喜欢吃什么？

蜗牛吃什么颜色的食物就拉什么颜色的粪便吗？

蜗牛喜欢住在什么地方？

蜗牛身上的黏液有什么用？

蜗牛的触角有什么用？

蜗牛能听见声音吗？

随着观察的深入，幼儿提出的问题越来越多。某一幼儿提出的问题，其他幼儿也一样感兴趣吗？是不是所有幼儿的问题都需要一一引导和探寻呢？教师与幼儿一起对问题做了梳理，并结合生物的基本特性，最后挑选出以下四个问题，对其进行深入的探索。(表 5.2)

表 5.2　对幼儿问题的梳理

幼儿要探究的问题表述	所归属的关键经验的范畴
蜗牛能听见声音吗？	蜗牛的外形特征与功能
蜗牛喜欢吃什么？	进食与代谢：蜗牛的食性
蜗牛吃什么颜色的食物就拉什么颜色的粪便吗？	新陈代谢的特性
蜗牛喜欢住在什么地方？	适应环境

实践困惑：教师普遍认为要关注幼儿的兴趣和想法，但是，教师的兴趣和想法需要关注吗？

从建构主义的视角来看，幼儿所做的、引导其进行学习的所有事情都是由幼儿自身的兴趣和想法激发、促动的。但由此认为我们不用考虑教师的兴趣和想法却是错误的。毕竟，在上述案例中，作为催化剂促使活动向前发展的正是教师对于蜗牛的兴趣和理性的判断与选择。区别在于教师有关蜗牛的兴趣和知识被用以激发幼儿对蜗牛的兴趣。当教师对某一事物满怀兴奋和热情时，他就很有可能通过自身的兴奋去感染他人，激发他人产生与自身相一致的兴趣。同样，对某主题缺乏兴趣或感到无聊，这也很容易被传送出去，如果教师采用的是一本活动案例书上的有关蜗牛的主题，而自身也对其缺乏兴趣，那他能否成功开展该主题活动就存在很大的疑问了。

幼儿兴趣与教师兴趣的一个重要区别在于：幼儿没有义务去接纳教师的兴趣，

① 刘占兰：《学前儿童科学教育》，109 页，北京，北京师范大学出版社，2008。

但教师却必须乐于接纳、激发幼儿的兴趣。比如，教师所教班级中的幼儿可自由选择接受或拒绝学习有关蜗牛的内容。而对于教师来讲，却必须确定幼儿接受此学习任务是否重要且有意义。在蜗牛主题中，幼儿是否接受关于学习蜗牛的任务本身并不重要——教师的目标只是寻求一个能鼓励幼儿操作和解决问题的主题或活动项目，而许许多多别的主题都能达到这个目标。

以幼儿兴趣为例，建构主义教育的最终目标之一是鼓励幼儿具有"奇思妙想"。无论你如何看待幼儿的各种兴趣和想法，你都要让他们知道他们拥有这些兴趣和想法是值得肯定的。但这不是说幼儿的所有兴趣都需要发展成为班级活动，也不是说幼儿的每个想法都应得到教师的促进与发展。如果这样做，我们就会使幼儿卷入许多缺乏实际教育价值的活动中。教师需要运用自身的判断力，采用能够实现教师所设教育目标的方法，对幼儿各种兴趣和想法的教育价值进行衡量。同时，努力培养我们自身的、与幼儿兴趣相一致的知识和兴趣也是十分重要的，正所谓"童观世界"，即用幼儿的视角思考世界。例如，幼儿在研究蜗牛时又对生物的粪便产生了兴趣，那为了拓宽幼儿的兴趣和知识，教师的责任就是收集资料、引发问题，并使自己了解更多关于粪便的知识。

（二）教师应明确幼儿园各种教育组织形式的作用及其关系，使之整合和优化

在进行主题式教育组合课程设计时，幼儿教师首先应该明确的就是教育组合各类组织形式的作用及其之间的关系。在思考集体教学活动在幼儿园的作用时，幼儿教师首先应思考的是幼儿园教育与小学教育最主要的区别是什么。从组织形式上看，小学教育的特点是一堂课接着一堂课，相连的两节课没直接关系，教师不需要考虑前后两节课之间的关联性。每一门课有严密的逻辑性，错过几次学生就可能跟不上。而幼儿园教育不仅考虑每次教学活动之间的关系，而且要考虑一天里所有环节之间的关联性，使集体教学活动在整体课程中起到承上启下的作用。从教学内容方面看，小学教育以传递二手经验为主，而幼儿园教育以幼儿模仿学习为主，幼儿最有价值的知识就是直接经验，直接经验更多的是在生活教育中获得的。因此，要避免幼儿园小学化倾向，就要摒弃原有的将"一节课"作为教学活动的界定，运用教育组合的理念，将一日活动整合在一起，以主题教学活动为载体，以生活教育为主，以区域活动和集体教学等活动为辅，使幼儿园一日生活中的所有环节成为整体性课程中的一部分，实现一日活动整合化。

幼儿以获取直接经验为主，二手经验对幼儿来说价值不大，而直接经验的习得需要反复练习和强化，经验需要多次回顾才容易整合，一次"课"的时间是不够的，因此小学化模式不适合幼儿习得经验。比较合适的方法就是把集体教学活动视为包含提供经验、整合经验、发展新经验三个环节的一个循环过程。这个过程需要在幼儿园一日活动的各个环节中落实。将集体教学活动作为承上启下的环节，并非单独一节课。教师可以在其他环节为幼儿提供经验，在集体教学时整合经验，在区域活动时创造和发展新经验。例如，在生活环节让幼儿发碗筷丰富数学经验，集体教学活动时整合数概念，区域活动环节通过游戏巩固和发展数学抽象符号。

(三)最先以"周"为单位尝试备课，然后再以"月"为单位备课

初期探索阶段建议教师以"周"为单位进行备课。因为，以"周"为单位设计教学计划，由于其时间短、内容相对少而集中，不太容易受到幼儿园传统的常规课程及节日和幼儿园活动(如园庆、运动会等)等影响而延迟进度。同时，以"周"为单位设计课程，能够承接上周的需要，布置周末的家庭活动，到新的一周就启动以集体教学活动传递知识和经验，以区域活动和生活活动锻炼和发展能力，最后又回归到家庭周末的安排，迁移幼儿过去一周的经验，然后又重复这样的循环。

下面是一个关于了解圣诞节的周主题集体教学活动案例。

周末：安排给家长的任务是带幼儿去商场参观，观赏不同的圣诞卡，引导幼儿注意圣诞卡的祝福语，理解不同祝福语的含义，了解圣诞卡中的图案、造型等。

周一：教师将幼儿带来的不同的圣诞卡分类展示，引导幼儿观察其特点，并讲讲自己对于圣诞节的了解；构思自己要设计的圣诞卡，并设计祝福语等。

周二：制作圣诞卡，并将作品展示出来，让幼儿相互欣赏学习。

周三：做圣诞卡信封。引导幼儿注意贴邮票的位置、信封上信息的写法等。

周四：了解寄信的方法等相关知识，丰富幼儿的经验。

周五：将制作好的圣诞卡装在信封里送给父母。要求父母收到信后，好好倾听幼儿讲述的制作圣诞卡的过程，并送给幼儿圣诞祝福语。

下周一：幼儿之间分享父母送给他们的圣诞祝福语，丰富幼儿的语言。

(四)初期阶段，建议采用常规课程与主题课程并行模式

根据我国目前幼儿园课程实施情况和教师主题课程实施能力，建议幼儿园在初期探索阶段采用常规课程与主题课程并行的模式，这样渐进式的课程改革有助于教师在主题式教育组合课程实践过程中逐渐积累经验，待课程实践趋于成熟，教师对主题式课程的设计及实施比较熟练时，再逐渐过渡到完全的主题课程。但要注意的是对于常规课程而言，应该有所选择，不可太过杂乱，如有些幼儿园同时运用多套教材，五大领域各有其独自的特色课程，且这些课程之间基本没有联系，这样不仅增加了幼儿的负担，也增加了教师工作的难度，更重要的是违背了幼儿学习的连续性和一致性特点。因此，在选择常规课程内容时应尽量选择和主题课程相关的内容。

教学案例

请扫描二维码来获取"关于'水'的主题活动案例"的具体内容。

请扫描二维码来获取"关于'天气'的主题活动案例"的具体内容。

目前，不少幼儿园已进行了主题式教育组合课程实践模式的探索，并且取得了一定的成效，主题式教育组合课程实践模式也必定是幼儿园未来发展的趋势。幼儿园应尽快打破传统的教师分科教学，倡导集体备课，共同进行课程决策，使幼儿园在主题课程设计与实施、课程决策与管理等方面形成合力。

第四节　幼儿园项目教学课程实践

一、幼儿园项目教学法的概念及内涵

(一)何谓“项目教学法”?

项目教学法(the Project Approach)并不是一种教导幼儿的新方式。它是进步主义运动中的主要内容，20 世纪六七十年代在英国的幼儿园中广泛运用。之后，1989 年出版的由凯兹和查德(L. G. Katz & S. C. Chard)撰写的《探索孩子的心灵世界：项目课程的理论与实务》一书，重述了项目课程的潜在价值，引发了大家的兴趣。而后，瑞吉欧·艾米莉亚学前机构展示出的一系列关于幼儿进行项目课程的成果，更刺激并引发了大家对项目课程的兴趣与好奇。甘迪尼(L. Gandini)曾经说过：项目课程为幼儿与教师提供了一些基础的学习经验。它奠定在几个基本的信念上：做中学，团体讨论，概念及经验的再思考与再运用。这些都是获得最佳学习效果、加深理解的首要方式。

项目课程意味着对某一值得学习的主题进行深入的探究，探究的成员通常是班级中的小组，有时候包括全班，有时候也可能是单独一位幼儿。项目课程的主要特征在于它针对某一主题进行探讨，焦点在于寻找相关问题的答案，而这些问题有可能是幼儿、教师或双方共同提出的问题。

(二)项目、单元、主题的区别

正如本章第三节阐述的幼儿园主题课程模式，很多幼儿园教师采用主题(theme)或单元(unit)的方式建构课程活动。主题是一种广泛的概念或主题，如“四季”或“动物”。采用主题方式的教师会收集许多书籍、照片等相关的材料，所提供的经验内容或涉及的领域(如语言、数学或科学)亦大部分与主题相关。单元通常包含了教师根据某个特殊主题事先计划好的课程与活动，教师认为这个主题对幼儿的学习很重要。教师在提供单元的相关资讯时，通常已经具备了清晰的计划，知道要让幼儿学习哪些概念及知识。

然而，这两种方式的焦点都不在于帮助幼儿提问并寻求解答，或引起他们主动探索的积极性等方面，尽管这些方式在幼儿教育的课程中均占有重要的地位。项目教学的方式能增进幼儿知识、技能及特质的成长，让幼儿提出自己的问题，引导他们进行探索并决定自己想进行的活动。在项目课程所提供的情境当中，幼儿可以表现出他的好奇心，也能够体验到自我学习的乐趣。教师永远无法掌握项目课程的走向，也无法知道哪些主题会吸引哪些特定的幼儿。一个充分发展的项目课程，能使幼儿投入全部的心力及情感，成为教师及幼儿共同参与的冒险活动。项目课程的主题是由一个或多个幼儿引发出来的。项目课程让幼儿自己选择主题，进行探究以及决定如何安排一个最后的高潮活动。采用项目课程的教师也经常会运用主题、单元或直接教导的方式讲解某个单一概念，因为有些主题本质上就不适用于项目课程，而较适合运用主题、单元或直接教导的方式。

然而，我们深信项目课程提供给幼儿的认知学习的经验，比教师准备好的单元或主题所能提供的经验还要好。幼儿主动引发、积极参与，并相对掌握了自己想进行的活动，期望获得成功，这就是项目课程与主题或单元的区别。另外，项目课程与主题或单元的不同之处还在于教学时间的长短、教师角色、实地参访的时机及各项资源的运用等方面。

表5.3介绍了教师主导计划的课程(主题或单元)与项目课程之间的区别。

表5.3　教师主导计划的课程与项目课程之间的区别

在教师主导计划的课程中，您将会看到	在项目课程中，您将会看到
学习时间的长短已预先计划好，实施时间较短，约一周或两周幼儿的兴趣便减小或消失。	视项目课程发展的情况决定学习时间的长短，通常延续数周，有时会是数月。
由教师或依课程纲要决定主题，有可能符合幼儿的兴趣，也有可能不符合。	主题由教师与幼儿共同协商，并建构课程目标，以幼儿的兴趣为选择主题的主要依据。
教师事先拟订计划，呈现主题，设计并预备学习经验。	教师观察幼儿的探索行为，以幼儿的兴趣决定项目课程进行的下个步骤。
教师依课程目标决定单元目标，在达成课程目标的过程中，不一定会包括探究的实践和供幼儿进行的研究。	教师建立一个网络图，评估幼儿先前的知识，接着再组织项目课程，让幼儿学习他们不懂的知识；在项目课程进行时纳入课程目标，总是会包含幼儿探索的活动。
知识由教师预先计划的经验中获得，将资源带进教室当中，采用大团体及小团体的教学活动方式。	通过寻求答案或研究的过程获得知识，幼儿参与决定学习活动、事件及如何寻找答案。
由教师提供资源，但幼儿也可能带入资源。	资源由幼儿、教师或参与活动的家长带入，也可以从实地参访中获得。
不一定进行实地参访。若有实地参访，有可能决定在任何时候进行，但经常都是在课程结束前的高潮时进行。	实地参访是相当重要的一部分，同一个项目课程中可能有多次实地参访，通常时间定在课程的早期阶段。
课程通常在教师决定的某一段时间内进行，教师有时会将其综合进许多领域，分散在一天的活动中。	课程分布在整天的活动中及整个教室里，包含多种不同课程领域及技能。
活动，如完成一件美工作品、进行一个科学活动，均由教师计划好，目的是学习某一特殊的概念。	活动焦点在探索、寻求问题的答案及运用资源上。教师在幼儿报告、交流及讨论时协助统整概念。
幼儿的表现与特殊活动相关，如用会话表现出观察科学实验的结果，创作出一份地图，画一张图片或写出游戏时的情形。表现的活动通常不会重复。	各种表现活动(绘画、书写、搭建或建构)挑战幼儿对概念的统整能力，表现的内容即为幼儿学习的内容。在项目课程进行的过程中，各项活动会重复呈现幼儿在知识上及技能上的成长。

二、项目教学对幼儿的意义

很多研究资料显示，有机会主导自己的工作、顺应自己的兴趣选择活动及探索材料对幼儿来说是有益的，施维恩哈尔特(Schweinhart)认为：学前的课程计划若以幼儿自行引发的学习活动为基础，则有助于幼儿短期和长期的学业及社会发展；但若学前的课程计划由教师作为主导来设定，虽然有助于幼儿短期的学业发展，却无助于他们社会性和情绪的长期发展。① 这些研究结果支持了学前阶段宜采取以幼儿自行引发学习活动而非以教师为主导的课程取向。

幼儿通过充分掌控课程内容而得到的益处，会影响其以后的发展。马康(Marcon)发现，有机会自行引发学习活动的幼儿，比处在教师主导的学习活动下的幼儿具备更强的阅读基本能力、语言能力及数学技能。在四年级时，具有自行引发学习活动的能力的儿童总体成绩较高，且各科的平均学习成绩亦较高。在幼儿阶段曾经历过自行引发学习活动的幼儿，尤其是男孩，会长期在学校中有较好的表现。②

(一)促进幼儿社会性和情绪的发展

任何社会经济背景下的幼儿皆能从自身情感的投入、发现问题、了解事物，以及掌握新知识及新技能的过程中获得益处。丧失他们有意识参与感兴趣主题的机会，可能会影响幼儿的学习与发展。若幼儿园忽略了提供给幼儿将情感投入于学习经验的机会，幼儿与生俱来的好奇心和对学习的渴望，便有可能无法充分地发展。有充裕时间并有良好经济来源的父母可以在家中提供给幼儿相对便利的条件，他们可以看着幼儿萌发出自己的兴趣，借着买书及实地考察旅行，提供资源鼓励幼儿，增加幼儿对某主题的相关知识。这类父母提供给了幼儿感情投入学习的良好示范。但对大部分时间均待在传统幼儿园的幼儿，就不是如此了，他们的个别兴趣可能缺乏足够的支持。

研究建议，幼儿对自己学习经验角色的决定与其社会技能的发展有相当大的关联性。一个探讨幼儿园中三种不同教学取向(直接教学法，以幼儿自行引发学习活动为主的建构式教学及折中方式)的研究发现，建构式教学中的幼儿人际关系较为活络，也呈现出大量、多样的沟通策略，且能分享更多的经验。

近年来，很多人注意到“参与学习”的概念。“参与学习”的经验被琼斯(Jones)、瓦尔德兹(Valdez)、诺拉科瓦斯基(Norakowaski)和拉斯姆森(Rasmussen)定义为：学习者对正在进行的工作负责任，能自我管理，能拟定自己的目标并评估自己的成果。当幼

---

① [美]裘迪·哈里斯·赫尔姆、丽莲·凯兹：《小小探索家——幼儿教育中的项目课程教学》，林育玮等译，14页，南京，南京师范大学出版社，2004。

② [美]丽莲·凯兹、西尔维亚·查德：《开启孩子的心灵世界——项目教学法》，胡美华等译，11页，南京，南京师范大学出版社，2007。

儿灌注精力在自己的工作中时，他们解决问题与深入探究的特质才能够发展及增强。[①]

(二)提高幼儿的读写能力

很多实施项目课程的教师提出，项目课程的好处之一是可以提高幼儿掌握各项技巧的积极性。这个说法似乎与幼儿进行这项工作的目的性有关。举例来说，他们在项目课程的最初阶段努力地阅读标志、小册子或书籍，并寻找答案。而书写的目的可能是为了传递信息，或记录实地参观访问所观察到的事项，并非只是为了取悦教师、完成作业，或完成对他们而言目的并不明确的杂事。

幼儿经常兴致高昂地向别人展示自己在项目课程中学到的一切。他们创造了游戏的环境，用积木堆砌、架构，并做出各种相关的作品。通常幼儿需要运用书写来表达他们对一个主题的了解。当幼儿用积木搭建与主题相关的建构物时(如在参观一个邻近的加油站之后所搭盖的“加油站”)，他们通常会写上标志，用以区别建构物的各个部位(如“油枪”)。当他们进行在餐馆吃饭的扮演游戏时，他们会在环境中加上标志或文字，使游戏的环境更贴近真实(如“菜单”或“营业时间”)。

(三)提高幼儿问题解决能力

大部分的项目课程均牵涉到广泛且多变的解决问题的技巧。在教师直接指导的课程中，解决问题的机会通常是有限的。当大部分的问题都由教师来解决时，幼儿就不需要具有寻求解答的动机。然而，在项目课程进行的过程中，需要解决的问题会随之增加，课程中通常会遇到这样的挑战：他们必须解决数学问题或进行科学性思考，察觉到数字的功能及数量的概念。当幼儿收集信息或资料时，一方面，项目课程创造出了一个机会让幼儿数算这些信息的数量，并且让他们用数字的方式表达出数量；另一方面，项目课程也提供了一些分类与分级的机会，让幼儿思考并发展出分门别类的想法。幼儿学着运用工具探索、实验并观察结果，比较各种物品。项目课程就是这样自然而然地激发幼儿学习，并让幼儿运用数学和科学知识进行思考的。

在项目课程的第一阶段，幼儿提出一连串的问题，然后他们讨论有哪些可能的策略可以解答问题。当他们不知道如何获得解答的方式时，他们会寻找资源或寻求专家的协助。教师鼓励幼儿解决问题以及做进一步的追问，如“谁能够回答你的问题?”“你可以从哪里发现这些?”。有时候幼儿用直接的、亲身的实践来寻求问题的答案。举例来说，像“收音机里面有什么东西?”这样的问题会引导他们去思考如何将收音机打开，好让他们能够看清楚收音机里的构造。

幼儿在项目课程的最后通常会展示出建构的模型、绘制的图表，并会创造游戏的环境。这些活动通常会给幼儿提供运用测量、计算及图表等来解决问题的丰富机会。在解决问题的过程中，幼儿对形状、距离及大小等数学概念会变得相当敏感。举例来说，当教室里还有其他活动正在进行时，在有限的空间中，以有限的积木设

---

① [美]裘迪·哈里斯·赫尔姆、丽莲·凯兹：《小小探索家——幼儿教育中的项目课程教学》，林育玮等译，15页，南京，南京师范大学出版社，2004。

计医院的模型，同时还要建造一个杂货店时，幼儿就需要整体考虑和商议了。就个别幼儿而言，在项目课程中他有自己解决问题的经验。例如，他在找到一个好的方法使一棵硬纸板树站起来之前，已经尝试过多种可能的方法了。在项目课程中，解决问题的方式是会变化的，而新的问题也会紧接着产生。

三、项目课程的基本架构及实施

图 5.13 是项目课程实施的基本框架。

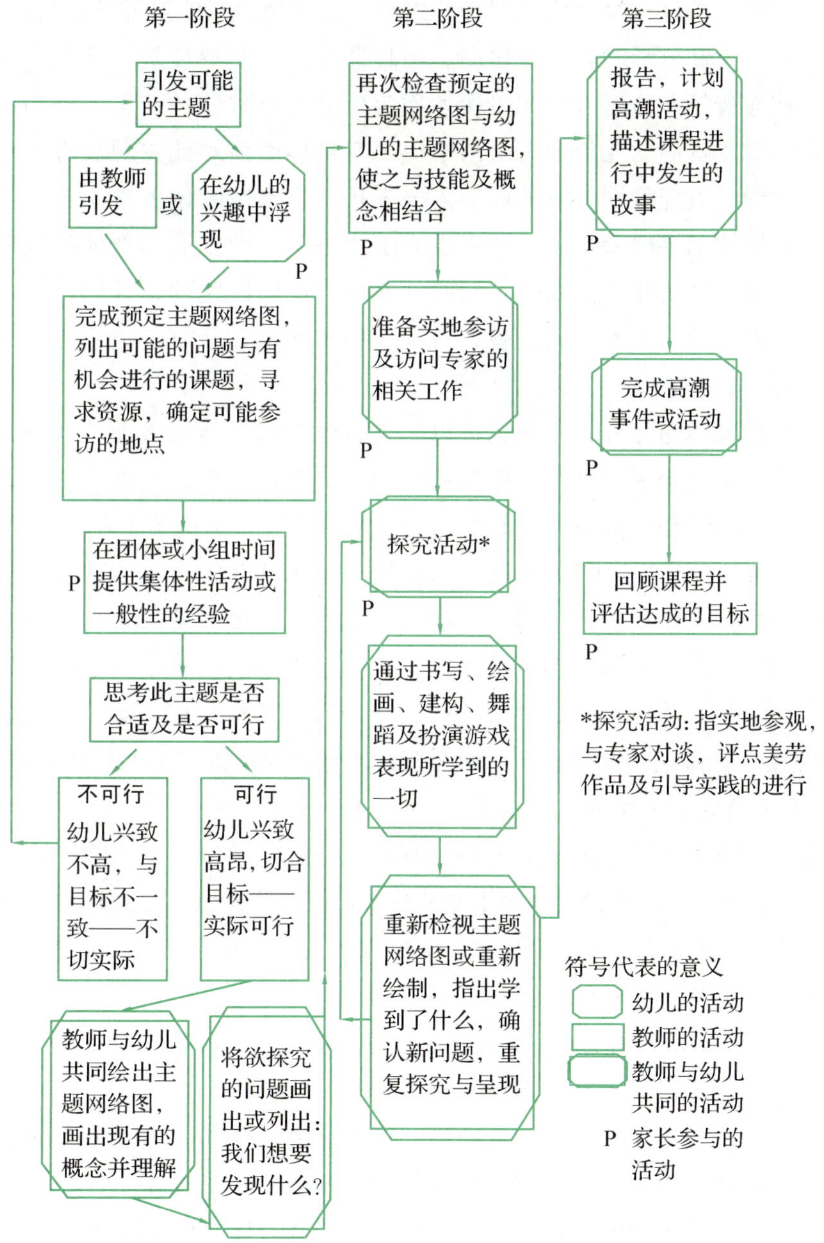

图 5.13 项目课程实施的基本框架

(一)项目第一阶段的实施步骤及策略

1. 引发主题

(1)由幼儿或教师引发主题

幼儿经常会引发出他们自己的主题。有时候突发事件萌发出来的主题也会诱发幼儿的好奇心。突然间事情就发生了，整个班级成员沉浸在这一个主题里，幼儿的兴趣因此蔓延开来，他们提出了很多探究的问题。这个鼓舞幼儿对某一特别主题产生兴趣的经验或事件就被称为催化事件。有时候，主题活动也要经过一段过程才会开展起来。比如，搭设建筑物成为课程的焦点，是因为幼儿园附近正在搭建建筑物，而幼儿可以在上学和放学时去参观访问。项目课程的一个特性是：一个来自催化事件的主题，能够较快速地进入探究阶段，因为幼儿具有共同的经验。例如，在一个幼儿园里，一群4岁的幼儿因为有个同学得了扁桃体炎而对此主题极有兴趣。为了要学习这一主题，教师特别针对他们的需要安排全班到医院做一次参观。这次参观之后，幼儿对医院的兴趣增长了，课程也有了更进一步的发展，教师还特地请了一辆救护车到幼儿园让幼儿观察探究。同时幼儿也开始画医院的设计图，准备在教室里搭建一座医院。他们观察急救设备，访问救护车司机，并对其他相关的子课题做了进一步的探索。

除了幼儿引发主题之外，主题也可以来自教师，由教师感兴趣的话题引发幼儿共同探究，教师可能会因为某个主题提供给幼儿有利的经验。例如，一位教师在幼儿园进行的“房地产”课程的教学。她发现幼儿园对面有一栋房子正在进行隔间工程，于是她引发幼儿去探索“房子”的主题，因为她了解到幼儿将有机会用一整年的时间观察房子由打桩到真正销售的历程。在项目课程发展的第一阶段，她聆听并观察幼儿对这个课题所表现出来的兴趣。虽然他们一开始都将焦点集中在绘画工地及推土设备上，但渐渐地，他们也开始对房地产销售的过程及标志感兴趣了。最后，这个项目课程的焦点转移到公寓买卖上，幼儿开始实地探讨房地产公司运作的过程。

(2)引发主题的基本原则

即便是对实施项目课程有丰富经验的教师，也经常对幼儿的反应感到惊讶。有些教师预期幼儿会感兴趣的主题无法吸引幼儿投入，而有些他们以为幼儿可能没兴趣的，却有很好的发展。再者，也有教师反映，一群较大的幼儿在整年中热情参与的某个项目课程，曾经他们在4岁时却拒绝参与。尽管幼儿对课程主题的兴趣是最主要的重点，然而，仍要注意并非幼儿所有的兴趣都值得他们花费心力和时间去参与。

凯兹和查德提供了以下几个选择项目课程的一般原则。

第一，探究的过程应帮助幼儿更精确、更充分地了解自身的经验及环境。然而，并非幼儿经验中的所有现象、环境都值得他们投入精神与注意力。

第二，主题应该增强幼儿仔细观察周遭值得观赏的环境现象的能力与特质。

第三，主题应该提供给幼儿大量应用多元互动技巧的机会。

第四，主题应该提供机会让幼儿了解各种不同媒介、素材的功用及限制，而且能发展其运用各种媒介的技巧。

(3)选择主题时的实际思考

第一，当项目课程的主题十分具体，并且包含充分的第一手材料、直接经验及具体实物时，可以提供给幼儿操作，这个课程便很有可能成功。

现成的与主题相关的美劳作品、物品或项目(如“医院”课程里的三角巾或听诊器)，能促使幼儿以最有效的方式来探究现象，如近距离且细心地触摸、移动、搬运、模仿、聆听或观看等。当主题本身就十分具体时(如“消防车”比“救火”或“用火安全”来得具体)，幼儿更容易产生出他们想要探究的问题。

第二，当项目课程的主题与幼儿先前经验相关时，课程也较易成功。

对幼儿来说，要他们思考一个他们经验较少且词汇不足的主题是有困难的。“船”的课程可能较适合住在有船只的地方及具备一些第一手经验的幼儿。若幼儿缺乏这些经验，那么教师可能要运用很多的指导，才能引起幼儿参与课程的积极性，并让幼儿为此付出努力。

第三，参观地点的位置邻近幼儿园，参观的便利性将使得项目课程的进行更为容易，因为幼儿可以在进行的过程中重复参观许多次。

幼儿通常在第一次实地参观时还无法完全聚焦在某个相关议题上，如果能带着新衍生的问题重回参观地点，对幼儿来说将会更有收获。在项目课程进行时，他们同时也发展出了更好的观察技巧及能力，并且更清楚自己想要完成哪个部分。因此，探讨幼儿园草地中经常使用的割草机较探讨飞机更好，因为后者牵涉到幼儿如何到机场进行参观的复杂问题。倘若无法进行第二次参观，那么教师必须设法“捕捉现场”，如运用拍照、录像或制作幻灯片的方式，让幼儿能经常重新观看，否则将会遗落一些可观察的重要项目。

第四，一个主题若能让幼儿在最大限度地脱离成人的协助时也可自主进行探究，那么它就有可能发展成为一个成功的项目课程。

幼儿的探究活动包括观察、操作、实践、提出问题、尝试实现想法和进行参观。当幼儿处于被动、消极的状态中，或依赖一些二手资源，如书籍、视频或成人的经验时，通常不太容易投入探究活动中。因此，历史性的主题活动通常不太可能进行得很好，如“拓荒者的生活”或“泰坦尼克号沉没记”之类的主题就不适合幼儿，因为它们需要很多二手的资料。“拓荒者”的主题也许比较适合年龄较大的幼儿，因为他们已经可以阅读，可以运用百科全书、网络资源，了解媒体对相关资料的介绍，且能跨越时空界限。

第五，当幼儿们能运用符合他们年龄的技能或技术呈现他们所知及所学时，项目课程将变得十分丰富。

在选择主题的过程中，如果教师能够思索哪些是幼儿已具备的知识、概念或技能，并且可以运用绘画、雕刻或角色扮演的方式来呈现，这将有助于教师确定主题。若幼儿可以参与创造大型的、可以玩的建构物，这对于他们的探究而言将特别有帮助。例如，在“消防车”课程中，幼儿用硬纸箱建造了一辆消防车。原则上，在低龄幼儿所参与的项目课程中，提供丰富的扮演游戏并让幼儿进行建构是相当重要的。一位美国幼儿园教师说：“我认为允许幼儿进行扮演游戏，或者制作一个实用的物品或场所(如面包店)会更有趣。它们建立在幼儿日常生活的基础之上，幼儿可以主动参与。在‘医院’课程中，我们在走道上盖了一间医院，这为幼儿提供了扮演的场所及情境，他们总是在其间游玩；在‘面包店’课程中，我们真的制作了面包，并出售它们。在‘蜡烛’课程中，我们就制造蜡烛。这些都饶有趣味。”

第六，与教育主管机构的课程目标有关的项目课程，较容易获得家长及行政部门的支持。

很多幼儿园都有特别的课程指引(如《幼儿园教育指导纲要(试行)》《3－6岁儿童学习与发展指南》)要教师遵守，这些指引是机构管理者认为值得学习的部分。课程指引也可以是一个主题的来源。例如，进行具有科学性目的的课程“了解有生命物体赖以生存的要素”时，教师也许会在幼儿先前对动物、植物所具有的知识中寻找课程的主题。而课程目标，尤其是与阅读技巧、书写欲望、数字知觉与科学探究等有关的目标，都能够整合在幼儿引发出来的项目课程里。事实上，项目课程提供机会让幼儿了解这些技能的价值，并使幼儿在真实的环境中去应用、操练这些技巧。

第七，当项目课程的主题与幼儿本身及家庭文化有密切联系时，比较可能引导幼儿展开深度学习。

幼儿所接触到的世界大部分与其家庭、周遭的环境——邻居及幼儿园有关。与此有关的主题较能吸引幼儿的兴趣，因为他们对这些东西已有知识准备。他们对自己爸爸开的货车，比他们从没见过的飞机更有兴趣。若要幼儿积极投入，那么主题必须是幼儿所熟悉的。当主题具有地方性时，较容易促成亲子间的互动。父母会对幼儿在幼儿园所学到的知识进行巩固，并增强幼儿对于探索主题的好奇心。换句话说，若项目课程与父母的工作相关，父母对课程会有更多的贡献。选择主题时进行实际考虑，可使教师更有机会辨别出较可能成功的主题，同时也有助于达成课程目标上的要求。

第八，面对幼儿之间的相异兴趣，教师要学会灵活处理。

在整个班级或一群幼儿中，幼儿的兴趣可能是十分广泛的，如此更增添了选择主题的困难度。进一步来说，所有的幼儿对某个主题都同样感兴趣的概率是很小的。我们希望某些幼儿能积极参与、响应一个主题。项目课程的实施可能包含着很多其他活动，如搭建积木、讲故事、角色扮演等，幼儿会以不同的方式参与项目课程。即使有些幼儿对探究项目课程并不热衷，但他们通常很有兴致听别人的报告，并从观察他人讨论课程进度和建构的过程中学到很多。

对于主题的选择，丽莲·凯兹等人给了教师两个忠告。第一个忠告，教师应该明智地避免选择那些全班里仅有一两个人热衷的主题，这种情形通常发生在当少数幼儿对某个特殊领域极感兴趣，但其他人却没有或缺乏相关经验时。虽然我们应该以各种方式适度鼓励幼儿发掘独特的兴趣，但课程的主题仍应符合班上大部分幼儿的兴趣，如此的项目课程才是有意义的。无论如何，幼儿教师都不该认为在课程开始前，所有的幼儿均需对某个特殊主题怀有高度的积极性。第二个忠告，对刚开始进行项目课程的幼儿而言，最好避免在班级中进行多个不同主题。除非教师具有充分规划项目课程的经验，或幼儿已习惯了项目课程，否则对幼儿而言，想让他们同时支持并进行数个有意义的项目课程是有困难的。

2. 教师预设主题网络图

教师审视网络图并反思选择主题的原则，能帮助教师评估一个主题的潜在益处。选好主题后，课程进入探索阶段，这些网络图可帮助教师预测课程的可能走向，因此可以预先为幼儿可能提出的问题与建议做准备。预设的网络图里也会呈现出可能的综合性思想及知识和技能的应用。尽管这是段冗长的过程，但尝试主题与预设网络图不仅能协助教师评估主题的价值与可行性，也可帮助教师综合课程的内容。（图 5.14）

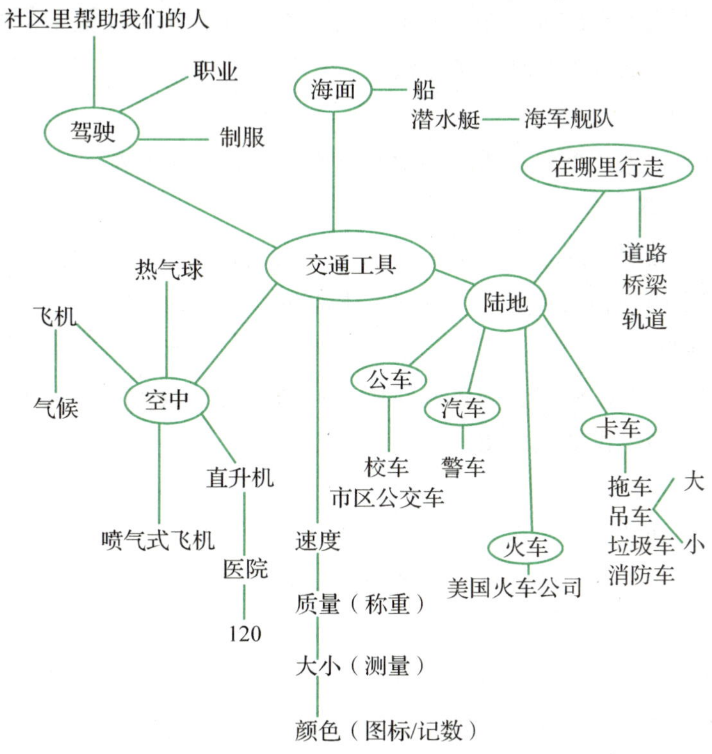

图 5.14　教师预设的交通工具主题网络图

在预先制作网络图并将课程目标渗入项目课程的过程中，与计划相关的问题逐一浮现。

有哪些专业人士可以来与幼儿互动?

家长对这个主题的反应会是怎样?

家长能参与吗?

幼儿在探究过程中会如何呈现他们从中获得的东西?

这些问题的答案有助于教师衡量主题的可行性。此外，教师可利用预设网络图收集教学资源，如书籍等，教师可能需要把它们带入教室中，集中并丰富与幼儿的初步对话，并建立共同的经验。

3. 引导幼儿“与主题交往”

在确定了主题，教师根据主题预先设计、思考和评估了主题之后，教师就需要与幼儿共同讨论，建立关于主题的共同经验。在讨论中，教师会发现幼儿在谈论相关经历时能随意使用的语言和行为知识，了解幼儿已经会说出哪些内容，在哪些方面还可能难以表达自己的想法。有时，明显的误解和互相矛盾的印象会暴露出来，这时，幼儿的交流就会更加活跃。教师不应该过多地在小组里纠正幼儿的错误，因为这样会影响他们参加讨论。相反，在这个阶段，教师可以引导他们的注意力，让幼儿发现更多的东西以及澄清自己的认识。

教师在与幼儿讨论时，可以通过一些正式的方式记录与幼儿的谈话内容，并将内容以图示的方式呈现出来，这有助于幼儿讨论，并且能帮助他们发展出与这个主题相关的词汇。下面列出几种参考方法。

(1)列出清单

教师可以通过列清单的方式，将幼儿讨论的内容呈现出来。

(2)绘制网络图

教师也可以绘制出网络图，呈现幼儿的讨论过程或问题之间的关联性。与清单相比，网络图中的各种项目都是通过某个中心想法向四方扩散的。

(3)扮演游戏

幼儿可以通过扮演游戏表现出他们所知道的内容，教师可以提供与主题相关的道具，放置在区角中供幼儿使用。

(4)绘画

教师可以请幼儿将与主题有关的、印象最深的或最喜欢的经验画下来。绘画能帮助幼儿专注于自己的想法，也能让教师洞察他们对于某个主题的概念掌握的程度。

4. 第一阶段结束

第一阶段结束时，通常要对计划进行哪些调查有一个明确、共同的认识，其中包括一组达成一致意见的问题，这些问题将会在以后通过各种不同的策略得以解答。许多实施项目教学法的教师反映，让幼儿提出需在第二阶段解答的问题比较困难。确实，对于许多幼儿园的幼儿来说，他们在幼儿园的经历中最普遍的就是被要求回答问题而不是提出问题——虽然在生活的第二年和第三年，向成人和其他人提出各种问题也是他们共同的特点。

教师可以通过鼓励幼儿参与项目讨论，并让幼儿谈论以下问题，帮助他们重新产生提问的意向。

什么是他们想更仔细观察的东西？

他们想让来访专家谈些什么，告诉他们什么或向他们展示什么？

他们想在哪些方面了解更多的信息？

他们想详细画出一件物品的哪些部位，或想拍下哪些部位？

围绕这些题目进行讨论，鼓励幼儿讨论自己的问题和自己的预测。在这样的讨论中，教师可以说一些“我明白了，你们想知道答案的一个问题是……”之类的话。这样，就等于将幼儿表述的兴趣向来访者重述了一遍。

让幼儿提问的最佳办法之一，就是探讨现有经验。以一个研究海滨的项目为例，当教师和幼儿一起探讨他们亲身体会过的事物，如海滩，或在海滩上和池塘里可以见到的生物时，教师就会发现，幼儿对螃蟹、贝壳或鱼的认识有一些空白点，或一些不完整及错误的想法。当这些问题在讨论中变得清晰起来时，教师就可以对幼儿提问，以帮助他们澄清对题目的认识。

在讨论初期，切勿告诉幼儿他们错了，或给他们提供有关信息，这一点非常重要。开始时可以先做推测和探索设想。这时，教师扮演的是学者的角色，对了解幼儿脑中所想，及帮助他们建构常识或一些基本知识感兴趣。仅仅这样也许还不够，如果幼儿住在内陆地区，幼儿对螃蟹的想法会更疯狂或更原始。在这种情况下，选择这个题目可能不会很好。但是，如果幼儿住在靠近海洋的地方，与其他幼儿相比，有些幼儿就会知道得很多。

如果教师作为思考的引领者，能够示范如何去思考和回顾过去的经历，那么早期的讨论就会更加生机勃勃。教师可以谈她是怎么发现第一只寄生蟹的，以及她观察到了什么。这时，总会有一位幼儿想要参与进来，讲述自己的经历，然后是第二位幼儿，然后是更多的幼儿。最初的目的可以只是让幼儿渴望谈自己的有关经历甚至自己的推测。接着，随着讨论变得更加热烈，内容更加丰富，教师可以帮助幼儿设计一些问题，如哪些方面他们需要了解更多，谁可能帮助他们了解更多。如果教师一开始就向全班提问，就很容易使幼儿认为，课堂的文化就是教师提问，学生回答。相反，如果教师开始先讲一段个人经历，就会吸引幼儿交流各自的亲身经历。一开始，幼儿需要有可供效仿的榜样。教师还可以示范“很想知道”：“当我想到那只第一次看见的寄生蟹时，我很想知道它当时是否正在想办法回到水里。我很想知道他们会在外面的沙子上待多久。也许我应该问问知道的人。我应该问个问题……”然后，教师会跟幼儿一起想出一个问题。这听起来好像有点累，但其实并不累，幼儿常常都想插嘴，会一起参加讨论。

(二)项目第二阶段的实施步骤及策略

项目第二阶段的主要目标是实地考察，即为第一阶段末设计的问题寻找答案。

因此，第二阶段的工作就是通过各种方式收集数据和获得新的信息。

1. 实地考察的准备工作

当幼儿在第一阶段对要研究的主要问题达成一致意见后，接下来就可以讨论到哪里去参观，以及可以邀请谁来访，这也意味着项目进入了第二阶段。这个时候，幼儿可以自愿报名参加研究特定子题目的小组，然后，教师可以组织重点事件，如一次校外考察旅行或几位专家的来访。这些事件可以成为各种问题、信息以及幼儿兴趣和想法的重要来源。小组讨论是一个很有价值的方法，可以借此让幼儿做好迎接新的经历的准备，并帮助他们交流对新信息的理解，听取互相的汇报。

组织全班或小组对特定的子题目进行讨论，具有提供信息和激发动力的功能。

在项目开始时，讨论使幼儿分享他们各自对该题目的了解，并使教师能够了解幼儿的现有知识。在第二阶段，讨论又多了几个功能：使幼儿做好进行实地考察、迎接课堂来访者或其他重要工作的准备；帮助幼儿改进准备调查的问题；计划小组的学习活动；评估已经完成的工作；讨论目前承担的工作以及它的进展情况；计划下一步骤和今后的其他工作。在讨论中，教师帮助幼儿分享他们的思想和经历，从而促进其团队精神的发展，使项目教学工作能在教师的期望和指导下得以蓬勃稳健地发展。

实地考察的一项最重要的准备工作，就是对整个组和每个分组要了解的内容有个清晰的概念和形成一致意见。教师引导幼儿对需解答的问题进行一次讨论。一些教师发现，制作一张图表，列出所有已被一致认可的问题以及幼儿对答案的预测是很有益的。在对问题的讨论和预测中，教师可以让那些做出预测的幼儿阐述他们的依据。这种积极的探索，可以激发幼儿认真思考自己的推理依据。

如果幼儿讨论的内容既有趣又能激发思维，则能收到最佳的效果。当他们觉得自己被讨论的内容吸引，重复举手、轮流发言及仔细听讲等就成了多余的规定。幼儿会听别人讲话，那是因为他们想知道人家在说什么。教师不但可以提问和评论，而且可以鼓励幼儿互动，以免使自己直接介入所有的会话。鼓励这种幼儿间相互讨论的方法之一，就是教师让幼儿对另一个组的计划提出建议或回答同学的问题。例如：在一个从事建筑工地研究的班里，研究其他子题目(如工人的类别、正在建造的房间的类别等)的小组成员可以向决定收集正在使用的建筑材料的小组提问，以确保他们的问题也被包括进去。在对第二阶段的进展情况进行汇报讨论时，教师可以抓住机会，鼓励幼儿互相提问，互相鼓励，甚至互相祝贺已经完成的工作。如果教师对每个组或每个人逐一提问，并要求他们直接回答所提问题，而不鼓励他们互相交流和提建议，等到他们的发言“机会”一过，幼儿可能就会退出整个讨论活动。

教师还可以在这些讨论中做记录，把幼儿说过的话重新读给他们听，从而把他们的注意力吸引到自己提出的观点和评论上，并征询他们对该题目的更多想法。这样，教师就可以给幼儿做一个示范，即一个感兴趣的聆听者的示范。教师对幼儿的谈话的评论，也为幼儿在会话中该如何回答和思考别人的话做出了示范。

一些教师认为，让幼儿提出问题是件很困难的事。也许当问最小的幼儿有什么问题时，他们会对该怎么回答有些困惑。但是，如果教师在一位专家来访之前问幼儿："你们希望这位兽医谈些什么?"或"你们想让自行车修理工告诉你们什么？给你们展示什么?"幼儿的回答就可能更有机会被列为研究的问题。

2. 获取信息的来源

在针对最小的幼儿设计的项目中，主要的实地考察工作就是通过直接观察和体验获得信息，同时，还包括从参考书中查阅东西、获得想法，以及抄下词汇和图表。随着年龄的增长及使用各种手段的熟练程度的提高，可以不断扩展信息来源，包括直接的和间接的来源。直接的来源包括实地考察，观察事件和活动，如到一个真正的建筑工地，操作与题目有关的各种机器，或到商店的货运部门工作。采访有各种直接经验的人，也可以提供有关其他人的直接经历的信息。在这个阶段，还可以利用间接的信息来源，如书籍、杂志、报纸、有关的教育影片、视频、各种网上资源等。

3. 实地考察旅行

幼儿对校外考察旅行的任何内容几乎都会感兴趣。如果教师和幼儿很清楚旅行的主要目的，他们是不会放过任何细节的。教师可以鼓励幼儿多注意考察的常规内容，如交通工具、就餐、幼儿跟成人的分组。这些日常安排，给了幼儿实践分类、计数以及生动形象地表述一天事件的机会。例如，年龄较大的幼儿可以这样描写："我们的车上有 27 个儿童和 6 个成人。这 32 个人是我们幼儿园的，加司机一共 33 个人。车上有 40 个座位，所以有 8 个座位空着。"幼儿通常会对交通方式和食物感兴趣，这些兴趣可以提供很好的教学机会。当然，教师还可以吸引幼儿注意那些与项目主要工作有关的特征，还可以让年幼的幼儿口述他们的印象，教师则把它记录下来。一些教师表示，让年龄较大的幼儿带上笔记本或书写板很有用。他们可以记笔记，并把看到的有意思的东西画下来。通常在做这种现场记录时，让幼儿自由发挥比较好。

如果教师提供一份考察项目清单或一份需解答的问题清单，幼儿的注意力就会因"寻宝"而分散。相反，如果教师只建议他们去注意一些东西，幼儿就能对它们饶有兴趣地仔细观察，而不是互相竞赛找到同一份单子上的东西。

年幼幼儿的注意力可以被实物或人吸引，如它们的功能，它们如何工作，它们与其他物品或其他人有什么关系等。要把物品按它们的共同特征以及它们与其他物品的区别来分类，幼儿就必须仔细观察。应该鼓励幼儿进行分析性讨论，等回到教室，教师还可以帮助幼儿用不同的方式表述他们的观察结果，如用图画、图表以及文字。

以参观医务室为例。幼儿可能会看见温度计、血压测量仪和听诊器，所有这些都是用来诊断病人病情的仪器。幼儿还可能看见手术剪、皮下注射器和镊子，这些都是给确诊的病人治疗用的。参观以后，可以进行讨论，分清这两组仪器的区别。幼儿对这两组仪器以及它们如何被交叉使用的认识，可以用互相交叉的韦恩图生动地表述出来(图5.15)。这堂内容丰富的实物课被称为“仪器课”。两组仪器的区别是建立在诊断和治疗不同功能的基础上的。一个小小的手电筒也许就可以有两种用途。幼儿的画可以分类放在图解里，它们可以跟幼儿写的图解信息解说词一起展出。其他幼儿可以写一些能根据图解回答的问题：“哪个仪器同时用于诊断和治疗?”“哪个是最小的治疗仪器?”“哪些玻璃做的仪器是用于诊断的?”

如果参观博物馆，幼儿可以分成不同的小组，每组都有自己的兴趣。一个小组可由4～5人组成，每组应都有成人指导，但不必都是教师。教师可以简单地告诉父母或志愿者，如何鼓励幼儿观察和记录，并与幼儿谈论他们看到的东西。回校后，每个小组可以报告他们看到和记录下来的东西。幼儿提及别人没有看到的东西时，他们的交流就有了明确的目的。这时，可以鼓励其他幼儿提问，以澄清他们的认识。

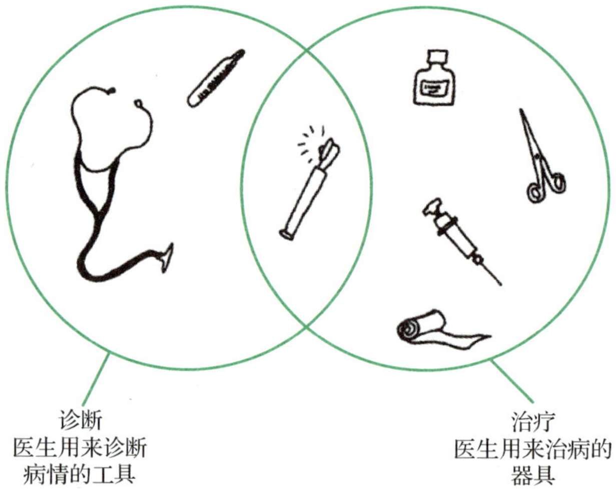

图5.15　幼儿绘制的概念图

幼儿可以使用有拉图的书，精心加工自己画的素描，并填写说明。教师和幼儿可以提出更多的问题，并寻找答案。参观时获得的新信息，经常会使幼儿在幼儿园提出更多的问题。如果博物馆是当地的，一些经常跟父母一起去参观的幼儿可能会愿意在周末去一趟，以收集更多需要的信息。幼儿也可能会在参观后写信给博物馆，以弄清一些回到教室后可能会出现的问题。

因为直接接触了真实世界的环境，题目得到了深入的研究，幼儿的兴趣也就得到了增强。例如，通常在人工设计的、脱离实际的环境锻炼与获得的数学技能，如比较、分类、排序等，可以在项目教学中得到运用。这时，幼儿在研究真正让他们感兴趣的东西。例如，研究救护车的部件可以让幼儿对它的不同材料进行比较：金属、塑料、木料以及纤维。幼儿还可以根据它们的功能，对使发动机工作的物质——汽油、机油、水、空气等——进行多方面的比较。

如果教师不能带幼儿到校外参观，有一种办法是邀请一位专家来做讲座，并让他带一些实物或图片，借给孩子们使用。有时候，当没有条件到校外去获取第一手经验时，可以在幼儿园里安排一些事情，如在绕幼儿园或周边建筑物行走的活动中，幼儿可以研究路上收集的东西。

另一种办法是让幼儿园的门卫带幼儿在校园里走一圈，告诉他们，用于打扫大楼和保持大楼清洁的材料和设备放在哪里，然后幼儿可能会设计幼儿园大楼的平面图。如果幼儿园自己办有食堂供应膳食，幼儿可以考察那里都有哪些东西，观察厨房里每个人的工作。校外考察的最终目的是获得第一手经验，如果可以通过别的方式来提供这种机会，同样可以弥补不能到校外参观的遗憾。

4. 为学习而开展的活动

在项目教学进行中，幼儿可以开展各种各样的活动。它们可以分成三类：建造、调查和戏剧表演。我们还将讨论幼儿在这些活动中运用语言（交谈，阅读，写作）、数学等基本学业技能的不同方法。

（1）建造活动

当幼儿建造模型时，它们会问有关设计和建筑的各种问题。模型可以用废料、泥土、木头建造，也可以使用建筑玩具、配套元件或其他材料。幼儿可以讨论他们的模型应包括什么，如他们可以讨论救护车的构成，包括外部和内部。在制作模型过程中，他们可以讨论自己正在解决的问题——如何把轮子装上去？模型要多大？如何把所有必需的部件都安装到里面？最后，他们可以讨论精加工问题，如红十字标志和车灯，直到满意地完成整个制作。这样语言艺术和数学等基本技能，都运用到了与建造有关的活动中。

（2）调查活动

调查活动的主要目的是找到有关信息。在介绍完题目后，可以鼓励那些对自己的已有知识有信心的幼儿继续研究，以获得新的信息，扩大自己的基本知识。他们可以探索新的地方和物品，也可以提出问题。教师可以帮助幼儿增加积极的调查策略。在教室里，幼儿可以假设、估计和实验。例如，在一项对服装加工的研究中，幼儿可以通过设计一项测验，比较纤维的绝缘或防水效果，从而获得不同纤维的有关信息。他们可以尝试模拟一些制造服装纤维的过程，如种植、收获和清洁棉布、羊毛或亚麻布。他们可以尝试纺纱、染色或织布。

（3）戏剧表演活动

校外考察旅行，可以为幼儿提供新的道具，如X光摄片和病人的病情记录，因而激发幼儿的戏剧表演活动。幼儿可以学到新的事物摹本知识，如探望住院的朋友，到医院生产、动手术或遭遇事故后接骨，以及医生和护士在这些情节中的作用。对物品和人的作用的新认识能从中得到反映，新的误解会出现并得到澄清。

5. 展示工作成果

随着工作的进展，项目的展示区可以成为教室活动的中心地带。在项目的第一阶段，展示活动给幼儿提供了收集、分类、表述和交流与相关物品有关的现有知识的机会。随着项目的进展，展示的重点可以转向其他三个方面：为幼儿提供在工作和表演中可以参照的信息；反映幼儿日益增长的有关项目的经验，以及展示工作进展的记录或日志；向特定的观众(他们的教师和同班同学、其他教师和班级、园长或班主任、父母或其他来访者)展示、介绍幼儿的发现和成就。

在项目的第二阶段，展示的这些功能变得更加重要。下面将逐一讨论这些功能。

(1)信息展览

如果展览能为幼儿的写作提供关键词，那是非常有益的。这样，展览就能起到一本专门词汇书或词典的作用。除了展览中容易辨认的标签外(为了幼儿阅读方便，所有字母都应小写)，幼儿还可以编一份按字母顺序排列的词汇表，以供参考。可以展示图画、照片、参考书、地图、图表以及少量的商业用品，以提供相关信息。幼儿自己画的画不仅富有想象力和思辨力，同时也可以提供信息。这些展览使用各种生动形象的方式，分门别类地展示各种发现，幼儿可以轻而易举地获得所需信息。

(2)记录成就的展览

项目第二阶段和第三阶段展览的第二个功能，就是提供项目进展的记录。幼儿个人和合作小组不断地提供有关班级取得成就的信息，教师利用这一记录向幼儿反馈他们在调查中取得的进步。当幼儿开始熟悉展览，并为自己和别人的工作成绩感到骄傲，这就会激发他们吸收新信息、丰富自己知识的积极性。幼儿还会根据与他们早期的概念相左的信息，积极地调整修订自己的认识。

对事物的共同认识，在展览中获得了应有地位。对于教师、校长或班主任、父母，以及其他感兴趣的团体来说，幼儿在教室里工作的证据就是非常有用的班级成绩记录。

(3)昭示自己的展览

展览的第三个功能，是为幼儿提供一个场所，把想告诉别人的、有关自己工作的信息传递出去。这个功能与其记录功能有交叠之处，但它们却有根本的区别。当展览被用作记录手段时，幼儿做的一些图表和观察是对一个物品或事件的调查的一部分，而当展览是为了别的目的时，幼儿有时候会写些文字描述自己的工作，描述工作如何使他们增加了对题目的认识。他们可以为另一个班级的幼儿写作，也可能会设计一个可以参考曲线图或物品组图来回答的小测验或系列问题。

确定自己对某一事物已理解的最好办法之一，就是试着向别人解释它。在解释事物时，我们得站在对方的角度思考问题，预测我们需要说什么或写什么，以保证对方能够理解。[①] 幼儿可以为曲线图和示意图写说明，向其他幼儿解释如何获取信息，或者他们可以撰写或向教师口述游戏指南。

(三)项目第三阶段的实施步骤及策略

总会有一天，教室里的项目教学必然会结束。当然教师可以告诉幼儿，对任何题目的学习事实上永远不会结束，一个题目只不过是被暂时放在了一边，等到下次在园内或是在园外遇到它时再进行研究。

1. 结束项目

对于一个班级，结束项目的决定可以由教师与幼儿共同商量做出。教师会围绕项目的制作和项目的材料考虑戏剧表演。如果表演的丰富性、频率和质量降到一个很低的水平，她可能会问幼儿，是否准备结束这个项目或以某种特殊的方式把它放到一边。同样，如果表演在一两周后不再有改变或进一步发展，教师可以与幼儿讨论，准备结束项目。如果一两周后不增加新的道具，或不断扩大制作，说明幼儿可能已经最大限度地开发了该项目。这时，教师可能会建议幼儿为班级制书，画铅笔画、油画或口述故事。

如果项目包括一个大的制作，幼儿可能会有兴趣充当导游，组织游览并向其他班的幼儿解释该制作和项目的其他内容。幼儿应该预先对要介绍的内容进行详细讨论，并达成一致意见，然后向来访幼儿和父母详细地叙述。当到了该结束项目的时候，不妨让幼儿自己负责拆除它，同时保留一些东西，储存那些可以被用于今后项目的材料。如果教师和父母在项目的进行中拍了很多照片，可以让各小组的幼儿按叙述的顺序把这些照片裱贴到彩色美术纸上，并口述或自己写上合适的说明。这样，幼儿在记录自己经历的过程中，可以更深入地理解和澄清所学知识。第三阶段的文献记录过程为幼儿提供了一个汇报工作情况的机会，有助于幼儿掌握与题目有关的信息和概念。

幼儿还可以以班级的名义邀请父母和社区的其他人，来听取各组有关所有子题目调查的口头汇报，观看他们的文献记录和各种制作作品。

2. 总结项目

对于所有年龄的幼儿来说，在项目的第二阶段进行的活动，都可以产生有趣而增进知识的结果。因为这些东西均收集在项目文件夹、班级制书、墙壁展示和建造物中。作为对整个项目过程的记录，它们成了丰富的资源。每个项目都有其不同的故事，即使他们调查同样的题目也不会有两个班级产生相同的想法和兴趣，承担同样的任务，或解决一样的问题。每个项目的独特性，反映了每个班级的幼儿及教师的不同思维。幼儿园的集会或接待日，邀请父母和行政管理人员到教室参观，为教师和幼儿提供向感兴趣的人介绍项目情况的机会。展览展示了幼儿的成就，每位幼

---

① Benware C.，Deci E.，“Quality of Learning with an Active Versus Passire Motivational Set,”American Educational Research Journal，1984(21)，pp. 755-765.

儿都可以谈自己和别人的工作。

(1)对其他班级的报告

如果幼儿园和其他幼儿园有定期的集会，可以专门安排一些机会，让一些班级向其他幼儿和教师介绍自己的工作。有时候，一个班级可以只对另一个班的幼儿交流他们的工作。这种交流，会增强幼儿对于幼儿园这一大家庭的归属感。在全校形成这种关心学习的风气，有助于形成一种年龄较大和年龄较小的幼儿在课堂内外相互尊重、相互支持的精神特质。年龄较大的幼儿先听取年龄较小的幼儿的报告，了解他们的成绩和所做出的努力，然后再介绍自己所做的研究工作，他们的方法会使年龄较小的幼儿非常感兴趣。在准备这些汇报的过程中，教师可以鼓励报告者预测，他们的哪些经验和工作可能使其他人感兴趣。还可以鼓励幼儿讨论和思考，如何向年龄较大和年龄较小的学友表达清楚他们的想法、见解和经历。预期别人的兴趣及努力向他们表达清楚自己的意思，是项目教学期间需显示的重要意向。

一些较大的成果，如油画、壁画、图表以及模型，可以在这些集会上展示。可以选一些幼儿来陈述这些作品是怎么做成的，使用了什么材料，他们碰到了什么困难，又是如何克服的，以及它们代表什么等。幼儿个人可以朗读自己写的、故事和诗歌。一个小组可以表演一出短剧，班里的其他人作为合唱队伴唱或用打击乐器伴奏，也可整个班级一起演唱或一起演奏。

教师可以协调整理这些项目教学成果的展示工作，以至能同时从幼儿和自己的角度讲述故事。对幼儿来说，准备汇报通常是有趣而令人振奋的，它为个人和小组提供了正式结束项目最重要部分的机会。班级讨论具有反思、总结和述职的功能，有助于幼儿欣赏自己和别人的成就。

需要强调的是，汇报主要是一次交流而不是表现。汇报陈述给幼儿提供了表述和与其他感兴趣的人交流经验的机会，也给了其他幼儿、教师以及父母听取幼儿经验的机会。娱乐不是主要的目的，虽然这些场合经常有娱乐的性质。幼儿也不应该把结题活动或结题展示当作炫耀的机会。结题活动旨在交流学习情况，但它不必是一个拘泥地学、规范地念或正规地演习的时刻，应该允许有一些自发和即兴的节目。幼儿自己应该为计划一个结题活动承担一定的责任。如果幼儿从小就习惯了这类经历，他们多数就不会被观众吓倒。和项目的其他环节一样，这里的重点是在学习过程中激发幼儿的思维。幼儿谈论活动以及他们的工作方法的时间和机会应不少于谈论他们的工作成果的时间和机会。

这些学习过程包括制作模型、写故事、设计和进行实验、记录观察结果、用图表表述信息、制作班级日志等。虽然其作品作为对过程的记录非常重要，但重点不在它们：关键是幼儿可以学习解释、描述、报告和记录他们的工作方法。例如，如果一幅画的两个不同版本在第三稿时达到了质量要求，幼儿可以展示和汇报他每次是如何修改每个版本的。最初的草稿没有被当作是“错误”，或被当作“我弄错了”的证据，而是作为一种中介，通过“当我认识到……”，或“当我发现我可以用不一样的方法……”这些介绍获得了满意的效果。用“尝试不同方法以达到最满意的结果”的措辞来描述他们做出的努力的幼儿，是在传达这种方法的价值。他们为其他幼儿做出了学习策略意识的示范，展示了他们的“深思熟虑”是怎样促成最后的成果的。因此，项目教学可以增强面对挑战坚持不懈以及努力学习力求精通的意向。

(2)巩固活动

巩固的过程包括把在熟悉的情境中获得的知识广泛运用到其他的认知环境中。为了举例说明促成这一过程的活动，我们来仔细考察一个有关天气的项目。新的知识可能会使幼儿认识到，天气并没有他们原先认为的那样反复无常。他们可能开始有更深地理解，许多每天发生的事情直接与天气有关——他们穿的衣服、园艺工作、雨季来临前修补屋顶、选择去商店的时间等。成人可能经常不会解释为什么要做那些与天气有关的准备，即使问他们也一样。

有时候，巩固活动能使幼儿发挥对项目的外延兴趣。例如，在有关校车的项目中，年龄较大的幼儿可能会画一张想象中的乡镇的地图，其中有幼儿园和幼儿的家。他们会根据幼儿园和家所处的位置，提出并解决校车的“最佳路线”问题。不是所有的主意都出自教师，幼儿自己会有很多想法。展览一直是信息的来源，此时仍然可以实行各种与之关联的任务。合适的话，展示的信息可以用到测试幼儿理解能力的任务中，还可以根据接待日中大家提出的观点改进这一阶段的展览。第三阶段的多数成果都可以收入幼儿自己的项目文件夹，成为个人的进步记录。

(3)接待日

接待日是结题活动的一种形式，一个班级可以设立向父母、行政管理人员或其他来访者汇报项目工作的接待日。幼儿可以带领来访者游览教室，他们还可以按照幼儿园的规定，做一个更正式的报告让父母有机会看到自己是如何根据教师及同伴的要求，对项目教学做出自身贡献的。如果父母介入很深，这次参观会使他们感到特别有意思；反之，也可以为他们以后如何提供帮助指出一些方法，鼓励他们下一次积极参与。

3. 评估项目

一次新的项目研究中，在计划结题报告时，可以做很多评估，如教师和全班幼儿一起讨论各种特殊的事件或小组和个人的成就。如果每位幼儿都一直在制作项目书或项目文件夹，而教师一直在监控他们的进展，教师就会知道，哪些幼儿需要帮助才能完成任务，哪些错误或不足的认识需要补充活动来澄清。一些教师还发现，鼓励幼儿在项目进行中回顾自己的工作会有很大帮助。例如，在第一阶段规划调查的方向时，幼儿会对调查结果做出预测。在第三阶段，幼儿可以回顾这些预测，思考他们当时做预测的依据，哪些预测接近事实，哪些不接近以及错误的原因。

在这个阶段，布告牌上的信息可以作为设计和回答小测验题的基础。它可以成为检查幼儿个人学到哪些新知识的实用方法。

幼儿还可以与同学和教师交谈有关他们在项目中实践的技能，在小组中进行或个别开展均可。教师可以帮助总结这些技能，确保幼儿在开展下一个项目时更容易使用它们。

教师可以把每位幼儿所从事的活动内容以及达到的熟练程度记录下来。一种方法是，编制一个矩阵，一条轴表示课程能力，另一条轴表示重要的项目活动。当在一项特定的活动中使用了一种能力，可以在相应的单元里打钩。这样，就可以用能力来标示幼儿在项目活动中的状态。当每位幼儿从事一项活动时，可以圈起矩阵中相应的格子，这样就可以很容易地看见其能力的变化。用项目研究做精确的成绩记录，比用作业单和标准测试更为复杂。尽管如此，教师不应失去把项目教学法纳入课程中的信心。

此外，为全班在项目中完成的工作做记录，对将来的教学很有参考价值。在最初计划阶段设计的网式提纲，可以为这一记录提供框架。教师可以用不同颜色的记号或其他标记方法注明所完成的活动、所组织的参观、所使用的资源以及调查得最充分的领域，教师还可能想标明项目中进行得最不好的方面。没有事先纳入计划、实际却已发生的活动或事件也可以添加到图表中。

网式提纲是如何拓展的，以及过程中的逸闻趣事，可以作为对项目的附加评估：从教师的角度来记录整个项目，对教师以后重复类似的项目很有用，也可以引起其他教师进行相似领域项目研究的兴趣。在一些幼儿园，这种记录被作为计划的资源存档，这样，教师就可以互相分享他们的想法和经验。

4. 项目结束后

当一个项目即将结束时，教师有时会意识到，幼儿产生了一种很强烈的新兴趣。例如，在校车的项目结束时，幼儿的戏剧表演可能引发出校车带他们去度假的表演。他们可能讨论了已经到过哪里，接下去可能去哪里。如果这个想法适合作为下一个项目的主题，那么，教师就可能鼓励幼儿去实现它。幼儿也许会建一个旅行社，收集小册子，制作供出售的车票。建好的校车模型如果还不太破旧，可以重新油漆成旅游车，或改建成渡船、飞机。

> **教学案例**
>
> 请扫描二维码来获取“项目学习案例：研究建筑工地的主题”的具体内容。
>
> 请扫描二维码来获取“项目学习案例：有关购物的主题”的具体内容。

有时候，对下一个项目应关注课程的哪个方面幼儿会有自己的打算。这样，当教师看到从已完成的项目中开发新项目的可能性时，就可以试着播种新兴趣

的种子了。（表 5.4）

表 5.4　幼儿园课程建构评价指标

一级指标	二级指标	三级指标	评价等级			备注
			A 符合	B 较符合	C 不符合	
课程计划	学期计划	有完整的学期课程计划				
		学期课程计划涵盖幼儿园五大领域目标和内容，且相对均衡				
		学期课程计划中体现了幼儿园文化特色课程				
		学期课程计划适应幼儿发展的年龄特点和幼儿生活经验				
		能够体现季节、节气、节日等元素				
	月计划	有完整的月课程计划				
		月课程计划能围绕一个或几个主题进行，且主题鲜明				
		月课程计划基本涵盖幼儿园五大领域目标和内容，且相对均衡				
		有月课程总结类教学活动				
	周计划	有完整的周课程计划				
		周主题目标与月主题目标相互联系				
		周目标表达合理，有层次性，能够体现三维目标				
		周内每日课程围绕一个或几个主题进行				
		每日集体教学、区域活动、户外活动、生活活动、亲子活动等相互联系，围绕一个主题进行				
		能够合理处理预设和生成课程之间的关系，并在课程中体现幼儿生成的课程				
		周内每天的活动能做到动静结合，户外、室内相结合				
		活动形式多样化				
		幼儿参与程度高				
课程编制		幼儿园有课程建构的梯队				
		幼儿园在每个主题进行前，开展全员研讨活动				
		园内教师是按照主题逻辑顺序进行教学，而不是按照学科逻辑分工教学				
		园内每位教师都清楚主题的层次关系和教学逻辑				

本章小结

整合性课程已经成为当今幼儿园课程的发展趋势。整合课程不同于传统的将五大领域形式上综合起来的"拼盘"课程，它是以"自上而下"的视角，以主题活动为载体，将各个领域课程内容有机融合，在实施过程中注重将幼儿园一日活动中的各类活动有机联系起来，形成教育组合。整合课程体现了课程目标的全面性、课程内容的整合性、课程实施途径的多样性和课程评价的发展性。

当前，主要有三种整合课程建构的思路或模式。领域整合课程模式——以幼儿各领域学习与发展目标为导向的整合、主题式整合课程模式——以主题内容(或概念)的关联性为导向的整合和项目整合课程模式——以幼儿的兴趣和经验为导向的整合。三种模式各有优点和局限性。设计时必须考虑幼儿的发展水平和主题本身的特性。建议刚开始尝试整合课程的教师可以先以周为单位，开展小主题活动的试验，以小主题为载体，整合幼儿园集体教学活动、区域活动、户外活动、生活活动等形式，发挥教育组合的作用，而后再逐渐拓展主题活动的内容和时间。

项目教学活动是被英美等国广泛运用的课程，它区别于幼儿园单元课程和主题活动。项目课程更加能够凸显出在真实的生活情境中促进幼儿主动探究、自主建构和生成经验的目标。幼儿可以就一个感兴趣的主题深入挖掘和思考，这个过程对幼儿社会性的发展、情感的发展、读写能力和问题解决能力有明显的促进作用。

项目教学过程主要分为三个阶段。第一阶段，由教师和幼儿共同引发主题，教师根据幼儿原有经验和想深入探究的问题预设主题网络图，引导幼儿"与主题交往"；第二阶段，师幼共同准备进行实地考察与参观，通过多种渠道获取信息，在实地考察后运用建构、戏剧表演等多种形式表征问题，展示工作成果；第三阶段，师幼共同结束项目，运用报告、接待日等方式向其他幼儿和家长展示项目成果，不仅巩固和反思了项目，还使幼儿能带着新的思考开展下一个项目。

本章关键词

幼儿园整合课程；领域整合；主题式整合；项目整合；幼儿园主题活动；主题式教育组合；幼儿园项目教学。

思考题

1. 什么是幼儿园整合活动?
2. 幼儿园整合活动的价值取向及特点是什么?
3. 幼儿园整合活动如何组织?
4. 什么是幼儿园主题式整合活动? 如何组织?
5. 什么是幼儿园项目课程? 主题、单元、项目课程的区别是什么?
6. 幼儿园项目课程如何实施?

建议的活动

目　标: 通过小组合作设计一个主题或项目活动, 体验选择和确定主题、整合活动设计的基本模式、思路和方法等, 并能科学合理地将活动转化为可操作性强的幼儿园月计划和周计划。

任　务: 小组合作, 结合自身兴趣和对幼儿的了解, 任意选择主题设计一个整合活动, 时间长度自定, 并在全班交流。

具体要求: 画出网络结构图, 设计相关的子主题活动, 以表格的形式列出月计划和周计划, 要求明确写出月计划和周计划的目标。

拓展阅读

上海市教育委员会教学研究室:《幼儿园课程图景——课程实施方案编制指南》, 上海, 华东师范大学出版社, 2017。

该书从课程实施方案的基本要素入手, 描述了幼儿园课程实施方案编制与完善的基本方略, 并以大量的幼儿园"案例报告", 阐明了幼儿园课程规划与实施的课程改革的哲学。该书对高质量的幼儿园课程规划与实施能起到积极的指导与推进作用。

参考文献

1. 韩冰清．幼儿评价必须处理好几对关系[J]. 教育导刊(下半月)，2011(06).

2. 李雁冰．科学探究、科学素养与科学教育[J]. 全球教育展望，2008(12).

3. 韦淑亭，陈顺森．箱庭疗法与意象对话技术比较研究[J]. 漳州师范学院学报(哲学社会科学版)，2012(04).

4. 黄都，李佳．基于“最近发展区”的教与学——理解、应用、发展维果茨基的观点[J]. 江西教育科研，2006(09).

5. 虞永平．论幼儿园课程中的主题[J]. 学前教育研究，2002 (06).

6. 何婷婷．华德福幼儿教育课程观简析[J]. 教育与教学研究，2012(10).

7. 王小明．教学论——心理学取向[M]，上海：上海教育出版社，2005.

8. 朱家雄．方案教学的由来、涵义及其教育信念[J]. 幼儿教育，2000(01).

9. 张青青．生态学视野下的幼儿园主题教育活动研究[D]. 济南：山东师范大学，2008.

10. 顾本柏，冯廷勇，袁文萍，等．3～5 岁幼儿在主题—规则冲突条件下的类比推理[J]. 心理发展与教育，2011(02).

11. 吴华芬．在主题活动中开发幼儿潜能[J]. 教育科研论坛，2008(05).

12. 黄锐，都艳茹，马佳．主题探究活动的指导策略[J]. 学前教育研究，2006(03).

13. 柏匡峰．幼儿园主题活动环境创设研究[D]. 桂林：广西师范大学，2009.

14. 方钧君．学前儿童个体差异的再认识[D]. 上海：华东师范大学，2001.

15. 李亦菲．一种实用的教学评价分类系统[J]. 基础教育课程，2005(04).

16. 刘琳娜．社会文化理论视野下儿童发展评价的重要特征[J]. 北京教育学院学报，2006(01).

17. 苏玲．幼儿社会技能评定表编制与技能表现现状研究[J]. 赤峰学院学报(自然科学版)，2009(06).

18. 阿林·普拉特·普莱瑞．幼儿园科学探究教学——科学、数学与技术的融合[M]. 霍力岩，等译．北京：教育科学出版社，2009.

19. 安·S. 爱泼斯坦．学前教育中的主动学习精要——认识高宽课程模式[M]. 霍力岩，等译．北京：教育科学出版社，2012.

20. 毕淑敏．爱怕什么[M]. 北京：华夏出版社，2007.

21. 陈建翔．有一种美，叫教育——教学美学思想录[M]. 成都：四川教育出版社，2006.

22. 陈帼眉，姜勇．幼儿教育心理学[M]．北京：北京师范大学出版社，2007.

23. 陈琦，刘儒德．当代教育心理学[M]．北京：北京师范大学出版社，2007.

24. 陈琦，刘儒德．教育心理学[M]．北京：高等教育出版社，2011.

25. 陈鹤琴．儿童绘画之研究[M]．上海：上海教育出版社，1986.

26. 陈英三，林风南，吴新华．动作教育的理论与实际[M]．台北：五南图书出版公司，1994.

27. 蔡伟忠．跳出传统思维的幼儿园教师实用手册[M]．北京：农村读物出版社，2010.

28. 大宫勇雄．提高幼儿教育质量[M]．李季湄，译．上海：华东师范大学出版社，2014.

29. 大卫·杰纳·马丁．建构儿童的科学——探究过程导向的科学教育[M]．杨彩霞，等译．北京：北京师范大学出版社，2006.

30. 董奇，陶沙．动作与心理发展[M]．北京：北京师范大学出版社，2004.

31. 董奇．儿童创造力发展心理[M]．杭州：浙江教育出版社，1993.

32. 方富熹，方格，林佩芬．幼儿认知发展与教育[M]．北京：北京师范大学出版社，2003.

33. 冯忠良，伍新春，姚梅林，等．教育心理学[M]．北京：人民教育出版社，2000.

34. 高杉自子．幼儿教育的原点[M]．王小英，译．上海：华东师范大学出版社，2014.

35. 加依，柯蕾．建构主义学习设计——标准化教学的关键问题[M]．宋玲，译．北京：中国轻工业出版社，2008.

36. BORICH G D. 教师观察力的培养——通向高效率教学之路[M]．么加利，张新立，译．北京：中国轻工业出版社，2006.

37. GARY R. MORRISON，STEVEN M. ROSS，JERROLD E. KEMP. 设计有效教学[M]．严玉萍，译．北京：中国轻工业出版社，2007.

38. 黄瑾．幼儿园教育活动设计与指导[M]．上海：华东师范大学出版社，2007.

39. 霍力岩，孙冬梅，等．幼儿园课程开发与教师专业发展——比较研究的视角[M]．北京：教育科学出版社，2006.

40. 霍华德·加德纳．智力的重构——21世纪的多元智力[M]．霍力岩，房阳洋，等，译．北京：中国轻工业出版社，2004.

41. 霍华德·加德纳．多元智能[M]．沈智隆，译．北京：新华出版社，1999.

42. 霍华德·加德纳．智能的结构[M]．沈致隆，译．北京：中国人民大学出版社，2008.

43. 河边贵子．以游戏为中心的保育——从保育记录出发进行解读[M]. 朱英福，熊芝，译．上海：华东师范大学出版社，2009.

44. 津守真．幼儿工作者的视野——置身教育实践的记录[M]. 刘洋洋，译. 上海：华东师范大学出版社，2014.

45. 吉尔福特 J P. 创造性才能——它们的性质、用途与培养[M]. 北京：人民教育出版社，1991.

46. JACKIE ACREE WALSH，BETH DANKERT SATTES. 优质提问教学法——让每个学生都参与其中[M]. 刘彦，译．北京：中国轻工业出版社，2009.

47. 卡西·纳特布朗．读懂幼儿的思维：幼儿的学习及幼儿教育的作用[M]. 刘焱，刘丽湘，译．北京：北京师范大学出版社，2010.

48. 克里斯汀·夏洛，劳拉·布里坦．儿童像科学家一样——儿童科学教育教育的建构主义方法[M]. 高潇怡，等译．北京：北京师范大学出版社，2006.

49. 卡洛琳·爱德华兹，莱拉·甘第尼，乔治·福尔曼．儿童的一百种语言——转型时期的瑞吉欧·艾米利亚经验(第 3 版)[M]. 尹坚勤，王坚红，沈尹婧，译．南京：南京师范大学出版社，2014.

50. 廖莉，吴疏影，袁爱玲．幼儿园生活活动指导[M]. 福州：福建教育出版社，2012.

51. 刘占兰，廖贻．聚焦幼儿园教育教学：反思与评价[M]. 北京：北京师范大学出版社，2007.

52. 罗伯特·斯莱文．教育心理学——理论与实践[M]. 姚梅林，陈勇杰，译．北京：人民邮电出版社，2004.

53. 林泳海．幼儿教育心理学(修订版)[M]. 北京：商务印书馆，2011.

54. 刘如平，曲苒，孙果．以学生发展为中心的高中教学策略研究[M]. 西安：陕西人民出版社，2010.

55. 丽莲·凯兹、西尔维亚·查德．开启孩子的心灵世界——项目教学法[M]. 胡美华，译．南京：南京师范大学出版社，2007.

56. 列夫·维果茨基．思维与语言[M]. 李维，译．北京，北京大学出版社，2010.

57. 劳拉·E. 贝克．儿童发展(第五版)[M]. 吴颖，等译．南京：江苏教育出版社，2002.

58. 玛利亚·蒙台梭利．有吸收力的心灵[M]. 吴学颖，译．广州：广东经济出版社，2013.

59. 马启伟，张力为．体育运动心理学[M]. 杭州：浙江教育出版社，1998.

60. 玛格丽特·卡尔，温迪·李．学习故事与早期教育：建构学习者的形象[M]. 周菁，译．北京：教育科学出版社，2015.

61. 尼尔·本内特，利兹·伍德，休·罗格斯．通过游戏来教——教师观念与课堂实践[M]．刘焱，刘峰峰，译．北京：北京师范大学出版社，2010.

62. PAUL D. EGGEN，DONAD P. KAUCHAK. 学习与教学策略[M]．伍新春，等译．北京：北京师范大学出版社，2007.

63. 皮连生．教学设计——心理学的理论与技术[M]．北京：高等教育出版社，2000.

64. 齐放．幼儿园主题活动课程理论与实践研究[M]．长春：东北师范大学出版社，2005.

65. 裘迪·哈里斯·赫尔姆，丽莲·凯兹．小小探索家——幼儿教育中的项目课程教学[M]．林育玮，等译．南京：南京师范大学出版社，2004.

66. 赖丁，雷纳．认知风格与学习策略[M]．庞维国，译．上海：华东师范大学出版社，2003.

67. R. J. STERNBERG，W. M. WILLIAMS. 教育心理学[M]．张厚粲，译．北京：中国轻工业出版社，2003.

68. 宋文霞，王翠霞．幼儿园一日生活环节的组织策略[M]．北京：中国轻工业出版社，2012.

69. 陕西省高等学校教师岗前培训指导用书编写组．教育心理学[M]．西安：西北大学出版社，2010.

70. 孙瑞雪．完整的成长——儿童生命的自我创造[M]．北京：世界图书出版公司，2010.

71. 施良方．学习论[M]．北京：人民教育出版社，2001。

72. STEPHEN L. YELON. 教学原理[M]．单文经，等译．上海：华东师范大学出版社，2003.

73. 沃伦·R. 本特森．观察儿童——儿童行为观察记录指南[M]．于开莲，王银玲，译．北京：人民教育出版社，2009.

74. 王晓翌．实用儿童文学教程[M]．西安：陕西师范大学出版总社有限公司，2013.

75. 王春燕．幼儿园课程概论[M]．北京：高等教育出版社，2007.

76. 王振宏，李彩娜．教育心理学[M]．北京：高等教育出版社，2011.

77. 吴凤岗．中国民俗育儿研究[M]．北京：中国大百科全书出版社，1993.

78. 线亚威．幼儿园主题教育活动精品案例纪实[M]．北京：高等教育出版社，2011.

79. 小巫．小巫教你讲故事——好父母的必修课[M]．广州：新世纪出版社，2012.

80. 国家基础教育课程改革“促进教师发展与学生成长的评价研究”项目组．成长记录袋的基本原理与应用[M]. 西安：陕西师范大学出版社，2002.

81. 伊藤隆二．儿童与游戏[M]. 东京：日本文化科学社，1987.

82. 朱凯利，冯国荣．幼儿园教育活动设计与指导[M]. 西安：陕西师范大学出版总社有限公司，2014.

83. 周淑惠．幼儿自然科学经验教材教法[M]. 南京：南京师范大学出版社，2008.

84. 张春炬．幼儿园一日活动指导[M]. 保定：河北大学出版社，2012.

85. 张琳．幼儿园教育活动设计与实践[M]. 北京：高等教育出版社，2010.

86. 朱家雄．幼儿园课程[M]. 上海：华东师范大学出版社，2011.

87. 刘如平，甄丽娜，等．学前教育心理学[M]. 西安：陕西师范大学出版社总社有限公司，2012.

88. 郑日昌，江光荣，伍新春．当代心理咨询与治疗体系[M]. 北京：高等教育出版社，2007.

89. 朱智贤．儿童心理学[M]. 北京：人民教育出版社，2003.

90. 郑日昌，蔡永红，周益群．心理测量学[M]. 北京：人民教育出版社，1999.

91. AYRES P，PAAS F. Interdisciplinary Perspectives Inspiring a New Generation of Cognitive Load Research[J]. Educational Psychology Review，2009，21(01).

92. ATWOOD V A，WILEN W W. Wait Time and Effective Social Studies Instruction：What Can Research in Science Education Tell Us? [J]. Social Education，1991，55(03).

93. AUSUBEL D P，JOSEPH D NOVAK，HELEN HANESIAN. Educational Psychology：A Cognitive View[M]. New York and Toronto：Holt，Rinehart and Winston，1978.

94. CLARKE-STEWART K A，ALHUSEN V D，Nonparental caregiving [A]//BORENSTEIN M H. Handbook of Parenting：Being and Becoming a Parent (Vol. 3，2nd ed.). Mahwah，NJ：Lawrence Erlbaum，2002.

95. CHAN L K S. Promoting Strategy Generalization Through Self-Instructional Training in Students with Reading Disabilities[J]. Journal of Learning Disabilities，1991，24(07).

96. DODGE D T. The importance of curriculum in achieving quality child day careprograms [A]//HERSHFIELD B，SELMAN K. Child Day Care. New Brunswick，NJ：Transaction，1997.

97. DUNLAP J C. Problem-based Learning and Self-efficacy：How a Capstone

Course Prepares Students for a Profession[J]. Educational Technology Research & Development, 2005, 53(01).

98. DECI E. Work: Who does not like it and why [A]//PETTIJOHN T F. Notable selections in psychology. Hartford: The Dushkin Publishing Group, Inc. , 1994.

99. DILLON J T. The Practice of Questioning[M]. New York: Routledge, 1990.

100. ELKONIN D B. Psychology of Play[M]. Moscow: Pedagogika, 1978.

101. GRUENEWALD D A. Foundations of Place: A Multidisciplinary Framework for Place-Conscious Education [J] . American Educational Research Journal, 2003, 40(03).

102. GARDNER H. Frames of Mind: The Theory of Multiple Intelligences [M]. New York: Basic Books, 1985.

103. HOWES C. Mastery of the Communication of Meaning in Social Pretend Play [A]//HOWES C, UNGER O, MATHESON C C. The Collaborative Construction of Pretend. Albany, NY: State University of New York Press, 1992.

104. MARTINEZ M. Designing Learning Objects to Personalize Learning [A]// WILEY D A. The Instructional Use of Learning Objects. Bloomington, IN: AECT, 2002.

105. MAYER R E. Learning and Instruction [M] . New Jersey: Prentice Hall, 2007.

106. MAYER R E. The Promise of Educational Psychology: Learning in the Content Areas[M]. New Jersey: Prentice Hall, 1998.

107. MEYER M. Meaning and Reading: A Philosophical Essay on Language and Literature[M]. Amsterdam: John Benjamins Publishing Company, 1983.

108. QIYUN W, HUAY L W, JIANHUA Z. Investigating Critical Thinking and Knowledge Construction in an Interactive Learning Environment[J]. Interactive Learning Environments, 2009, 17(01).

109. ROYTEK M A. Enhancing Instructional Design Efficiency: Methodologies Employed by Instructional Designers British Journal of Educational Technology [M]. British Journal of Educational Technology, 2010, 41(02).

110. RILEY D A, ROACH M A. Helping Teachers Grow: Toward Theory and Practice of an Emergent Curriculum Model of Staff Development[J]. Early Childhood Education Journal, 2006, 33(05).

111. SIMLANSKY J. Problem Solving and The Quality of Invention[J]. Journal of Educational Psychology, 1984, 76(03).

112. STONE J. Caregiver and Teacher Language—Responsive or Restrictive?

[J]. Young Children, 1993, 48(04).

113. THOMAS L G, Jere E B. Looking in Classrooms (8th ed.)[M]. New Jersey: Prentice Hall, 2002.

114. VYGOTSKY L S. Play and Its Role in Child's Mental Development of The Child[J]. Journal of Russian and East European Psychology, 1967(05).

115. WILSON B G. Broadening Our Foundation for Instructional Design: Four Pillars of Practice[J]. Educational Technology, 2005, 45(02).

116. YOUNG S K, FOX N A, ZAHN-WAXLER C. The Relation Between Temperament and Empathy in 2 Year Olds[J]. Developmental Psychology, 1999, 36(05).